LE ANIME DEL PURGATORIO

Preghiere per le Anime dei nostri defunti in Purgatorio

Hanno collaborato:
Testi: di un sacerdote della Chiesa Cattolica

ISBN 8 8 - 8 6 6 1 6 - 57 - 0
10.09.99 San Nicola da Tolentino Patrono Anime del Purgatorio.
31.12.99 Abate Odilone di Cluny - Patrono delle Anime del Purgatorio - Contribuì all'introduzione della Festa di Ognissanti.
Per ordinare questo libro citare il codice 8147

Per gli ordini rivolgersi alla:

Editrice Shalom
Via San Giuseppe, 57
60020 Camerata Picena (An)

Tel. 071. 74 50 440 r.a.
dal lunedì al venerdì
dalle 9 alle 19.00

Numero Verde
800 90 10 48

Fax 071. 74 50 140
in qualsiasi ora del giorno
e della notte, festivi compresi.

e-mail: ordina@editriceshalom.it
http:// www.editriceshalom.it

Indice

Dedica

Odilone di Cluny

Arciabate OSB
nato: 962 ca. nell'Auvergne, Francia
morto: 31 dicembre 1048 a Souvigny, Francia

Come tutti gli arciabati della celebre abbazia benedettina riformata di Cluny, anche Odilone fu una delle personalità più rilevanti del suo tempo e fu accolto, come tutti i suoi predecessori e alcuni dei suoi successori, nel canone dei santi.
Odilone nacque nell'Auvergne intorno al 962 ed entrò nel monastero di Cluny nel 991, quasi trentenne. Tre anni dopo, questo monaco estremamente colto era già arciabate dell'abbazia, all'epoca uno dei fulcri della vita intellettuale dell'Occidente.
Sotto la guida di Odilone, Cluny divenne ancora più potente di quanto già non fosse; questo fu dovuto in primo luogo all'eccezionale talento organizzativo dell'abate, nonché alla sua grande integrità. La riforma di Cluny, che sarebbe passata alla storia, conobbe sotto Odilone un ulteriore slancio. L'ideale riformistico cluniacense assunse sempre maggiore importanza, anche perché Odilone aveva stretti contatti con vescovi, papi e sovrani secolari.
In seguito è stato spesso detto che il culmine della riforma cluniacense fu costituito dall'opera di Odilone: il numero delle abbazie che aderivano alla riforma di Cluny, mentre egli era abate, salì da trentacinque a oltre sessanta.
L'abate Odilone di Cluny morì a Cluny il 31 dicembre 1048, dopo oltre cinquanta anni di servizio alla sua abbazia. È il patrono delle anime del purgatorio perché contribuì sensibilmente all'introduzione della festa di Ognissanti.

Nicola da Tolentino

Tra il XVI e il XVIII secolo Nicola da Tolentino è stato uno dei santi più venerati d'Europa e d'America.

Nicola era nato nel 1245 nel paese di Sant'Angelo in Pontano, nelle Marche. Nel 1265, appena ventenne, si unì agli eremiti agostiniani del suo paese natale. Nei vent'anni che seguirono, Nicola fu un predicatore trascinante e un confessore molto ricercato. Fu poi ordinato sacerdote e divenne infine maestro dei novizi a Sant'Elpidio.

Nel 1275 Nicola giunse a Tolentino, e decise di stabilirvisi. Ne conquistò in breve tempo gli abitanti: nessuno riusciva a sottrarsi al fascino del sacerdote. Per ascoltare le prediche che Nicola teneva quotidianamente, la gente affluiva a frotte dai paesi vicini. Fu presto venerato come un santo. Quando poi intorno alla persona di Nicola si verificarono anche numerosi miracoli, la sua venerazione non conobbe più limite alcuno.

Questo sacerdote dalla vita rigorosamente ascetica nutriva un amore tutto particolare per i poveri e i malati. Grazie ai suoi carismi miracolosi, Nicola di Tolentino operò numerose guarigioni, osservate dal popolo con grande stupore.

Nicola spirò serenamente il 10 settembre 1305, dopo trent'anni di ininterrotta attività pastorale. Sulla sua tomba fu eretta ben presto una basilica. Anche sulla tomba di Nicola si verificarono presto alcuni miracoli; negli anni fra il 1305 e il 1325 ne furono confermati ufficialmente oltre trecento. Pare che dalle braccia di Nicola, che erano state separate dal corpo, fuoriuscisse regolarmente sangue ogniqualvolta si verificava un evento particolarmente importante per la Chiesa. Questo accadde complessivamente venticinque volte.

Il purgatorio: necessaria purificazione per l'incontro con Dio

"Per quanti si trovano in condizione di apertura a Dio, ma in un modo imperfetto, il cammino verso la piena beatitudine richiede una purificazione, che la fede della Chiesa illustra attraverso la dottrina del 'purgatorio' ".

Lo ha ricordato il Santo Padre parlando ai pellegrini presenti all'udienza generale svoltasi nell'Aula Paolo VI, nella mattina di mercoledì 4 agosto 1999.

Questo è il testo della catechesi del Papa.

1. Come abbiamo visto nelle due precedenti catechesi, in base all'opzione definitiva per Dio o contro Dio, l'uomo si trova dinanzi a una delle alternative: o vive con il Signore nella beatitudine eterna, oppure resta lontano dalla sua presenza.

Per quanti si trovano in condizione di apertura a Dio, ma in un modo imperfetto, il cammino verso la piena beatitudine richiede una purificazione, che la fede della Chiesa illustra attraverso la dottrina del "purgatorio"

(cfr Catechismo della Chiesa Cattolica, 1030-1032).

2. Nella Sacra Scrittura si possono cogliere alcuni elementi che aiutano a comprendere il senso di questa dottrina, pur non enunciata in modo formale. Essi esprimono il convincimento che non si possa accedere a Dio senza passare attraverso una qualche purificazione.

Secondo la legislazione religiosa dell'Antico Testamento, ciò che è destinato a Dio deve essere perfetto. In conseguenza, l'integrità anche fisica è particolarmente richiesta per le realtà che vengono a contatto con Dio sul piano sacrificale, come per esempio gli animali da immolare *(cfr Lv 22, 22)* o su quello istituzionale, come nel caso dei sacerdoti, ministri del culto *(cfr Lv 21,17-23)*. A questa integrità fisica deve corrispondere una dedizione totale, dei singoli e della collettività *(cfr 1 Re 8,61)*, al Dio dell'alleanza nella linea dei grandi insegnamenti del Deuteronomio *(cfr 6,5)*. Si tratta di amare Dio con tutto il proprio essere, con purezza di cuore e con testimonianza di opere *(cfr ivi, 10,12s)*. L'esigenza d'integrità s'impone evidentemente dopo la morte, per l'ingresso nella comunione perfetta e definitiva con Dio. Chi non ha questa integrità deve passare per la purificazione. Un testo di san Paolo lo suggerisce. L'Apostolo parla del valore dell'opera di ciascuno, che sarà rivelata nel giorno del giudizio, e dice: "Se l'opera che uno ha costruito sul fondamento (che è Cristo) resisterà, costui ne riceverà una ricompensa; ma se l'opera finirà bruciata, sarà punito: tuttavia egli si salverà, però come attraverso il fuoco" *(1 Cor 3,14-15)*.

3. Per raggiungere uno stato di perfetta integrità è necessaria talvolta l'intercessione o la mediazione di una persona. Ad esempio, Mosè ottiene il perdono del popolo con una preghiera, nella quale evoca l'opera salvifica compiuta da Dio in passato e invoca la sua fedeltà al giuramento fatto ai padri *(cfr Es 32, 30 e vv. 11-13)*. La figura del Servo del Signore, delineata dal Libro di Isaia, si caratterizza anche per la funzione di intercedere e di espiare a favore di molti; al termine delle sue sofferenze egli "vedrà la luce" e "giustificherà molti", addossandosi le loro iniquità *(cfr Is 52,13-53, 12, spec. 53,11)*.
Il Salmo 51 può essere considerato, secondo la visuale dell'Antico Testamento, una sintesi del processo di reintegrazione: il peccatore, confessa e riconosce la propria colpa *(v. 6)*, chiede insistentemente di venire purificato o "lavato" *(vv. 4.9.12.16)* per poter proclamare la lode divina *(v. 17)*.

4. Nel Nuovo Testamento Cristo è presentato come l'intercessore, che assume in sé le funzioni del sommo sacerdote nel giorno dell'espiazione *(cfr Eb 5,7;7,25)*. Ma in lui il sacerdozio presenta una configurazione nuova e definitiva. Egli entra una sola volta nel santuario celeste allo scopo d'intercedere al cospetto di Dio in nostro favore *(cfr Eb 9, 23-26, spec. 24)*. Egli è Sacerdote e insieme "vittima di espiazione" per i peccati di tutto il mondo *(cfr 1 Gv 2,2)*.
Gesù, come il grande intercessore che espia per noi, si rivelerà pienamente alla fine della nostra vita, quando si esprimerà con l'offerta di misericordia ma anche con

l'inevitabile giudizio per chi rifiuta l'amore e il perdono del Padre.
L'offerta della misericordia non esclude il dovere di presentarci puri ed integri al cospetto di Dio, ricchi di quella carità, che Paolo chiama "vincolo di perfezione" *(Col 3,14)*.

5. Durante la nostra vita terrena seguendo l'esortazione evangelica ad essere perfetti come il Padre celeste *(cfr Mt 5,48)*, siamo chiamati a crescere nell'amore per trovarci saldi e irreprensibili davanti a Dio Padre, "al momento della venuta del Signore nostro Gesù con tutti i suoi santi" *(1 Ts 3,12s.)*. D'altra parte, siamo invitati a "purificarci da ogni macchia della carne e dello spirito" *(2 Cor 7,1; cfr 1 Gv 3,3)*, perché l'incontro con Dio richiede una purezza assoluta.
Ogni traccia di attaccamento al male deve essere eliminata; ogni deformità dell'anima corretta. La purificazione deve essere completa, e questo è appunto ciò che è inteso dalla dottrina della Chiesa sul purgatorio. Questo termine non indica un luogo, ma una condizione di vita. Coloro che dopo la morte vivono in uno stato di purificazione sono già nell'amore di Cristo, il quale li solleva dai residui dell'imperfezione *(cfr Conc. Ecum. di Firenze, Decretum pro Graecis: DS 1304; Conc. Ecum. di Trento, Decretum de iustificatione: DS 1580; Decretum de purgatorio: DS 1820)*.
Occorre precisare che lo stato di purificazione non è un prolungamento della situazione terrena, quasi fosse data dopo la morte un'ulteriore possibilità di cambiare il proprio destino. L'insegnamento della Chiesa in pro-

posito è inequivocabile ed è stato ribadito dal Concilio Vaticano II, che così insegna: "Siccome poi non conosciamo né il giorno né l'ora, bisogna, come ci avvisa il Signore, che vegliamo assiduamente, affinché, finito l'unico corso della nostra vita terrena *(cfr Eb 9,27)*, meritiamo con Lui di entrare al banchetto nuziale ed essere annoverati fra i beati, né ci si comandi, come a servi cattivi e pigri, di andare al fuoco eterno, nelle tenebre esteriori, dove "ci sarà il pianto e lo stridore dei denti" *(Mt 22,13 e 25,30) (Lumen gentium, 48)*.

6. Un ultimo aspetto importante che la tradizione della Chiesa ha sempre evidenziato, va oggi riproposto: è quello della dimensione comunitaria. Infatti coloro che si trovano nella condizione di purificazione sono legati sia ai beati che già godono pienamente la vita eterna sia a noi che camminiamo in questo mondo verso la casa del Padre *(cfr CCC, 1032)*.
Come nella vita terrena i credenti sono uniti tra loro nell'unico Corpo mistico, così dopo la morte coloro che vivono nello stato di purificazione sperimentano la stessa solidarietà ecclesiale che opera nella preghiera, nei suffragi e nella carità degli altri fratelli nella fede. La purificazione è vissuta nel vincolo essenziale che si crea tra coloro che vivono la vita del secolo presente e quelli che già godono la beatitudine eterna.

Joannes Paulus pp. II

La Chiesa e l'adilà

Nota pastorale della Conferenza episcopale dell'Emilia Romagna - 2000

INTRODUZIONE

Un problema nuovo

1. La famiglia oggi è spesso impreparata ad affrontare momenti difficili come la morte di un proprio familiare. Ancor più impreparata si trova di fronte a una malattia improvvisa o a una morte tragica come quella per incidente stradale. Non solo essa si scopre impreparata di fronte alla morte di un proprio membro, ma sembra oggi dichiarare più che in passato il suo sconcerto, come di fronte a una assurdità. La famiglia moderna, in particolare quella urbana, sembra essere diventata uno spazio troppo stretto già dal punto di vista logistico e più ancora sotto il profilo spirituale, per ospitare un evento tanto smisurato come quello della morte.

2. L'imbarazzo a dialogare con un evento così straordinario per la famiglia, quale la morte di un proprio congiunto, è presente anche in molti cristiani. È l'aspetto su cui oggi c'è maggior confusione, oscurità, dubbio, reticenza, rimozione sia fra i non credenti, sia fra i credenti, anche se praticanti. Il silenzio dei credenti sulla morte, sulla vita dopo la morte, sul mistero dell'aldilà è tanto più ingiustificato e inopportuno quanto più si incontrano persone che si interrogano sulla morte, su ciò che ci attende dopo, sulla possibilità di vedere davvero il volto di Dio e di rivedere il volto dei propri cari. Tale richiesta è particolarmente diffusa oggi nelle famiglie provate dalla morte violenta di un proprio congiunto. È il caso della madre colpita della morte tragica di un proprio figlio, senza riuscire a darsi una ragione, e che vorrebbe poter comunicare con lui, ricevere una spiegazione, sapere come si trova.

Diverse risposte

3. Tacere dunque o parlare della morte, della vita dopo la morte, del nostro rapporto con i defunti? Alla domanda su che cosa avvenga nell'altra riva della morte, vengono date diverse risposte dalla cultura contemporanea. La prima è molto breve: "Niente". Dopo la morte c'è il nulla. Con ciò si dice che la morte è il traguardo definitivo e nulla rimane della persona umana, non ne sappiamo nulla e non possiamo dunque dirne nulla. La miscredenza totale o il prudente agnosticismo hanno in comune una cosa: rispondono con un vuoto. Alla censura della domanda sulla vita dopo la morte corrisponde la tendenza ad affermare un'escatologia intramondana. Si tratta di una tendenza ben notanella storia del pensiero occidentale con il sorgere e il diffondersi di movimenti critici verso il cristianesimo e la religione in genere, perché "elevando la speranza dell'uomo verso una vita ft£tura e fallace, lo distoglierebbe dall'edificazione della città terrena" *(GS 20: EV 1/1377).* In tal modo l'uomo si pone nella prospettiva di un "orizzontalismo messianico", che è una delle espressioni più radicali della secolarizzazione del Regno di Dio.

4. Bisogna riconoscere che, ai nostri giorni, la fede dei cristiani viene scossa non solo da influssi che devono essere considerati esterni alla Chiesa, ma anche da una sorta di debolezza della speranza cristiana. Non mancano, infatti, alcune nuove interpretazioni delle verità tradizionali riguardanti l'aldilà, che i fedeli percepiscono come se in esse fossero messe in dubbio la stessa singolarità di Gesù Cristo e la realtà della sua risurrezione. È come se le luminose verità cristiane su Gesù Risorto, la risurrezione dei morti, la comunione dei santi cadessero agli occhi di tanti nostri contemporanei in una sorta di "penombra teologica". Tutto ciò disorienta il popolo cristiano, che non riconosce più il proprio vocabolario e le nozioni più familiari alla propria esperienza. In questa situazione, i cristiani devono sentirsi investiti di una grande responsabilità. Sono chiamati a essere uomini della speranza vera.

Lo ricorda l'apostolo Pietro: "*Pronti sempre a rispondere a chiunque vi domandi ragione della speranza che è in voi" (1Pt 3,15)*, imparando a camminare "*lieti nella speranza*", come esorta l'apostolo Paolo *(Rm 12,12)*. La nostra fede perciò deve prendere il volto della speranza. Il nostro essere cristiani si misura non solo sulla domanda: "Che cosa credi?", ma anche su quella: "Che cosa speri?". In un mondo che ha smarrito il senso della speranza, i cristiani possono essere significativi e comunicativi soltanto se si fanno "testimoni di speranza". In fondo il mondo appartiene a chi gli offre la speranza migliore.

Il nostro intento

5. L'intento di questa Nota pastorale è quello di offrire un quadro di riferimento per operare insieme, in piena comunione, seguendo una prassi comune tra le varie diocesi della regione. Comportamenti divergenti favorirebbero movimenti che pretendono di comunicare con l'aldilà, mentre provocherebbero disagio e smarrimento negli stessi fedeli lasciati nella loro incertezza e dubbio. Viene chiamata in causa la missione dei vescovi, il cui compito viene così indicato dal concilio Vaticano II: "Nell'esercizio del ministero di insegnare, annunzino agli uomini il Vangelo di Cristo, che è uno dei principali doveri dei Vescovi; e ciò facciano, nella fortezza dello Spirito, invitando gli uomini o confermandoli nella vivezza della fede. Propongano loro l'intero mistero di Cristo, ossia quelle verità, che non si possono ignorare senza ignorare Cristo stesso" *(cfr. CD 12: EV 1/596).*

LE VERITÀ DIMENTICATE DELLA SPERANZA CRISTIANA

Gesù Cristo nostra speranza

6. Perché il cristiano spera? Qual è il segreto della nostra speranza? Su che cosa si fonda questa speranza? Scrive l'apostolo Pietro ai cristiani del suo tempo, messi alla prova nella loro fede dal clima di incomprensione se non di ostilità nei loro confronti: *"Sia benedetto Dio e Padre del Signore nostro Gesù Cristo; nella sua grande misericordia egli ci ha rigenerati, mediante la risurrezione di Gesù Cristo dai morti, per una speranza viva, per una eredità che non si corrompe, non si macchia e non marcisce. Essa è conservata nei cieli per voi, che dalla potenza di Dio siete custoditi mediante la fede, per la vostra salvezza, prossima a* *rivelarsi negli ultimi tempi" (lPt 1,3-5).*

Qui, immediatamente, la speranza non si identifica subito con la virtù della speranza, quale virtù riguardante l'atteggiamento del cristiano o virtù teologale, ma con un evento che le sta a fondamento. L'evento "speranza viva" è l'affermazione della "risurrezione. di Gesù Cristo dai morti". La nostra speranza ha dunque un nome: Gesù Cristo Risorto.

Alla risurrezione di Gesù è strettamente legata la nostra risurrezione. Gesù non risorge solo per se stesso, risorge come "primizia dei risorti" *(cfr. 1Cor 15,20-23)*, come il capo dell'umanità che deve essere rinnovata. L'apostolo Paolo, che ha intuito con estrema lucidità ed espresso con forza appassionata l'interdipendenza dei due misteri di fronte ai cristiani di Corinto che incominciavano a nutrire qualche dubbio e perplessità, scriveva:

"Se i morti non risorgono, neanche Cristo è risorto; ma se Cristo non è risorto, vana è la vostra fede e voi siete ancora nei vostri peccati. E anche quelli che sono morti in Cristo sono perduti. Se poi noi abbiamo avuto speranza in Cristo soltanto in questa vita, siamo da compiangere più di tutti gli uomini. Ora invece Cristo è risuscitato dai morti, primizia di coloro che sono morti" (1Cor 15,16-20).

7. La risurrezione non è una verità facile da accogliere. Non per nulla, nella Bibbia, la Rivelazione ha impiegato molti secoli a prepararne la comunicazione e a vincere la tradizionale diffidenza ebraica concernente una risurrezione dopo la morte. L'insegnamento sulla risurrezione diventa esplicito all'epoca del profeta Daniele *(cf. Dn 12,2)* e dei fratelli Maccabei, quando la fede nella risurrezione dei morti è indicata come il fondamento della pietà verso i morti: "Se non avesse avuto ferma fiducia che i caduti sarebbero risuscitati, sarebbe stato superfluo e vano pregare per i morti" *(2Mac 12,44)*.

Fuori del mondo ebraico, la difficoltà ad accogliere la risurrezione era legata alla cultura greca, che trovava la sua espressione più intensa nella dottrina platonica dell'immortalità dell'anima, accompagnata da una forte disistima per la materia e per tutto ciò che è corporeo.

Diventava arduo pensare che l'anima liberata dalla carne ritornasse alla sua prigionia, e ancora più arduo era vedere in questo ritorno un traguardo di gloria e di gioia. Paolo stesso sperimenterà l'ostilità greca verso questa verità della risurrezione dei corpi, andando incontro a un clamoroso insuccesso: *"Quando sentirono parlare di risurrezione di morti, alcuni lo deridevano, altri dissero: "Ti sentiremo su questo un'altra volta"* *(At 17,32)*.

Perciò la fede cristiana è, su questo punto, provocatoria. E non può essere accettata facilmente da tutti, senza un rinnovato annuncio. E noto che la formula del Credo, "Credo la risurrezione della carne", è entrata nel Simbolo apostolico, e dopo di esso in molti altri, per evitare un'interpretazione spiritualista della risurrezione dei morti. Se anche ogni domenica i cristiani che frequentano la messa ripetono: "Aspetto la risurrezione dei morti", non è detto che a tutti risuoni consapevolmente fino in fondo l'autenticità di questa verità e il suo sconvolgente contenuto.

L'uomo chiamato alla risurrezione

8. Alla risurrezione sono chiamati tutti. L'attesa della beata risurrezione, avviata dall'evento del Cristo Risorto, "primogenito dei risorti», era così viva nei primi cristiani che aveva portato alcuni a ritenerla imminente con la parusia del Signore, cioè con il suo ritorno nella gloria, come ricorda l'apostolo Paolo *(2Ts 2,1-3)*. E così a coloro che erano preoccupati della sorte di quelli che nel frattempo venivano colti dalla morte prima della parusia del Signore, l'apostolo Paolo non manca di richiamare che la chiamata alla risurrezione riguarda tutti, vivi e defunti: *"Non vogliamo lasciarvi nell'ignoranza, fratelli, circa quelli che sono morti, perché non continuiate ad affliggervi come gli altri che non hanno speranza. Noi crediamo infatti che Gesù è morto e risuscitato; così anche quelli che sono morti, Dio li radunerà per mezzo di Gesù insieme con lui*" *(1Ts 4,13-14)*.

Anzi, di fronte all'eventualità della sua stessa morte prima della parusia del Signore, l'apostolo Paolo non nasconde ai cristiani della comunità di Filippi il suo desiderio di morire per essere con il Signore:
"Per me infatti il vivere è Cristo e il morire un guadagno. Ma se il vivere nel corpo significa lavorare con frutto, non so davvero che cosa debba scegliere. Sono messo alle strette infatti tra queste due cose: da una parte il desiderio di essere sciolto dal corpo per essere con Cristo, il che sarebbe assai meglio; d'altra parte, è più necessario per voi che io rimanga nella carne" (Fil 1,21-24).

Già prima dell'apostolo Paolo era maturata la convinzione che la morte dei giusti non era la fine di tutto, ma costituiva come una sorta di morte aperta alla vita, come ricorda la lettura della Sapienza prevista per la liturgia funebre. Dopo aver ricordato che la morte è entrata nel mondo per invidia del diavolo, l'autore afferma: *"Le anime dei giusti sono nelle mani di Dio, nessun tormento le toccherà. Agli occhi degli stolti parve che morissero; la loro fine fu ritenuta una sciagura, la loro dipartita da noi una rovina, ma essi sono nella pace" (Sap 3,1-3).*

Certo, la morte resta un fatto drammatico. Neppure per Gesù la morte è un avvenimento sereno. Di fronte a essa, Gesù prova "paura, tristezza, angoscia" *(cfr. Mt 26,37 e Mc 14,33)*. Gesù scoppiò in pianto per l'amico Lazzaro che era morto *(Gv 11,35)*. È perciò naturale che il cristiano soffra per la morte delle persone che ama. Illuminata però dalla speranza della comunione con il Signore Gesù, anche la morte non è più solo un fatto che incute paura, ma una porta aperta, l'essere accolti nella casa del Padre, come si esprime il vocabolario cristiano, fino a chiamare *"Beati quelli che muoiono nel Signore" (Ap 14,13)*. Nella tradizione spirituale è addirittura frequente il pensiero alla bontà della morte in quanto condizione e via verso la futura risurrezione.

La nostra comunione con i defunti

9. La costituzione conciliare sulla Chiesa afferma: "*Alcuni tra i suoi discepoli sono ancora in cammino sulla terra, altri hanno lasciato questa vita e sono sottoposti a purificazione, altri infine godono la gloria del cielo contemplando chiaramente Dio stesso uno e trino così come egli è; tutti però, in gradi e modi diversi, comunichiamo nella stessa carità verso Dio e verso il* *prossimo e cantiamo al nostro Dio lo stesso inno di gloria. Infatti coloro che sono in Cristo e ne possiedono lo Spirito, formano insieme una sola Chiesa e in lui sono congiunti gli uni gli altri. L'unione di quelli che sono ancora in cammino con i fratelli che sono morti nella pace di Cristo non viene interrotta dalla morte, ma, come da sempre crede la Chiesa, viene invece consolidata dalla comunione nei beni spirituali" (LG 49: EV 1/419).*

C'è quindi una reale comunione tra i vivi e i defunti: comunione che si concretizza in uno scambio di beni spirituali. I vivi possono aiutare i defunti nelle diverse forme con cui la tradizione ha configurato la solidarietà cristiana verso i morti: preghiera, opere di carità, in particolare la celebrazione della santa messa, memoriale della Pasqua di Gesù. Così pregava sant'Agostino nelle Confessioni all'indomani della morte della madre, Monica: "Ispira, o Signore mio... quanti mi leggeranno di ricordarsi di Monica, la serva tua, e di Patrizio, un tempo suo sposo, per la cui carne mi introducesti in questa vita" *(Confessioni, 9,11,13)*.

All'aiuto offerto dai vivi ai defunti corrisponde poi, in forza della stessa solidarietà, l'aiuto dei defunti ai vivi, particolarmente quando la solidarietà è potenziata da motivi di parentela, di amicizia, di affinità spirituale: aiuto che però rientra sempre in quella "comunione nei beni spirituali" di cui parla la costituzione sulla Chiesa del Vaticano II, ed è analoga all'intercessione dei santi presso Dio.

10. Chiedere aiuto alla preghiera dei defunti, così come invocare l'intercessione dei santi è tutt'altra cosa dall'evocare gli spiriti. Già nell'Antico Testamento, Dio aveva proibito l'evocazione degli spiriti dei defunti *(Dt 18,10-14; cf. anche Es 22,17; Lv 19,31; 20,6.27)*. È molto noto il racconto con cui il re Saul contro la sua stessa disposizione aveva voluto consultare una donna negromante *(cfr. 1Sam 28,3-25)*. Anche gli apostoli mantengono questa proibizione nel Nuovo Testamento in quanto rifiutano tutte le arti magiche *(At 3,6-12; 16,16-18; 19,11-21)*. Il Concilio Vaticano II, che raccomanda d'invocare le anime dei beati, ricorda anche ripetutamente che il magistero della Chiesa si è dichiarato contro ogni forma di evocazione degli spiriti *(cfr. LG 49, n. 148: EV 1/419)*. Nel concilio Vaticano II, la commissione dottrinale spiegò quello che si deve intendere con la parola "evocazione"; essa sarebbe qualsiasi metodo "con cui si cerca di provocare con tecniche umane una comunicazione sensibile con gli spiriti o le anime dei defunti per ottenere notizie e diversi aiuti" *(cfr COMMISSIONE TEOLOGICA INTERNAZIONALE, Problemi attuali di escatologia, 16 novembre 1991, in EV 13/531)*.

Anche il recente Catechismo della Chiesa cattolica respinge l'evocazione degli spiriti dei morti tra le varie forme e figure designate normalmente sotto il nome di spiritismo, e in particolare contesta il ricorso ai medium come "volontà di dominio sul tempo, sulla storia e infine sugli uomini" *(CCC 2116)*, mentre la Nota pastorale della Conferenza episcopale toscana parla dell'evocazione delle anime dei defunti come di "una forma di alienazione dal presente e una mistificazione della fede nell'aldilà" *(Firenze, 15 aprile 1994)*.

I MOVIMENTI CHE PRESUMONO DI COMUNICARE CON L'ALDILÀ

11. Fino a poco tempo fa, le verità sopra ricordate riguardanti la speranza cristiana e la visione cristiana dell'aldilà, bastavano a sostenere la fede e a dare ragione della speranza. E non è da escludere che un ritorno nella predicazione, nella catechesi e nello stile di vita dei cristiani sulle verità dimenticate della speranza cristiana, possano ancora oggi venire incontro a difficoltà, dubbi, incertezze in cui si muovono credenti e non credenti, in particolare quando sono messi alla prova dall'esperienza della morte tragica di un proprio familiare. È vero però che, soprattutto in questi nostri giorni, si vanno moltiplicando comportamenti e movimenti di pensiero, che prospettano la possibilità di un contatto con i propri defunti e che trovano accoglienza anche fra i cristiani.

Il fenomeno della ricerca di comunicazione con l'aldilà è molto diffuso in Italia e sta interessando anche la nostra regione emiliano-romagnola. La Chiesa, custode della verità del vangelo e della sana dottrina, è chiamata a un serio discernimento anche nei confronti di questi movimenti. Quali i fattori che sollecitano oggi il desiderio e la speranza di riuscire a comunicare con i defunti? E quali i problemi che questi fenomeni vanno suscitando presso la coscienza cristiana?

Le morti violente

12. Viviamo in una civiltà piena di pericoli, in cui le morti per causa violenta, spesso in giovane età, sono sempre più frequenti. Si pensi alle vittime della strada, soprattutto alle "stragi del sabato sera", alle vittime sul lavoro o negli sport pericolosi, alle vittime della droga, al suicidio dei giovani. Perdere un figlio, un genitore, un parente, un amico, a seguito di queste tragiche situazioni crea sconforto, sensi di colpa, solitudine, sentimento di impotenza e di assurdità. Nessuna meraviglia che, oltre il conforto che può venire dalla vicinanza degli altri familiari, dalla solidarietà degli amici e dalle verità consolanti della fede e della speranza cristiana, coloro che vengono provati dalla perdita imprevista e tragica di un proprio congiunto sentano il bisogno di avere le notizie che non hanno potuto avere, di sentire vicino lo scomparso, di sapere come sta, di ascoltarne ancora la voce. Tale ricerca di contatto con i propri defunti, vissuta un tempo solo come desiderio, trova oggi più facilmente accoglienza nel diffuso fenomeno dei movimenti che presumono di comunicare con l'aldilà.

La comunicazione con l'aldilà

13. Sono ormai diversi i movimenti e i gruppi sorti con il preciso intento di mettere i vivi in comunicazione, o direttamente o tramite medium, con i propri defunti. A questo scopo si vanno moltiplicando convegni, seminari di studio, week-end di incontri su temi particolari, sempre legati a una spiritualità protesa al contatto con l'aldilà. A essi convengono sempre più persone in lutto che vanno ad ascoltare relatori che trattano della speranza di comunicazioni ultraterrene.

Non si tratta di un fatto nuovo, come rileva un'ampia e documentata letteratura in proposito; pratiche di comunicazione con i defunti riempiono la storia delle credenze dell'umanità, dal primitivi fino al nostro secolo.

Particolarmente esteso è il fenomeno delle comunicazioni con i defunti nell'Ottocento e nel Novecento, con la nascita dello spiritismo e delle pratiche medianiche, che nella loro ideologia di fondo positivista e sincretista già hanno conosciuto la condanna da parte della Chiesa.

14. Alla crisi ideologica dello spiritismo oggi sembra subentrare, almeno in Italia, una forma di evocazione degli spiriti ritenuta più compatibile con la religione, meno polemica con la Chiesa stessa, anzi più alla ricerca di dialogo e di consenso da parte della gerarchia ecclesiastica. A conferma della presunta ortodossia viene portato il fatto che ai movimenti aderiscono e vi operano, oltre laici e laiche di chiara estrazione cristiana, religiosi e sacerdoti, tra i quali alcuni notissimi per l'attività che svolgono all'interno della comunità cristiana. In alcuni di questi incontri è stata celebrata anche la messa. Ma non basta a garantire la legittimità di queste iniziative la presenza di sacerdoti, i quali sempre sono tenuti a chiedere al vescovo l'autorizzazione, che non si vede del resto come sia possibile concedere.

Di fatto emergono idee, comportamenti e tecniche che suscitano seri dubbi sulla ortodossia di tali movimenti. Anzitutto in rapporto alla fede. Il senso della morte, la certezza di una vita oltre la morte - e non solo dell'anima, ma anche del corpo, nella risurrezione finale - e il conforto per la morte di una persona cara derivano a un cristiano dalla parola di Dio; sono un atto di fede in Colui che *"non è Dio dei morti, ma dei vivi"* *(Lc 20,38)*. Sollecitare messaggi dai morti per nostra sicurezza è non fidarsi della parola di Dio; è, cosa ancor più grave, fidarsi più di messaggi umani, posto che siano veri e reali, che del messaggio del Dio della vita.

Emergere del mondo virtuale

15. A dare ulteriore parvenza di credibilità a tali movimenti è anche il progresso tecnologico, al quale le attuali forme di comunicazione con l'aldilà inclinano. Si tratta del ricorso a sofisticati mezzi tecnologici (registratore, computer, telefono, radio, televisione...) e a metodi particolari di contatto con i defunti come scrittura automatica, messaggi in codice, segnali vari. L'uso di questi metodi dà solo l'illusione di comunicare. In realtà si comunica con se stessi, o meglio, con l'immagine del figlio o del defunto che è nel proprio inconscio. Bisogna comprendere e rispettare il dolore di chi si accosta a questi metodi, ma il cristiano deve trovare in Cristo il fondamento della sua speranza, la certezza della sua consolazione.

Se Cristo, nostra speranza, non basta, si finisce per cadere in movimenti che acquistano i contorni di una setta derivata dal cristianesimo ma che si pone fuori dal cristianesimo. Inoltre il cristiano, come del resto ogni uomo di buon senso, non è esonerato dal dovere di un discernimento critico sui mezzi che pretendono di evocare una comunicazione con i defunti.

16. Non è neanche da escludere, quando l'uso di questi metodi di comunicazione tramite i mass media è assunto in gruppi che si dicono dentro la Chiesa, che si istituisca una sorta di "chiesa virtuale", in analogia con il modello di utilizzazione dei mezzi di comunicazione diffuso negli Stati Uniti e nell'America Latina. Si configura così una sorta di "chiesa elettronica" o semplicemente virtuale, dove emittenti religiose, ricorrendo alle più raffinate tecniche pubblicitarie, costituiscono vere reti di comunicazione tra un pubblico di utenti-fedeli e la predicazione di un personaggio. Si calcolano a milioni gli americani che esprimono - con offerte e dichiarazioni di conversione - la loro adesione a una "chiesa" che in realtà è soltanto una emittente televisiva, una chiesa "virtuale". Questa constatazione - visto il processo di globalizzazione degli stessi fenomeni religiosi, che non sembra risparmiare neanche il nostro paese - non deve certo portare al rifiuto sistematico del ricorso ai mezzi tecnici, ma deve piuttosto portare a riconoscerne i limiti. I canali privilegiati dell'evangelizzazione, della catechesi e di ogni altra comunicazione cristiana, rimangono quelli costituiti dall'incontro personale con la Parola di Dio e con la comunità credente. Questa comunità di fede non potrà mai ridursi a quella convocata attorno a una radio, a un televisore o a un libro.

Voci e messaggi dall'aldilà vengono ritenuti una vera e propria conferma delle verità di fede, quando in realtà non è da escludere un'interpretazione che ragionevolmente legge questi fenomeni come espressioni dell'inconscio. Anche il bisogno umanamente comprensibile di comunicare con un proprio congiunto, alimentando l'illusione di continuità fisica con il defunto, alla fine porta a una sorta di fuga dalla realtà della morte, che così viene ridotta quasi a morte solo apparente. Sono fenomeni che inclinano a una forzatura della tradizione cristiana, la quale, al contrario, promuove la comunione spirituale con i propri defunti nella preghiera reciproca, nella memoria degli esempi di vita che hanno lasciato, nella vigilante attesa della beata risurrezione. Diversamente la fede in Gesù Cristo e la speranza nella risurrezione, senza volerlo, vengono svuotate del loro vero significato.

Il fascino dell'Oriente

17. Molti dei nostri contemporanei, qui in Occidente, anche per i frequenti contatti con paesi come l'India e il Tibet, subiscono il fascino della visione orientale delle cose, e cercano nelle relative tecniche un balsamo per la propria anima sofferente. Nessuna meraviglia che nella spiritualità dei movimenti che propongono una qualche forma di comunicazione con l'aldilà, insieme con elementi tipici della spiritualità cristiana, si vengano a mescolare elementi estranei o addirittura contrari, come la dottrina della reincarnazione. A volte si ha l'impressione di entrare in un grande mercato comune di credenze religiose, come un self-service, dove ognuno compie la sua scelta secondo ciò che gli conviene. Perfino alcuni cristiani sono in questo modo convinti che la dottrina della reincarnazione possa essere un felice complemento per la loro fede nella risurrezione. Con la parola reincarnazione viene denominata una dottrina la quale sostiene che l'anima umana dopo la morte assuma un altro corpo, e in tal modo si incarni di nuovo. Nel modo di pensare di molti uomini del nostro tempo, questa vita terrena è percepita come troppo breve per poter porre in atto tutte le possibilità di un uomo o perché possano essere superate o corrette le mancanze commesse in essa. Diventerebbe così possibile rifarsi una vita.

18. Se così fosse però, nella pluralità delle vite, verrebbe meno la coscienza della serietà della vita presente e il senso di responsabilità personale. C'è da chiedersi anche come mai l'uomo vivente non ricordi niente degli eventuali vissuti precedenti. Alla base di questa teoria, che non ha nessuna controprova, c'è l'idea in fondo che l'uomo non sia in grado di decidere il suo destino con vera consapevolezza in questa esistenza. Come si sarà notato, la reincarnazione non è un articolo venduto separatamente. Con la reincarnazione viene infatti avanzata una visione diversa di Dio, dell'uomo, della storia e della salvezza.

L'incompatibilità della dottrina della reincarnazione con la visione cristiana della vita presente è perciò evidente se la si confronta con il carattere personale dell'incontro dell'uomo con Dio e, quindi, della stessa risurrezione dei corpi. Cristo stesso è risorto, non si è reincarnato.

FORME E FIGURE DI ACCOMPAGNAMENTO

19. Il proliferare di questi movimenti mostra in modo evidente l'urgenza di quella "nuova evangelizzazione" di cui il santo padre si è fatto, in questi ultimi anni, testimone e portavoce instancabile. I movimenti di comunicazione con l'aldilà, le pratiche di evocazione dei defunti, la ricerca di messaggi consolatori dall'altro mondo sono il segno di un bisogno di significati e di risposte che la società odierna non sembra in grado di offrire, specialmente nel quadro di una crescente insicurezza e fragilità. Si cerca, in altri termini, con questi movimenti, di compensare il vuoto esistenziale che caratterizza la precarietà del nostro tempo. Entro gli spazi di questo vuoto - che coinvolge anche i cristiani che non hanno maturato una fede adulta - si pone l'urgenza di un rinnovato annuncio, autentico ed entusiasmante, del vangelo e della grazia di Cristo. Quali dunque le attenzioni pastorali e i suggerimenti concreti che questa situazione sollecita alle nostre Chiese, ai fedeli, ai sacerdoti e al magistero dei vescovi?

Evangelizzare

20. Occorrerà prima di tutto evangelizzare il senso cristiano della morte, della risurrezione, della comunione spirituale con i defunti, non dando per assicurate le verità che fondano e compongono l'insieme dei contenuti della speranza cristiana. Si tratta di aiutare i cristiani a riporre la loro speranza in Cristo e non in improbabili messaggi dall'aldilà.

Sono da valorizzare innanzitutto le forme della pastorale ordinaria, predicazione, catechesi, celebrazioni di messe per i defunti capaci, se adeguatamente illuminate dalla Parola di Dio e dalla tradizione spirituale della Chiesa, di offrire come vivo e attuale il messaggio cristiano sull' aldilà e sul nostro rapporto con i defunti che ne consegue. Non basta dimostrare la solidarietà con i familiari in lutto.

21. Occasione privilegiata per annunciare il vangelo della speranza cristiana è ancora la celebrazione della liturgia funebre, che tradizionalmente raccoglie familiari, parenti, amici della persona defunta, anche se non tutti assidui praticanti. Alcuni mettono piede in chiesa solo in questa occasione, altri vi ritornano dopo un lungo periodo di assenza, toccati dall'esperienza della morte. Normalmente queste circostanze, dispongono favorevolmente ad accogliere il messaggio cristiano, e sarebbe davvero un'occasione persa se la liturgia funebre non diventasse una scuola di fede. Troppe volte anche la catechesi, adeguandosi alla tendenza dell'attuale società che considera tabù o cattivo gusto parlare della morte, contrae o addirittura lascia cadere tra i suoi argomenti quello della morte, della vita eterna, della risurrezione.

22. Nucleo centrale della predicazione è veramente il primato della risurrezione di Cristo. Come insegna san Paolo, *"Se Cristo non è risuscitato, allora è vana la nostra predicazione, ed è vana anche la nostra fede"* *(cfr. 1Cor 15,14)*. La centralità della risurrezione di Gesù rivela che questa è la Parola ultima e definitiva di Dio all'uomo, e che è parola di vita, non di morte. Non possiamo dimenticare, poi, che la predicazione, attuata nella celebrazione eucaristica, non si limita ad annunciare, ma insieme dà la possibilità di parteciparvi. Chi crede, prende parte a ciò che è avvenuto nella Pasqua del Signore.

La verità della risurrezione chiede dunque l'atto di fede. E Gesù Risorto stesso che lo richiama all'apostolo Tommaso: "*Perché mi hai veduto, hai creduto: beati quelli che pur non avendo visto crederanno" (Gv 20,29)*. Come agli altri apostoli, alle donne e ai primi discepoli, anche a Tommaso, Gesù Risorto non ha mancato di farsi oggetto di visione, in quanto chiamato a essere testimone oculare della Pasqua del Signore. Ma, prospettando la natura della fede di coloro che avrebbero creduto alla testimonianza apostolica, Gesù tesse l'elogio della fede nel Risorto senza necessariamente pretenderne il segno.

Vigilare

23. L'invito a vigilare è frequente nel Vangelo e in tutta la Sacra Scrittura. Vigilare anzitutto contro le insidie di Satana, che può servirsi anche del dolore e dello smarrimento per la morte improvvisa o violenta di persone care, per far deviare dalla fede. È sempre attuale l'esortazione dell'apostolo Pietro: "Vigilate: il vostro nemico, il diavolo, come leone ruggente va in giro, cercando chi divorare" *(1Pt 5,8)*. È opportuno quindi che in qualche momento dell'evangelizzazione, con discrezione, i fedeli vengano messi in guardia dall'insidia che viene tesa alla loro fede da parte di movimenti che offrono una speranza non fondata sulla Parola di Dio, ma su esperienze e tecniche umane. Vigilare, perché non sappiamo né il giorno né l'ora in cui il Signore busserà per invitarci a "passare all'altra riva" *(cf. Mc 4,35)*. Per stimolarci a questa vigilanza, Gesù non ha esitato a paragonarsi al ladro che entra in casa all'insaputa del padrone:

"Questo considerate: se il padrone di casa sapesse in quale ora della notte viene il ladro, veglierebbe e non si lascerebbe scassinare la casa. Perciò anche voi state

pronti, perché nell'ora che non immaginate, il Figlio dell 'uomo verrà" (Mt 24,43-44).

Dietro ogni morte improvvisa c'è un forte richiamo a stare pronti "con la cintura ai fianchi e le lucerne accese" (Lc 12,35).

Vigilare per cogliere il messaggio che giunge da una morte violenta. A chi gli recò la notizia di una morte violenta, anzi di una strage (una sommossa di Galilei soffocata nel sangue dal governatore romano), il commento di Gesù fu: *"Credete che quei Galilei fossero più peccatori di tutti i Galilei, per aver subito tale sorte? No, vi dico, ma se non vi convertite, perirete tutti allo stesso modo"* (Lc 13,2-3).

La morte violenta riprende e ripete con il sangue, più che con le parole il messaggio con cui Gesù ha aperto la missione: "Convertitevi e credete al vangelo" (Mc 1,15). Se ci aiuta a convertirci, a cambiare mentalità, a prendere più sul serio il vangelo, per affermare nel mondo il valore della vita e la forza dell'amore, anche la morte violenta acquista un senso, perché entra nel progetto di Dio, sempre però rispettoso della libertà umana.

24. Vigilare e pregare. È l'invito che Gesù ha rivolto con insistenza ai suoi nell'affrontare la morte, l'ultima sera della vita: *"Vegliate e pregate"* (Mt 26,41). Vegliare è l'atteggiamento che tutta la comunità cristiana rivive la notte di Pasqua, pregando e meditando, in attesa della beata risurrezione del suo Signore. Raccogliersi nell'abitazione del defunto, con i familiari, gli amici e i vicini di casa, e vegliare pregando, cantando, meditando la Parola di Dio è genuina tradizione cristiana.

Con un'attenta scelta di letture bibliche, la Parola di Dio ascoltata e pregata, è particolarmente indicata per aprire gli animi alle grandi verità della fede: essa proclama la vittoria di Cristo sulla morte, infonde la speranza di ricongiungersi con i propri cari nel regno di Dio, ravviva la pietà verso i defunti, fa emergere l'esigenza di una vita maggiormente improntata al vangelo. È raccomandabile, nei casi di morte improvvisa o violenta, che questa tradizione si sviluppi in più incontri, anche in forma comunitaria: visite periodiche alle famiglie, gruppi di ascolto e di preghiera, ritiri spirituali espressamente dedicati alla conversazione e alla consolazione con le persone in difficoltà.

Accompagnare

25. Particolarmente difficili, per le persone colpite da grave lutto, i giorni e i mesi che seguono immediatamente dopo il funerale: sono i momenti dello sconforto, del dubbio, della solitudine, nell'attesa di un qualche improbabile segno. Particolarmente i quei momenti occorre farsi vicini, accompagnare le persone nella loro sofferenza. È quindi urgente, nelle nostre comunità, la presenza di un nuovo ministero: il ministero della consolazione. Dovrebbe costituirsi, sotto l'azione dello Spirito, un gruppo di persone, dotate di una particolare sensibilità umana e spirituale - meglio riscontrabile in chi è già provato da qualche esperienza dolorosa - con la missione di mettersi accanto a chi è stato colpito da un grave lutto familiare, per aiutarlo a vivere, alla luce della fede e con il coraggio della speranza, il momento della prova. I tempi e le modalità della missione debbono essere studiati in base alle persone colpite dal lutto, la loro situazione familiare, il loro livello di fede, le concrete circostanze in cui si sono svolti i fatti.

Alcune proposte a titolo indicativo:

- non solo visitare le persone colpite dal lutto, ma accompagnarle; mettersi loro accanto, con la massima discrezione, ma con il coraggio che viene dallo Spirito, per far loro sentire il conforto della fede e la solidarietà della comunità cristiana;

- preparare e proporre incontri di fede e di preghiera comunitaria (veglie di preghiera, gruppi di ascolto, ritiri spirituali espressamente dedicati alla consolazione delle persone in difficoltà...), in cui si arrivi a vivere la comunione dei santi, nel senso più profondo della parola, e a far vibrare la fede nella risurrezione di Cristo;

- far confluire la morte della persona cara nella "corrente della carità», in modo che la persona improvvisamente deceduta o violentemente rapita, continui a vivere in iniziative o opere (caritative, culturali, sociali, ricreative...) che portano il suo nome e che la rendono quindi presente in mezzo a noi con la forza della carità;

- valorizzare le persone colpite da grave lutto, invitandole a mettere a servizio della comunità la loro esperienza, per aiutare chi si è trovato a vivere la stessa sofferenza, o anche solo a sensibilizzare la comunità e le famiglie al problema del dolore, della malattia e della morte.

CONCLUSIONE

26. Nella lettera apostolica Salvifici doloris sul senso della sofferenza cristiana, Giovanni Paolo II ha indicato come modello, per chi e chiamato a esercitare il ministero della consolazione, il buon samaritano. "Buon samaritano è ogni uomo che si ferma accanto alla sofferenza di un altro uomo, qualunque essa sia. Quel fermarsi non significa curiosità, ma disponibilità. Questa è come l'aprirsi di una certa disposizione del cuore, che ha anche un'espressione emotiva. Buon samaritano è ogni uomo sensibile alla sofferenza altrui, l'uomo che si "commuove" per la disgrazia del prossimo...

Tuttavia il buon samaritano della parabola di Cristo non si ferma alla sola commozione e compassione. Queste diventano per lui uno stimolo alle azioni che mirano a portare aiuto nella sofferenza, di qualsiasi natura essa sia. Aiuto, in quanto possibile, efficace. In esso egli mette il suo cuore, ma non risparmia neanche i mezzi materiali. Si può dire che dà se stesso, il suo proprio "io», aprendo il suo io all'altro... Buon samaritano è l'uomo capace di tale dono di sé" *(Salvifici doloris 28: EV 9/677-678).*

Che cos'è l'indulgenza?

(dal Catechismo della Chiesa Cattolica)

Già nell'*Enchiridion indulgentiarum* di Paolo VI troviamo infatti tre concessioni di indulgenze di carattere generale, particolarmente interessanti. Si, concede l'indulgenza parziale al fedele che:

1. nel compiere i suoi doveri e nel sopportare le avversità della vita, innalza con umile fiducia l'animo a Dio, aggiungendo, anche solo mentalmente, una pia invocazione;

2. con spirito di fede e con animo misericordioso, pone se stesso o i suoi beni a servizio dei fratelli che si trovino in necessità;

3. in spirito di penitenza, si priva spontaneamente e

con suo sacrificio di qualche cosa "lecita" (17).

In questa nuova edizione è stata inserita una quarta concessione generale a chi dà una pubblica testimonianza della propria fede in determinate circostanze della vita di ogni giorno, quali la partecipazione frequente ai sacramenti, l'inserimento nelle forme comunitarie di espressione della fede e dell'apostolato, l'annunzio, con la parola e con le opere, della salvezza cristiana a chi è lontano dalla fede.

(Intervento di Mons. Dario Rezza alla Conferenza Stampa in Vaticano il 17.9.99 in occasione della presentazione della nuova edizione a cura di Penitenzieria Apostolica)

L'indulgenza è la remissione dinanzi a Dio della pena temporale per quei peccati che, in quanto alla colpa, sono già stati rimessi al fedele per mezzo della Chiesa.

L'indulgenza è parziale quando libera in parte, mentre è plenaria quando libera totalmente dalla pena temporale dovuta ai peccati.

Le indulgenze possono essere applicate sia ai vivi sia ai defunti.

Le pene del peccato

Per comprendere la dottrina e la pratica della Chiesa bisogna tener presente che il peccato ha una duplice conseguenza:

1. "PENA ETERNA": conseguenza del peccato grave che ci priva della comunione con Dio e perciò, ci rende incapaci di ottenere la Vita Eterna.

2. "PENA TEMPORALE": conseguenza di ogni peccato, anche veniale, che provoca comunque un attaccamento malsano alle creature; esso ha bisogno di purificazione sia durante la vita terrena sia dopo la morte, nello stato chiamato purgatorio.

Queste due pene non sono una specie di vendetta di Dio, ma esse scaturiscono direttamente dalla natura del peccato. *(dal Catechismo della Chiesa Cattolica n. 1472)*

Remissione delle pene

1. "Pena eterna": essa è rimessa mediante il perdono del peccato e la restaurazione della comunione con Dio, che non cancellano, tuttavia, le pene temporali del peccato.

2. "Pena temporale": il cristiano deve sforzarsi di accettare come una grazia queste pene temporali sopportando pazientemente sofferenze e prove di ogni genere, impegnandosi attraverso preghiere e penitenze, opere di misericordia e di carità, per spogliarsi dell'"uomo vecchio" e rivestire "l'uomo nuovo".

(dal Catechismo della Chiesa Cattolica n. 1473)

Nella comunione dei santi

La comunione dei santi non è altro che quel vincolo perenne di carità e di abbondante scambio di beni spirituali fra i fedeli: quelli che sono già in paradiso, quelli che stanno espiando le proprie colpe in purgatorio e quelli che sono ancora pellegrini sulla terra.

Il cristiano, perciò, che si sforza di purificarsi dei propri peccati e di santificarsi con l'aiuto della grazia di Dio, non è solo, ma vivendo in Cristo e per Cristo, la sua vita è congiunta a quella di tutti gli altri fratelli cristiani nella soprannaturale unità del Corpo mistico di Cristo.

In questo ammirabile scambio, la santità giova più del danno causato dal peccato, quindi ricorrere alla comunione dei santi permette al peccatore pentito di essere purificato dalle pene del peccato nel più breve tempo possibile.

(dal Catechismo della Chiesa Cattolica n. 1474-75).

Attraverso la Chiesa

La Chiesa, in virtù del suo potere di sciogliere e legare, affidatole da Gesù Cristo, costituisce l'unica via per ottenere l'indulgenza: interviene a favore di un fedele, gli dischiude i meriti di Cristo e dei santi, affinché ottenga dal Padre Misericordioso la remissione delle pene temporali dovute per i suoi peccati. La Chiesa, perciò, non vuole solo aiutare, ma anche spingere il fedele a compiere opere di pietà, carità e penitenza.

Attraverso la Chiesa i fedeli possono ottenere l'indulgenza parziale o plenaria, non solo per sé o per altri fedeli vivi, ma anche per le anime del purgatorio, membri della medesima comunione dei santi.

(dal Catechismo della Chiesa Cattolica n. 1478-79)

Norme

(dal Manuale delle Indulgenze, Libreria Editrice Vaticana, 1999)

1. L'indulgenza è la remissione dinanzi a Dio della pena temporale per i peccati, già rimessi quanto alla colpa, che il fedele, debitamente disposto e a determinate condizioni, acquista per intervento della Chiesa, la quale, come ministra della redenzione, autoritariamente dispensa ed applica il tesoro delle soddisfazioni di Cristo e dei santi.

2. L'indulgenza è parziale o plenaria secondo che libera in parte o in tutto dalla pena temporale dovuta per i peccati.

3. Ogni fedele può lucrare per se stesso le indulgenze sia parziali che plenarie o applicarle ai defunti a modo di suffragio.

4. Il fedele, che almeno con cuore contrito, compie un'azione alla quale è annessa l'indulgenza parziale, ottiene, in aggiunta alla remissione della pena temporale che percepisce con la sua azione, altrettanta remissione di pena per intervento della Chiesa.

5. **1.** Oltre alla suprema Autorità della Chiesa possono elargire indulgenze solamente quelli cui questa potestà viene riconosciuta dal diritto o concessa dal Romano Pontefice.

2. Nessuna Autorità inferiore al Romano Pontefice può comunicare ad altri la facoltà di concedere indulgenze, se ciò non sia stato ad essa concesso espressamente dalla Sede Apostolica.

6. Nella Curia Romana, tutto ciò che spetta alla concessione e all'uso delle indulgenze è affidato esclusivamente alla Penitenzieria Apostolica, salvo tuttavia il diritto della Congregazione per la Dottrina della Fede di esaminare quanto riguarda la dottrina dogmatica intorno ad esse.

7. I vescovi eparchiali o diocesani, e coloro che nel diritto sono ad essi equiparati, anche se non insigniti della dignità episcopale, dall'inizio del loro ufficio pastorale, possono:

1. concedere l'indulgenza parziale, nel proprio territorio a tutti i fedeli, e anche fuori del territorio ai fedeli che appartengono alla loro giurisdizione;

2. impartire nella propria eparchia o diocesi la Benedizione papale con annessa l'indulgenza plenaria, usando la prescritta formula, tre volte l'anno, in solennità o feste di loro scelta, anche se assistono soltanto alla messa. Questa benedizione viene impartita al termine della messa al posto della benedizione consueta, a norma del rispettivo Cerimoniale dei Vescovi.

8. I metropoliti possono concedere l'indulgenza parziale nelle eparchie e diocesi suffraganee come nel proprio territorio.

9. **1.** I patriarchi nei singoli luoghi, anche esenti, del proprio patriarcato, nelle chiese del proprio rito fuori del patriarcato, e dovunque per i fedeli del proprio rito possono:
- concedere l'indulgenza parziale;
- impartire la Benedizione papale con annessa l'indulgenza plenaria, di norma tre volte l'anno, e inoltre quando intervenga qualche particolare circostanza o motivazione religiosa, che per il vantaggio spirituale dei fedeli esiga l'indulgenza plenaria.

2. La stessa facoltà è concessa agli Arcivescovi Maggiori.

10. I Cardinali di S.R.C. hanno la facoltà di concedere ovunque l'indulgenza parziale, che può essere acquistata soltanto dai presenti, volta per volta.

11. **1.** Occorre espressa licenza della Sede Apostolica per poter stampare, in qualunque lingua, l'*Enchiridion indulgentiarum*.

2. Tutti gli altri libri, fogli, e altri scritti, nei quali sono contenute concessioni di indulgenze, non devono essere pubblicati senza licenza del Gerarca o dell'Ordinario del luogo.

12. Secondo la mente del Sommo Pontefice, le concessioni di indulgenze impetrate per tutti i fedeli incominciano ad avere valore soltanto dopo che i loro documenti autentici sono stati rivisti dalla Penitenzieria Apostolica.

13. L'indulgenza annessa ad una celebrazione liturgica, legata ad un determinato giorno, s'intende trasferita al giorno in cui la stessa celebrazione, o la sua solennità esterna, sia legittimamente spostata.

14. Se si richiede la visita di una chiesa o di un oratorio per acquistare l'indulgenza stabilita per un giorno determinato, detta visita si può fare dal mezzogiorno della vigilia fino alla mezzanotte del giorno stabilito.

15. Il fedele può lucrare una indulgenza se devotamente usa uno dei seguenti oggetti di pietà convenientemente benedetto: crocifisso o croce, corona, scapolare, medaglia.

16. **1.** L'indulgenza annessa alla visita di una chiesa o oratorio non si estingue se l'edificio viene demolito e ricostruito entro cinquanta anni, nello stesso luogo o quasi e con lo stesso titolo.
2. L'indulgenza annessa all'uso di un oggetto di pietà cessa soltanto quando l'oggetto vada distrutto o sia venduto.

17. **1.** È capace di lucrare indulgenze chi è battezzato, non scomunicato, in stato di grazia almeno al termine delle opere prescritte.

2. Per lucrare le indulgenze è necessario che si abbia l'intenzione almeno generale di acquistarle e si adempiano le opere ingiunte nel tempo e nel modo stabilito dalla concessione.

18. 1. L'indulgenza plenaria può essere acquistata una sola volta al giorno; l'indulgenza parziale invece può essere acquistata più volte al giorno.
2. Il fedele potrà tuttavia conseguire l'indulgenza plenaria in *articulo mortis* anche se nello stesso giorno abbia già acquistato un'altra indulgenza plenaria.

19. L'opera prescritta per lucrare l'indulgenza plenaria annessa ad una chiesa o ad un oratorio consiste nella devota visita di questi luoghi sacri, recitando in essi la preghiera del Signore e il simbolo della fede (cioè il Padre nostro e il Credo), salvo che nella concessione sia diversamente stabilito.

20. 1. Per ottenere l'indulgenza plenaria, oltre l'esclusione di qualsiasi affetto al peccato anche veniale, è necessario eseguire l'opera indulgenziata e adempiere le tre condizioni: confessione sacramentale, comunione eucaristica e preghiera secondo le intenzioni del Sommo Pontefice.
2. Con una sola confessione sacramentale si possono acquistare più indulgenze plenarie; invece, con una sola comunione eucaristica e una sola preghiera secondo le intenzioni del Sommo Pontefice si può acquistare una sola

indulgenza plenaria.

3. Le tre condizioni possono essere adempiute parecchi giorni prima o dopo di aver compiuto l'opera prescritta; tuttavia è conveniente che la comunione e la preghiera secondo le intenzioni del Sommo Pontefice siano fatte nello stesso giorno, in cui si compie l'opera.

4. Se manca la piena disposizione o non viene eseguita totalmente l'opera richiesta e non sono poste le tre condizioni, l'indulgenza sarà solamente parziale, salvo quanto è prescritto nelle norme 24 e 25 per gli "impediti".

5. Si adempie pienamente la condizione della preghiera secondo le intenzioni del Sommo Pontefice, recitando secondo le sue intenzioni un Padre nostro ed un'Ave, Maria; è lasciata tuttavia libertà ai singoli fedeli di recitare qualsiasi altra preghiera secondo la pietà e la devozione di ciascuno.

21. **1.** Non si può acquistare una indulgenza con un'opera che si è obbligati a compiere per legge o precetto, a meno che nella concessione non si dica espressamente il contrario.

2. Tuttavia chi compie un'opera che gli è stata ingiunta come penitenza sacramentale, può nello stesso tempo soddisfare alla penitenza e lucrare l'eventuale indulgenza annessa a quell'opera.

3. Parimenti i membri degli Istituti di vita consacrata e delle Società di vita apostolica possono ottenere l'indulgenza mediante preghiere e opere pie, che sono tenuti a recitare o a compiere in forza delle loro regole o costituzioni o in forza di altra prescrizione.

22. L'indulgenza annessa ad una preghiera può essere acquistata in qualunque lingua questa venga recitata, purché la versione sia approvata dalla competente autorità ecclesiastica.

23. Per l'acquisto dell'indulgenza annessa ad una preghiera basta che questa sia recitata alternativamente con un altro o seguirla mentalmente mentre un altro la recita.

24. I confessori possono commutare sia l'opera prescritta sia le condizioni a quelli che siano legittimamente impediti dal compierle.

25. Inoltre, i Gerarchi o gli Ordinari dei luoghi possono concedere ai fedeli, sui quali esercitano la loro autorità a norma del diritto, se questi risiedono in luoghi dove in nessun modo o molto difficilmente possono accostarsi ai sacramenti della confessione o della comunione, di poter ottenere l'indulgenza plenaria senza l'attuale confessione e comunione, purché siano contriti e propongano di accostarsi ai predetti sacramenti appena sarà loro possibile.

26. I sordi e i muti possono lucrare le indulgenze annesse a pubbliche preghiere se, trovandosi insieme ad altri fedeli che pregano, innalzino piamente l'animo a Dio; se si tratta poi di preghiere private, basta che le recitino mentalmente o le manifestino con segni o le scorrano soltanto con gli occhi.

Quattro concessioni di carattere generale

Proemio

1. Si propongono anzitutto quattro concessioni di indulgenze, con le quali il fedele è invitato ad informare allo spirito cristiano le azioni di cui è intessuta la sua vita, ed a cercare la perfezione della carità nelle sue ordinarie occupazioni.

2. Le quattro concessioni sono realmente di carattere generale e ognuna di esse comprende più opere simili. Tuttavia non sono indulgenziate tutte queste opere, ma soltanto quelle che sono compiute in un determinato modo e con uno spirito particolare.

Pertanto, con la prima concessione, che è così formulata: "Si concede l'indulgenza parziale al fedele che, nel compiere i suoi doveri e nel sopportare le avversità della vita, innalza con umile fiducia l'animo a Dio, aggiungendo, anche solo mentalmente, una pia invocazione", sono arricchiti di indulgenza soltanto quegli atti, con i quali il fedele, mentre compie i suoi doveri e sopporta le avversità della vita, innalza la mente a Dio nel modo indicato. Atti del genere, attesa l'umana debolezza, non sono frequenti.

Se qualcuno poi fosse tanto diligente e fervoroso da riempire la giornata di tali atti, allora egli giustamente meriterebbe, oltre a un copioso aumento di grazia, una maggiore remissione di pena e potrebbe anche, animato com'è dalla carità, aiutare più abbondantemente le anime del purgatorio.

Simili osservazioni possono essere fatte per le altre tre concessioni.

3. Le quattro concessioni concordano pienamente, come è ovvio, con il Vangelo e con la dottrina della Chiesa, nitidamente espressa dal Concilio Vaticano II; perciò, per utilità dei fedeli, a commento della singole concessioni sono riportati alcuni passi scelti dalla Sacra Scrittura e dai documenti del predetto Concilio.

Concessioni

I. Si concede l'indulgenza parziale al fedele che, nel compiere i suoi doveri e nel sopportare le avversità della vita, innalza con umile fiducia l'animo a Dio, aggiungendo, anche solo mentalmente, una pia invocazione.

Con questa prima concessione i fedeli sono guidati ad eseguire il comando del Signore: "Bisogna pregare sempre, senza stancarsi" *(Lc 18,1)* e nello stesso tempo sono istruiti a compiere i propri doveri in modo da conservare ed accrescere l'unione con Cristo.

L'intenzione della Chiesa nel concedere l'indulgenza viene ottimamente illustrata dai seguenti passi della Sacra Scrittura:

Mt 7,7-8: Chiedete e vi sarà dato; cercate e troverete; bussate e vi sarà aperto; perché chiunque chiede riceve, e chi cerca trova e a chi bussa sarà aperto.

Mt 26,41: Vegliate e pregate, per non cadere in tentazione.
Lc 21,34.36: State bene attenti che i vostri cuori non si appesantiscano in... affanni della vita... Vegliate e pregate in ogni momento.
At 2,42: Erano assidui nell'ascoltare l'insegnamento degli apostoli e nell'unione fraterna, nella frazione del pane e nelle preghiere.
Rm 12,12: Siate lieti nella speranza, forti nella tribolazione, perseveranti nella preghiera.
1 Cor 10,31: Sia dunque che mangiate, sia che beviate, sia che facciate qualsiasi altra cosa, fate tutto per la gloria di Dio.
Ef 6,18: Pregate incessantemente con ogni sorta di preghiere e di suppliche nello Spirito, vigilando a questo scopo con ogni perseveranza e pregando per tutti i santi.
Col 3,17: E tutto quello che fate in parole ed opere, tutto si compia nel nome del Signore Gesù, rendendo per mezzo di lui grazie a Dio Padre.
Col 4,2: Perseverate nella preghiera e vegliate in essa, rendendo grazie.
1 Ts 5,17-18: Pregate incessantemente, in ogni cosa rendete grazie.

DAL CONCILIO VATICANO II, *Lumen gentium*, n. 41: Tutti i fedeli, nelle loro condizioni di vita, incombenze o circostanze, e per mezzo di tutte queste cose, saranno sempre più santificati se tutto accettano con fede dalla mano del Padre celeste, e cooperano con la volontà divina, manifestando a tutti, nel servizio temporale, la carità con la quale Dio ha amato il mondo.

DAL CONCILIO VATICANO II, *Apostolicam actuositatem*, n. 4: Questa vita d'intimità con Cristo si alimenta nella Chiesa con i sussidi spirituali che... devono essere usati dai laici in modo che, mentre compiono con rettitudine i doveri del mondo nelle condizioni ordinarie di vita, non separino dalla propria esistenza l'unione con Cristo, ma crescano in essa compiendo la propria attività secondo il volere divino... Né le preoccupazioni familiari né gli altri impegni secolari devono essere estranei all'impostazione della vita spirituale secondo il detto dell'Apostolo: "Tutto quello che fate in parole e in opere, tutto si compia nel nome del Signore Gesù, rendendo per mezzo di Lui grazie a Dio Padre" (*Col 3,17)*.

DAL CONCILIO VATICANO II, *Gaudium et spes,* n. 43: La frattura tra la fede che professano e la vita quotidiana di molti va computata tra i più gravi errori del nostro tempo... Non si devono dunque contrapporre insensatamente le attività professionali e sociali da una parte e la vita religiosa dall'altra... Piuttosto seguendo l'esempio di Cristo, che lavorò come carpentiere, i cristiani siano lieti di poter esplicare tutte le loro attività terrene, unificando in un'unica sintesi vitale gli sforzi umani, domestici, professionali, scientifici e tecnici in una sola sintesi vitale insieme con i beni religiosi, sotto la cui altissima direzione tutto viene coordinato a gloria di Dio.

II. Si concede l'indulgenza parziale al fedele che, con spirito di fede e con animo misericordioso, pone se stesso o i suoi beni a servizio dei fratelli che si trovino in necessità.

Con questa concessione il fedele è indotto, sull'esempio e per comando di Cristo, *(Cf Gc 13,15 e At 10,38)* a compiere il più frequentemente possibile opere di carità e di misericordia. Però non tutte le opere di carità sono indulgenziate, ma soltanto quelle che sono fatte "a servizio dei fratelli che si trovino in necessità", ad esempio di cibo e di vesti per il corpo o di istruzione e di conforto per l'anima.

Mt 25,35-36.40: ... Ho avuto fame e mi avete dato da mangiare, ho avuto sete e mi avete dato da bere; ero forestiero e mi avete ospitato, nudo e mi avete vestito, malato e mi avete visitato, carcerato e siete venuti a trovarmi... In verità vi dico: ogni volta che avete fatto queste cose a uno solo di questi miei fratelli più piccoli, l'avete fatto a me.

Gv 13,34-35: Vi do un comandamento nuovo: che vi amiate gli uni gli altri; come io vi ho amato, così amatevi anche voi gli uni gli altri. Da questo tutti sapranno che siete miei discepoli, se avrete amore gli uni per gli altri.

Rm 12,8.10-11.13: Chi dà, lo faccia con semplicità; ... chi fa opere di misericordia, le compia con gioia ... amatevi gli uni gli altri con affetto fraterno, gareggiate nello stimarvi a vicenda. Non siate pigri nello zelo; siate invece ferventi nello spirito, servite il Signore... solleciti per le necessità dei fratelli, premurosi nell'ospitalità.

1 Cor 13,3: E se anche distribuissi tutte le mie sostanze... ma non avessi la carità, niente mi giova.
Gal 6,10: Poiché dunque ne abbiano l'occasione, operiamo il bene verso tutti, soprattutto verso i fratelli nella fede.
Ef 5,2: ... Camminate nella carità, nel modo che anche Cristo vi ha amato.
1 Ts 4,9: Avete imparato da Dio ad amarvi gli uni gli altri.
Eb 13,1: Perseverate nell'amore fraterno.
Ge 1,27: Una religione pura e senza macchia davanti a Dio nostro Padre è questa: soccorrere gli orfani e le vedove nelle loro afflizioni e conservarsi puri da questo mondo. *(Cf Gc 2,15-16)*
1 Pt 1,22: Dopo aver santificato le vostre anime con l'obbedienza alla verità, per amarvi sinceramente come fratelli, amatevi intensamente, di vero cuore, gli uni gli altri.
1 Pt 3,8-9: ... Siate tutti concordi, partecipi delle gioie e dei dolori degli altri, animati da affetto fraterno, misericordiosi, umili; non rendete male per male, né ingiuria per ingiuria, ma, al contrario, rispondete benedicendo; poiché a questo siete stati chiamati per avere in eredità la benedizione.
2 Pt 1,5-7: ... Mettete ogni impegno per aggiungere... alla pietà l'amore fraterno, all'amore fraterno la carità.
1 Gv 3,17-18: Ma se uno ha ricchezze di questo mondo e vedendo il suo fratello in necessità gli chiude il proprio cuore, come dimora in lui l'amore di Dio? Figlioli, non amiamo a parole né con la lingua, ma coi fatti e nella verità.

AA 8: *Ovunque vi sia chi manca di cibo e di bevanda, di vestito, di casa, di medicine, di lavoro, di istruzione, dei mezzi necessari per condurre una vita veramente umana, chi è afflitto da tribolazioni o da malferma salute, chi soffre l'esilio o il carcere, là la carità cristiana deve cercarli e trovarli, consolarli con premurosa cura e dare sollievo offrendo aiuto... Perché questo esercizio della carità sia al di sopra di ogni sospetto e come tale si manifesti, si consideri nel prossimo l'immagine di Dio, secondo la quale è stato creato, e Cristo Signore, a cui è veramente dato quanto si dona al bisognoso*

AA 31 c.: Poiché le opere di carità e di misericordia offrono una splendida testimonianza di vita cristiana, la formazione apostolica deve condurre anche al loro esercizio, in modo che fin dalla fanciullezza i fedeli imparino a condividere le sofferenze dei fratelli e a soccorrerli generosamente quando ne hanno bisogno.

Gv 13,35: I cristiani, memori delle parole del Signore: "Da questo tutti sapranno che siete miei discepoli, se avrete amore gli uni per gli altri.

GS 93: Niente possono desiderare più ardentemente che servire sempre più generosamente e fattivamente gli uomini del mondo contemporaneo... Il Padre vuole che noi riconosciamo ed efficacemente amiamo in tutti gli uomini Cristo fratello, tanto con la parola che con l'azione.

III. **Si concede l'indulgenza parziale al fedele che, in spirito di penitenza, si priva spontaneamente e con suo sacrificio di qualche cosa lecita.**

Cf Paen. III, c.: Questa concessione ha un valore speciale per il nostro tempo nel quale, a parte la legge dell'astinenza dalle carni e del digiuno, del resto alquanto mite, è sommamente opportuno che i fedeli siano invitati a fare esercizi di penitenza.
Cf Mt 8,20; 16,24: Così il fedele è spinto a frenare le passioni, a ridurre in servitù il suo corpo e ad uniformarsi a Cristo povero e paziente.
Sermo 13: L'astinenza sarà poi tanto migliore se congiunta alla carità, secondo le parole di San Leone Magno: "Diamo alla virtù quello che togliamo al piacere. Diventi nutrimento dei poveri l'astinenza di chi digiuna".
Lc 9,23: Se qualcuno vuol venire dietro a me, rinneghi se stesso, prenda la sua croce ogni giorno e mi segua.
Lc 13,5 ... Se non vi convertite, perirete tutti allo stesso modo.
Rm 8,13: ... Se invece con l'aiuto dello Spirito voi fate morire le opere del corpo, vivrete.
Rm 8,17: Se veramente partecipiamo alle sue sofferenze per partecipare anche alla sua gloria.
1 Cor 9,25-27: ... Ogni atleta è temperante in tutto; essi lo fanno per ottenere una corona corruttibile, noi invece una incorruttibile. Io dunque corro, ma non come chi è senza meta; faccio il pugilato, ma non come chi batte l'aria, anzi tratto duramente il mio corpo e lo trascino in schiavitù...

2 Cor 4,10: ... Portando sempre e dovunque nel nostro corpo la morte di Gesù, perché anche la vita di Gesù si manifesti nel nostro corpo...
2 Tm 2,11-12: Certa è questa parola: se moriamo con lui, vivremo anche con lui; se con lui perseveriamo, con lui anche regneremo.
Tt 2,12: (Dio) ci insegna a rinnegare... i desideri mondani e a vivere con sobrietà, giustizia e pietà in questo mondo...
1 Pt 4,13: ... Ma nella misura in cui partecipate alle sofferenze di Cristo, rallegratevi, perché anche nella rivelazione della sua gloria possiate rallegrarvi ed esultare.
OT 9: Con particolare sollecitudine vengono educati all'obbedienza sacerdotale, alla povertà della vita e allo spirito di abnegazione, in modo da abituarsi a rinunziare prontamente anche alle cose che sono lecite, ma non necessarie, ed a conformarsia a Cristo crocifisso.
LG 10: I fedeli, in virtù del loro sacerdozio regale, concorrono all'oblazione dell'Eucaristia, e lo esercitano nel ricevere i sacramenti, nella preghiera e nel ringraziamento, con la testimonianza di una vita santa, l'abnegazione e l'operosa carità.
Ivi, n. 41: Nei diversi generi e professioni della vita un'unica santità è esercitata da tutti coloro che sono mossi dallo Spirito di Dio e, obbedienti alla voce del Padre e adorando Dio Padre in spirito e verità, seguono Cristo povero, umile e carico della croce per meritare di essere partecipi della sua gloria.
Paen. III c.: La Chiesa invita tutti i cristiani a rispondere al precetto divino della penitenza con qualche

atto volontario, al di fuori delle rinunce imposte dal peso della vita quotidiana... La Chiesa, nonostante abbia sempre tutelato in modo particolare l'astinenza dalle carni e il digiuno, vuole tuttavia indicare nella triade tradizionale "preghiera, digiuno, opere di carità" i modi principali per ottemperare al precetto divino della penitenza. Tali modi furono comuni a tutti i secoli; tuttavia nel nostro tempo esistono particolari motivi, per cui, secondo le esigenze dei diversi luoghi, sia necessario inculcare, a preferenza di altre, qualche speciale forma di penitenza. Perciò, là dove è maggiore il benessere economico, si dovrà piuttosto dare una testimonianza di ascesi, affinché i figli della Chiesa non siano coinvolti dallo spirito del "mondo", e si dovrà dare allo stesso tempo una testimonianza di carità verso i fratelli che soffrono nella povertà e nella fame, oltre ogni barriera di nazioni e di continenti.

IV. Si concede l'indulgenza parziale al fedele che, in particolare circostanza della vita quotidiana, rende spontaneamente aperta testimonianza di fede davanti agli altri.

Questa concessione incita il fedele a manifestare apertamente la propria fede davanti agli altri, per la gloria di Dio e l'edificazione della Chiesa.
Sermo 58: Sant'Agostino ha scritto: "Il tuo Simbolo sia per te come uno specchio. Guardati in esso, per vedere se tu credi tutto quello che dichiari di credere, e rallegrati ogni giorno per la tua fede".

Cf CCC 1064: La vita cristiana di ogni giorno sarà allora come l' "Amen" che conclude il "Credo" della professione del nostro Battesimo.
Mt 10,32: Chi dunque mi riconoscerà davanti agli uomini, anch'io lo riconoscerò davanti al Padre mio che è nei cieli.
Lc 11,28: Beati piuttosto coloro che ascoltano la parola di Dio e la osservano!
At 1,8: Mi sarete testimoni.
At 2,46: Ogni giorno tutti insieme frequentavano il tempio e spezzavano il pane a casa prendendo i pasti con letizia e semplicità di cuore, lodando Dio e godendo la stima di tutto il popolo.
At 4,32-33: La moltitudine di coloro che erano venuti alla fede aveva un cuor solo e un'anima sola... Con grande forza gli apostoli rendevano testimonianza della risurrezione del Signore Gesù e tutti essi godevano di grande stima.
Rm 1,8: La fama della vostra fede si espande in tutto il mondo.
Rm 10,9-10: Poiché se confesserai con la tua bocca che Gesù Cristo è il Signore, e crederai con il tuo cuore... sarai salvo. Con il cuore infatti si crede per ottenere la giustizia e con la bocca si fa la professione di fede per avere la salvezza.
1 Tm 6,12: Combatti la buona battaglia della fede, cerca di raggiungere la vita eterna alla quale sei stato chiamato e per la quale hai fatto la tua bella professione di fede davanti a molti testimoni.
2 Tm 1,8: Non vergognarti... della testimonianza da rendere al Signore nostro.
1 Pt 4,15-16: Nessuno di voi abbia a soffrire come omi-

cida o ladro o malfattore o delatore. Ma se uno soffre come cristiano, non ne arrossisca; glorifichi anzi Dio per questo nome.

1 Gv 4,15: Chiunque riconosce che Gesù Cristo è il Figlio di Dio, Dio dimora in lui ed egli in Dio.

LG 42: Ma perché la carità cresca e fruttifichi come buon seme nell'anima, ogni fedele deve ascoltare volentieri la parola di Dio e con il soccorso della sua grazia compiere con le opere la sua volontà, partecipare frequentemente ai sacramenti, soprattutto all'Eucaristia, e ai riti sacri; applicarsi costantemente alla preghiera, all'abnegazione di se stesso, al servizio attivo dei fratelli e alla pratica di tutte le virtù.

AA 18: I singoli fedeli sono chiamati ad esercitare l'apostolato nelle diverse condizioni della loro vita; ricordino però che l'uomo per sua natura è sociale... Perciò i fedeli esercitino il loro apostolato in spirito di unità. Siano apostoli tanto nelle proprie comunità familiari quanto nelle parrocchie e nelle diocesi, che già di per sé esprimono l'indole comunitaria dell'apostolato, e nelle libere istituzioni nelle quali avranno deciso di riunirsi.

VH 3: Però la natura sociale dell'uomo esige che l'uomo esprima esternamene gli atti di religione, comunichi con altri in materia religiosa, professi la propria religione in forma comunitaria.

AG 15: Non basta che il popolo cristiano sia presente ed organizzato nell'ambito di una nazione, né basta che eserciti l'apostolato dell'esempio: esso è costituito, esso è presente per annunziare Cristo con la parola e con l'opera ai connazionali non cristiani e per aiutarli ad accogliere pienamente il Cristo.

Modi per ottenere l'indulgenza

(Dal Manuale delle Indulgenze, Libreria Editrice Vaticana, 1999)

Visita a luoghi sacri

Si concede l'indulgenza plenaria al fedele che piamente visita, e vi recita un Padre nostro e un Credo,

1. una delle quattro Basiliche Patriarcali di Roma, sia recandovisi in pellegrinaggio con altri, sia almeno esprimendo durante la visita il proposito di filiale sottomissione al Romano Pontefice;

2. una basilica minore
a. nella solennità dei santi Apostoli Pietro e Paolo;
b. nella solennità del Titolare,
c. il giorno 2 agosto, in cui ricorre l'indulgenza della "Porziuncola";
d. una volta all'anno, in un giorno scelto dal fedele;

3. la chiesa cattedrale,
a. nella solennità dei santi Apostoli Pietro e Paolo;
b. nella solennità del Titolare;
c. nella celebrazione liturgica della Cattedra di san

Pietro Apostolo;
d. nella dedicazione dell'Arcibasilica del Santissimo Salvatore;
e. il giorno 2 agosto, in cui ricorre l'indulgenza della "Porziuncola";

4. un santuario dalla competente Autorità costituito sia internazionale, sia nazionale, sia diocesano,
a. nella solennità del Titolare;
b. una volta all'anno, in un giorno scelto dal fedele;
c. ogni volta che prende parte ad un pellegrinaggio collettivo che vi si fa;

5. la chiesa parrocchiale:
a. nella solennità del Titolare;
b. il giorno 2 agosto, in cui ricorre l'indulgenza della "Porziuncola";

6. una chiesa o un altare nel giorno della loro dedicazione;

7. una chiesa o un oratorio degli Istituti di vita consacrata e delle Società di vita apostolica, nel giorno dedicato al loro Fondatore.

Parimenti si concede l'indulgenza plenaria al fedele che nel giorno fissato partecipa alle sacre funzioni in una Chiesa Stazionale; se la visita devotamente, ogni volta l'indulgenza è parziale.

Si concede l'indulgenza parziale al fedele che devotamente visita una catacomba cristiana.

PER I DEFUNTI

Si concede l'indulgenza plenaria, applicabile soltanto alle anime del purgatorio, al fedele che:

1. nei singoli giorni, dal 1 all'8 novembre, devotamente visita il cimitero e prega, anche soltanto mentalmente, per i defunti;

2. nel giorno in cui si celebra la Commemorazione di tutti i fedeli defunti (o, col consenso dell'Ordinario, la Domenica antecedente o susseguente, oppure nella solennità di Tutti i Santi) visita piamente una chiesa o un oratorio e vi recita un Padre nostro e un Credo.

Si concede l'indulgenza parziale, applicabile soltanto alle anime del purgatorio, al fedele che:

1. devotamente visita il cimitero e prega, anche soltanto mentalmente, per i defunti;

2. devotamente recita le Lodi o i Vespri dell'Ufficio dei defunti o l'invocazione L'eterno riposo.

1

IN PUNTO DI MORTE

(IN ARTICULO MORTIS)

Il sacerdote che amministra i sacramenti al fedele in pericolo di morte non trascuri di impartirgli anche la benedizione apostolica, cui è annessa l'*indulgenza plenaria*.

Se l'assistenza del sacerdote è impossibile, la santa Madre Chiesa concede ugualmente al fedele l'indulgenza plenaria in punto di morte, purché sia debitamente disposto e abbia recitato abitualmente durante la vita qualche preghiera.

Per l'acquisto di tale indulgenza è raccomandabile l'uso del crocifisso o della croce.

La condizione "purché abbia recitato abitualmente durante la vita qualche preghiera" supplisce in questo caso le tre solite condizioni richieste per l'acquisto dell'*indulgenza plenaria*.

Tale *indulgenza plenaria* in punto di morte puo' essere lucrata anche dal fedele che nello stesso giorno abbia già acquistato un'altra indulgenza plenaria.

VISITA DI UNA CHIESA PARROCCHIALE

(VISITATIO ECCLESIAE PAROECIALIS)

Si concede l'indulgenza plenaria al fedele che piamente visita la chiesa parrocchiale:

- nella festa del Titolare;
- il giorno 2 agosto, in cui ricorre l'indulgenza della "Porziuncola".

Ambedue le indulgenze possono essere acquistate o nel giorno sopra indicato, oppure in altro giorno da stabilirsi dall'Ordinario secondo l'utilità dei fedeli.

La chiesa cattedrale e, eventualmente, la chiesa concattedrale, anche se non sono parrocchiali ed inoltre le chiese quasi parrocchiali godono delle medesime indulgenze.

Il fedele deve recitare:

Padre nostro
Credo

2

VISITA DEL CIMITERO

(COEMETERII VISITATIO)

La visita al cimitero è un atto che non solo permette di ottenere l'indulgenza per i defunti, ma è occasione di sostegno e di crescita spirituale per chi si reca in un cimitero.

Al fedele che devotamente visita il cimitero e prega, anche soltanto mentalmente, per i defunti, si concede l'*indulgenza*, applicabile soltanto alle anime del purgatorio. Questa è *plenaria* dal 1° all'8 novembre, *parziale* negli altri giorni.

Dal mezzogiorno del 1° novembre a tutto il 2 novembre si può lucrare, una volta sola, **l'indulgenza plenaria, applicabile soltanto ai defunti,** visitando in loro suffragio una chiesa. Durante la visita si devono recitare un:

Padre nostro
Credo

Si devono inoltre adempiere a suo tempo le solite tre condizioni:

1. **Confessione sacramentale**

2. **Comunione eucaristica**

3. **Preghiera secondo le intenzioni del Sommo Pontefice**
   (un Padre nostro, un'Ave Maria e un Gloria al Padre, o altre preghiere a scelta).

a. Le tre condizioni possono essere adempiute anche nei giorni precedenti o seguenti quello in cui si visita la chiesa; tuttavia è conveniente che la santa comunione e la preghiera secondo le intenzioni del Santo Padre siano fatte nello stesso giorno in cui si compie la visita.
b. Con il consenso dell'Ordinario, il giorno della visita, con la recita del Padre nostro e del Credo, può essere trasferito dal 2 novembre alla domenica precedente o

successiva o alla solennità di Ognissanti, *(incominciando in ogni caso dal mezzogiorno della vigilia)* per facilitare ai fedeli l'acquisto dell'indulgenza.

c. Nei giorni 1-8 novembre i fedeli che visitano il cimitero e pregano, anche solo mentalmente per i defunti, possono ottenere, una volta al giorno, l'indulgenza plenaria (applicabile soltanto ai defunti) seguendo le condizioni suddette.

d. Negli altri giorni, è annessa alla visita devota del cimitero un'indulgenza parziale, sempre per i defunti, proporzionata alla pietà del visitatore.

Sacra Penitenzieria Apostolica

3

IL PERDONO DI ASSISI

(INDULGENZA PLENARIA PER SÉ E PER LE ANIME DEL PURGATORIO)

Una notte dell'anno del Signore 1216, Francesco era immerso nella preghiera e nella contemplazione nella chiesetta della Porziuncola, quando improvvisamente vide una vivissima luce. Sopra l'altare il Cristo e alla sua destra, la sua Madre Santissima erano rivestiti di luce e circondati da una moltitudine di angeli. Francesco adorò in silenzio con la faccia a terra il suo Signore! Gli chiesero allora che cosa desiderasse per la salvezza delle anime. La risposta di Francesco fu immediata: **"Santissimo Padre benché io sia misero peccatore, ti prego che a tutti quanti, pentiti e confessati verranno a visitare questa chiesa, gli conceda ampio e generoso perdono, con una completa remissione di tutte le colpe".**

Gli rispose il Signore: **"Quello che tu chiedi, o Frate Francesco, è grande, ma di maggiori cose sei degno e di maggiori ne avrai. Accolgo quindi la tua preghiera ma a patto che tu domandi al mio vicario in terra, da parte mia, questa indulgenza".**

E Francesco si presentò subito dal Pontefice Onorio III che in quei giorni si trovava a Perugia e con candore gli raccontò la visione avuta. Il Papa lo ascoltò con attenzione e dopo qualche difficoltà dette la sua approvazione. Poi disse: "Per quanti anni vuoi questa indulgenza?". Francesco scattando rispose: **"Padre santo, non domando anni, ma anime".** *E felice si avviò verso la porta, ma il Pontefice lo richiamò: "Come non vuoi nessun documento?". E Francesco:* **"Santo Padre, a me basta la vostra parola! Se questa indulgenza è opera di Dio, Egli penserà a manife-**

stare l'opera sua; io non ho bisogno di alcun documento, questa carta deve essere la Santissima Vergine Maria, Cristo il notaio e gli angeli i testimoni".

Qualche giorno più tardi, insieme ai vescovi dell'Umbria, al popolo convenuto alla Porziuncola, disse tra le lacrime: ***"Fratelli miei, voglio mandarvi tutti in paradiso".***

Dal mezzogiorno del 1° Agosto alla mezzanotte del giorno seguente, oppure con il consenso dell'Ordinario, nella domenica precedente o successiva (a decorrere dal mezzogiorno del sabato fino alla mezzanotte della domenica), si può ottenere, una volta sola, **l'indulgenza plenaria della Porziuncola o "Perdono d'Assisi" per sé o per le anime del purgatorio.**

Condizioni richieste:

1. **Visita,** entro il tempo prescritto, a una basilica minore, la chiesa cattedrale, o una chiesa parrochiale e recita del:

Padre nostro
Credo

2. **Confessione sacramentale;**
3. **Comunione eucaristica;**
4. **Preghiera secondo le intenzioni del Sommo Pontefice.** *(almeno un Padre nostro, Ave Maria, Gloria al Padre o altre preghiere a scelta);*
5. **Disposizione d'animo che escluda ogni affetto al peccato anche veniale.**

Preghiere per le Anime dei nostri defunti in Purgatorio

Introduzione

"La preghiera terrena non può giovare ai defunti entrati direttamente nel cielo, poiché godono la gioia perfetta nel possesso di Dio, né può essere utile per i dannati, poiché la loro pena non può essere tolta né attenuata. La preghiera è efficace solo per le anime che soffrono nel purgatorio sia alleviando le loro sofferenze, sia accelerando le loro introduzione nel cielo. Dal purgatorio viene dunque una chiamata. Coloro che desiderano entrare nella felicità celeste chiedono l'aiuto di preghiere per ottenere questo favore divino. Cristo ha instaurato nell'umanità una comunione di fraternità spirituale. Questa solidarietà varca le frontiere della morte in favore dei defunti. I cristiani non dimenticano l'affermazione di Cristo che tutto ciò che viene fatto agli altri viene anche fatto a lui stesso. La carità evangelica si esprime nella preghiera per i defunti, più precisamente per le anime che sperano l'aiuto di questa preghiera. Si tratta di una preghiera particolarmente efficace per aprire le porte del cielo" (Jean Galot).

"Mi scandalizza il modo con cui i cristiani parlano dei loro defunti. Li chiamano morti; non sono stati capaci di rinnovare il loro povero vocabolario umano su un punto che tuttavia tocca i doni essenziali della fede. Morti! Si va ad assistere ad una messa per morti! Si va al cimitero a portare fiori ai morti, si prega per i morti! Come se la verità fondamentale annunciata nel Prefazio della messa dei defunti "La vita è cambiata, non è tolta", fosse una verità morta, incapace di trasformare il modo comune di parlare. Si può usare il termine morto sui registri di stato civile o della polizia il cui vocabolario non è quello della verità, ma delle apparenze. Per i cristiani coloro che hanno lasciato questa terra, non sono morti poiché se sono in cielo vedono Dio e sono vivi per eccellenza; se sono in purgatorio hanno la certezza che vedranno Dio e per l'amore purissimo e ardente con il quale accettano e benedicono le sofferenze, sono molto più vivi di noi e se sono all'inferno, cioè nel baratro della seconda morte, sono dei vivi perversi e puniti, non sono dei morti" (Jacques Maritain).

Preghiere del mattino

Nel nome del Padre e del Figlio e dello Spirito Santo. Amen

(INDULGENZA PARZIALE)

GLORIA AL PADRE

Gloria al Padre e al Figlio e allo Spirito Santo.
Come era nel principio, e ora e sempre
nei secoli dei secoli. **Amen.**

PADRE NOSTRO

Padre nostro, che sei nei cieli,
sia santificato il tuo nome,
venga il tuo regno, sia fatta la tua volontà,
come in cielo così in terra.
Dacci oggi il nostro pane quotidiano,
e rimetti a noi i nostri debiti
come noi li rimettiamo ai nostri debitori,
e non ci indurre in tentazione,
ma liberaci dal male. **Amen.**

AVE MARIA

Ave, o Maria,
piena di grazia, il Signore è con te.
Tu sei benedetta fra le donne
e benedetto è il frutto del tuo seno, Gesù.
Santa Maria, Madre di Dio,
prega per noi peccatori,
adesso e nell'ora della nostra morte. **Amen.**

SALVE REGINA

(INDULGENZA PARZIALE)

Salve, Regina, madre di misericordia,
vita, dolcezza e speranza nostra, salve.
A te ricorriamo, esuli figli di Eva;
a te sospiriamo, gementi e piangenti
in questa valle di lacrime.
Orsù dunque, avvocata nostra,
rivolgi a noi gli occhi tuoi misericordiosi.

E mostraci, dopo questo esilio, Gesù,
il frutto benedetto del tuo seno.
O clemente, o pia, o dolce Vergine Maria.

ANGELO DI DIO

(INDULGENZA PARZIALE)

Angelo di Dio, che sei il mio custode,
illumina, custodisci, reggi e governa me,
che ti fui affidato dalla pietà celeste. **Amen.**

L'ETERNO RIPOSO

(INDULGENZA PARZIALE APPLICABILE SOLTANTO ALLE ANIME DEL PURGATORIO)

L'eterno riposo dona loro, Signore,
e splenda ad essi la luce perpetua.
Riposino in pace. **Amen.**

TI ADORO

Ti adoro, mio Dio,
e ti amo con tutto il cuore.
Ti ringrazio di avermi creato, fatto cristiano
e conservato in questa notte.
Ti offro le azioni della giornata:
fa' che siano tutte secondo la tua santa volontà
per la maggior tua gloria.
Preservami dal peccato e da ogni male.
La tua grazia sia sempre con me
e con tutti i miei cari. **Amen.**

ATTO DI FEDE

(INDULGENZA PLENARIA)

Mio Dio,
perché sei verità infallibile,
credo tutto quello che tu hai rivelato
e la santa Chiesa ci propone a credere.
Credo in te,
unico vero Dio
in tre Persone uguali e distinte,
Padre, e Figlio e Spirito Santo.
Credo in Gesù Cristo, e Figlio di Dio,
incarnato, morto e risorto per noi,
il quale darà a ciascuno, secondo i meriti,
il premio o la pena eterna.
Conforme a questa fede voglio sempre vivere.
Signore, accresci la mia fede.

ATTO DI SPERANZA

(INDULGENZA PLENARIA)

Mio Dio,
spero dalla tua bontà,
per le tue promesse e per i meriti di Gesù Cristo,
nostro Salvatore,
la vita eterna e le grazie necessarie
per meritarla con le buone opere,
che io debbo e voglio fare.
Signore, che io possa goderti in eterno.

ATTO DI CARITÀ

(INDULGENZA PLENARIA)

Mio Dio,
ti amo con tutto il cuore sopra ogni cosa,
perché sei bene infinito e nostra eterna felicità;
e per amor tuo amo il prossimo come me stesso
e perdono le offese ricevute.
Signore, che io ti ami sempre di più.

CONFESSIONE DELLA COLPA

Confesso a Dio onnipotente e a voi, fratelli, che ho molto peccato in pensieri, parole, opere e omissioni,

(battendosi il petto)

per mia colpa, mia colpa, mia grandissima colpa. E supplico la beata sempre vergine Maria, gli angeli, i santi e voi, fratelli, di pregare per me il Signore Dio nostro.

SIGNORE DIO NOSTRO

(INDULGENZA PARZIALE)

Signore Dio nostro, che ci hai dato la grazia di giungere a questo giorno, accompagnaci oggi con la tua protezione, perché non deviamo mai verso il peccato e in pensieri, parole e opere aderiamo sempre alla tua volontà.
Per Cristo nostro Signore. **Amen.**

PREGHIAMO PER IL PONTEFICE

(INDULGENZA PARZIALE)

Preghiamo per il nostro Santo Padre il Papa *(nome)*
Il Signore lo conservi, gli dia vita e lo renda felice in terra, e non lo lasci cadere nelle mani dei suoi nemici.

ORAZIONE PER L'UNITÀ DEI CRISTIANI

(INDULGENZA PARZIALE)

Dio onnipotente e misericordioso, che, per mezzo del tuo Figlio, hai voluto unire le diverse nazioni in un solo popolo, concedi propizio che coloro che si gloriano del nome cristiano, superata ogni divisione, siano una cosa sola nella verità e nella carità, e tutti gli uomini, illuminati dalla vera fede, s'incontrino in comunione fraterna nell'unica Chiesa.
Per Cristo nostro Signore. **Amen.**

ASCOLTA LA NOSTRA PREGHIERA

(INDULGENZA PARZIALE)

Signore, Padre santo, Dio onnipotente ed eterno, ascolta la nostra preghiera: manda dal cielo il tuo santo angelo a custodire, confortare, proteggere, visitare e difendere tutti gli abitanti di questa casa.
Per Cristo nostro Signore. **Amen.**

Rinnovazione degli impegni battesimali

1. Si concede l'indulgenza plenaria al fedele che, nella celebrazione della Veglia Pasquale o nel giorno anniversario del proprio battesimo rinnova con qualsiasi formula legittimamente approvata le promesse battesimali.
2. Si concede l'indulgenza parziale al fedele che rinnova con qualsiasi formula le promesse battesimali.

Rinuncio al peccato,
per vivere nella libertà dei figli di Dio.

Rinuncio alle seduzioni del male,
per non lasciarmi dominare dal peccato.

Rinuncio a Satana,
origine e causa di ogni peccato.

Credo in Dio Padre onnipotente,
creatore del cielo e della terra.

Credo in Gesù Cristo,
suo unico Figlio, nostro Signore,
che nacque da Maria Vergine,
morì e fu sepolto, è risuscitato dai morti
e siede alla destra del Padre.

Credo nello Spirito Santo,
la santa Chiesa cattolica, la comunione dei santi,
la remissione dei peccati,
la risurrezione della carne e la vita eterna.

PROFESSIONE DI FEDE

(INDULGENZA PARZIALE)

Credo in un solo **Dio, Padre** onnipotente,
creatore del cielo e della terra,
di tutte le cose visibili e invisibili.
Credo in un solo Signore, **Gesù Cristo**,
unigenito Figlio di Dio, nato dal Padre
prima di tutti i secoli: Dio da Dio, Luce da Luce,
Dio vero da Dio vero, generato, non creato,
della stessa sostanza del Padre;
per mezzo di Lui tutte le cose sono state create.
Per noi uomini e per la nostra salvezza
discese dal cielo, e per opera
dello Spirito Santo, si è incarnato nel seno
della Vergine Maria e si è fatto uomo.
Fu crocifisso per noi sotto Ponzio Pilato,
morì e fu sepolto.
Il terzo giorno è risuscitato secondo le Scritture,
è salito al cielo, siede alla destra del Padre.
E di nuovo verrà, nella gloria, per giudicare
i vivi e i morti, e il suo regno non avrà fine.
Credo nello **Spirito Santo**, che è Signore e dà la vita,
e procede dal Padre e dal Figlio.
Con il Padre e il Figlio è adorato e glorificato,
e ha parlato per mezzo dei profeti.
Credo la **Chiesa**, una, santa,
cattolica e apostolica.
Professo un solo battesimo per il perdono dei peccati.
Aspetto la risurrezione dei morti
e la vita del mondo che verrà. **Amen.**

Credo-Simbolo degli Apostoli

(Indulgenza parziale)

Io Credo in Dio, Padre onnipotente,
creatore del cielo e della terra;
e in Gesù Cristo,
suo unico Figlio, nostro Signore,
(tutti si inchinano)
il quale fu concepito di Spirito Santo,
nacque da Maria Vergine,
patì sotto Ponzio Pilato,
fu crocifisso, morì e fu sepolto;
discese agli inferi;
il terzo giorno risuscitò da morte;
salì al cielo,
siede alla destra di Dio Padre onnipotente:
di là verrà a giudicare i vivi e i morti.
Credo nello Spirito Santo,
la santa Chiesa cattolica,
la comunione dei santi,
la remissione dei peccati,
la risurrezione della carne,
la vita eterna.
Amen.

SEQUENZA DELLO SPIRITO SANTO

Vieni, Spirito Santo,
manda a noi dal cielo
un raggio della tua luce.

Vieni, padre dei poveri,
vieni, datore dei doni,
vieni, luce dei cuori.

Consolatore perfetto;
ospite dolce dell'anima,
dolcissimo sollievo.

Nella fatica, riposo,
nella calura, riparo,
nel pianto, conforto.

O luce beatissima,
invadi nell'intimo
il cuore dei tuoi fedeli.

Senza la tua forza,
nulla è nell'uomo,
nulla senza colpa.

Lava ciò che è sordido,
bagna ciò che è arido,
sana ciò che sanguina.

Piega ciò che è rigido,
scalda ciò che è gelido,
drizza ciò che è sviato.

Dona ai tuoi fedeli,
che solo in te confidano,
i tuoi santi doni.

Dona virtù e premio,
dona morte santa,
dona gioia eterna.
Amen.

INNO "VENI CREATOR SPIRITUS"

Si concede l'indulgenza plenaria al fedele che, in chiesa o oratorio, partecipa devotamente al canto o alla recita solenne dell'inno "Veni, Creator"; o nel primo giorno dell'anno per implorare l'aiuto divino per tutto il corso dell'anno; o nella solennità di Pentecoste;

Vieni o Spirito Creatore,
visita le nostre menti,
riempi della tua grazia
i cuori che hai creato.

**O dolce Consolatore,
dono del Padre altissimo,
acqua viva,
fuoco, amore,
santo crisma dell'anima.**

Dito della mano di Dio,
promesso dal Salvatore,
irradia i tuoi sette doni,
suscita in noi la parola.

**Sii luce all'intelletto,
fiamma ardente
nel cuore;
sana le nostre ferite
col balsamo
del tuo amore.**

Difendici dal nemico,
reca in dono la pace,
la tua guida invincibile
ci preservi dal male.

**Luce d'eterna sapienza,
svelaci il grande mistero
di Dio Padre e del Figlio
uniti in un solo amore.
Amen.**

Manda il tuo Spirito e sarà una nuova creazione.
E rinnoverai la faccia della terra.

Preghiamo:
O Dio, che con il dono dello Spirito Santo guidi i credenti alla piena luce della verità, donaci di gustare nel tuo Spirito la vera sapienza e di godere sempre del suo conforto. Per Cristo nostro Signore. **Amen.**

Supplica allo Spirto Santo

Vieni Spirito Santo, effondi su di noi la sorgente delle tue grazie e suscita una nuova Pentecoste nella tua Chiesa.

Scendi sui tuoi vescovi, sui sacerdoti, sui religiosi e sulle religiose, sui fedeli e su coloro che non credono, sui peccatori più induriti e su ognuno di noi!

Scendi su tutti i popoli del mondo, su tutte le razze e su ogni classe e categoria di persone.

Scuotici con il tuo soffio divino, purificaci da ogni peccato e liberaci da ogni inganno e da ogni male! Infiammaci con il tuo fuoco, fa' che bruciamo e ci consumiamo nel tuo amore.

Insegnaci a capire che Dio è tutto, tutta la nostra felicità e la nostra gioia e che solo in lui è il nostro presente, il nostro futuro e la nostra eternità. Vieni a noi, Spirito Santo, e trasformaci, salvaci, riconciliaci, uniscici, consacraci.

Insegnaci ad essere totalmente di Cristo, totalmente tuoi, totalmente di Dio! Questo te lo chiediamo per l'intercessione e sotto la guida e la protezione della Beata Vergine Maria, la tua sposa immacolata, madre di Gesù e madre nostra, la Regina della Pace.

Amen.

SOTTOMISSIONE ALLO SPIRITO SANTO: IL SEGRETO DELLA SANTITÀ

O Spirito Santo, anima dell'anima mia, io ti adoro: illuminami, guidami, fortificami, consolami, insegnami ciò che devo fare, dammi i tuoi ordini.

Ti prometto di sottomettermi a tutto ciò che desideri da me e di accettare tutto ciò che permetterai mi accada: fammi solo conoscere la Tua volontà.

ATTO DI COMUNIONE SPIRITUALE

(INDULGENZA PARZIALE)

Gesù mio, credo che sei realmente presente nel Santissimo Sacramento. Ti amo sopra ogni cosa e ti desidero nell'anima mia.

Poiché ora non posso riceverti sacramentalmente, vieni almeno spiritualmente nel mio cuore. Come già venuto, io ti abbraccio e tutto mi unisco a te; non permettere che mi abbia mai a separare da te.

(Breve pausa)

Eterno Padre, io ti offro il Sangue Preziosissimo di Gesù Cristo in sconto dei miei peccati, in suffragio delle anime del purgatorio e per i bisogni della santa Chiesa.

Preghiera per ottenere l'umiltà

O Gesù, quando eri pellegrino sulla terra hai detto: "Imparate da me che sono mite ed umile di cuore e troverete il riposo delle anime vostre". O Potente Sovrano del Cielo, l'anima mia trova il riposo nel vederti, rivestito della forma e della natura di schiavo, abbassato fino a lavare i piedi ai tuoi apostoli. Mi rammento allora di queste parole che hai pronunciato per insegnarmi a praticare l'umiltà: "Vi ho dato l'esempio, affinché facciate voi stessi ciò che ho fatto io. Il discepolo non è più grande del Maestro... Se voi comprendete ciò, sarete felici nel praticarlo". Le comprendo, Signore, queste parole uscite dal tuo Cuore dolce ed umile: voglio praticarle con il soccorso della tua grazia.

Voglio abbassarmi umilmente e sottomettere la mia volontà a quella dei miei fratelli, non contraddicendoli in nulla e senza ricercare se hanno o no il diritto di comandarmi. Nessuno, o mio Amato, aveva questo diritto verso di te, e tuttavia hai obbedito non soltanto alla santa Vergine e a san Giuseppe, ma anche ai tuoi carnefici. Adesso è nell'Ostia che ti vedo portare al colmo il tuo annientamento. Quanta è la tua umiltà, o divino Re di Gloria, nel sottometterti a tutti i tuoi sacerdoti senza fare alcuna distinzione tra coloro che ti amano e coloro che, ahimé, sono tiepidi o freddi nel tuo servizio! Alla loro chiamata tu discendi dal cielo. Essi possono anticipare o ritardare l'ora del santo Sacrificio; tu sei sempre pronto!

O mio Amato, come mi appari dolce ed umile di cuore sotto il velo della bianca Ostia! Non puoi abbassarti di più per insegnarmi l'umiltà. Così, per rispondere al tuo amore, voglio desiderare che i miei fratelli mi mettano sempre all'ultimo posto e persuadermi davvero che questo è il mio posto.

Ti supplico, mio Divin Gesù, di mandarmi una umiliazione ogni volta che cercherò di elevarmi sopra gli altri.

Lo so, o mio Dio: tu abbassi l'anima orgogliosa , ma dai un'eternità di gloria a quella che si umilia: voglio dunque mettermi in ultima fila, condividere le tue umiliazioni per "aver parte con te" nel regno dei cieli.

Ma, Signore, la mia debolezza ti è nota: ogni mattino prendo la risoluzione di praticare l'umiltà e la sera riconosco che ho commesso ancora tante mancanze di orgoglio. A questa vista sono tentata di scoraggiarmi, ma so che lo scoraggiamento è anch'esso orgoglio: voglio quindi, o mio Dio, fondare la mia speranza su te solo. Giacché tu puoi tutto, degnati di far nascere nell'anima mia la virtù che desidero. Per ottenere questa grazia dall'infinita tua misericordia, ti ripeterò molto spesso: "O Gesù, dolce ed umile di cuore, rendi il mio cuore simile al tuo".

ANGELUS DOMINI

(INDULGENZA PARZIALE)

Da molti secoli la pietà cristiana ama ricordare, tre volte al giorno, (al mattino, a mezzogiorno e alla sera) il mistero dell'Incarnazione del Figlio di Dio e, nello stesso tempo, lodare la Vergine, come Madre di Cristo e dell'umanità.

L'angelo del Signore portò l'annuncio a Maria.
Ed ella concepì per opera dello Spirito Santo.
Ave Maria

Eccomi, Io sono la serva del Signore.
Si compia in me la tua parola.
Ave Maria.

E il Verbo si fece carne.
E venne ad abitare in mezzo a noi.
Ave Maria

Prega per noi, santa Madre di Dio.
Perché siamo resi degni delle promesse di Cristo.

Preghiamo:

Infondi nel nostro spirito la tua grazia, o Padre; tu, che nell'annuncio dell'angelo ci hai rivelato l'incarnazione del tuo Figlio, per la sua passione e la sua croce guidaci alla gloria della risurrezione.
Per Cristo nostro Signore. Amen.

Gloria al Padre

REGINA CAELI

(INDULGENZA PARZIALE)

Si recita, invece dell'Angelus, da mezzogiorno del Sabato santo alla vigilia della Santissima Trinità. Esprime la gioia di Maria e nostra per la risurrezione del Signore.

Regina dei cieli, rallegrati, alleluia:
Cristo, che hai portato nel grembo, alleluia,

è risorto, come aveva promesso, alleluia.
Prega il Signore per noi, alleluia.

Rallegrati, Vergine Maria, alleluia.
Il Signore è veramente risorto, alleluia.

Preghiamo:
O Dio, che nella gloriosa risurrezione del tuo Figlio hai ridato la gioia al mondo intero, per intercessione di Maria Vergine concedi a noi di godere la gioia della vita senza fine.
Per Cristo nostro Signore. Amen.

Gloria al Padre

ACCLAMAZIONE DI BENEDIZIONE

(INDULGENZA PARZIALE)

Dio sia benedetto.
Benedetto il suo santo nome.
Benedetto Gesù Cristo, vero Dio e vero uomo.
Benedetto il nome di Gesù.
Benedetto il suo sacratissimo Cuore.
Benedetto il suo preziosissimo Sangue.
Benedetto Gesù nel santissimo Sacramento dell'altare.
Benedetto lo Spirito Santo Paraclito.
Benedetta la gran Madre di Dio, Maria santissima.
Benedetta la sua santa ed immacolata Concezione.
Benedetta la sua gloriosa Assunzione.
Benedetto il nome di Maria Vergine e Madre.
Benedetto San Giuseppe, suo castissimo sposo.
Benedetto Dio nei suoi angeli e nei suoi santi.

VIENI, SANTO SPIRITO

(INDULGENZA PARZIALE)

Vieni, Santo Spirito, riempi il cuore dei fedeli e accendi il fuoco del tuo amore.

A TE, O BEATO GIUSEPPE

(INDULGENZA PARZIALE)

A te, o beato Giuseppe, stretti dalla tribolazione ricorriamo, e fiduciosi invochiamo la tua protezione, insieme con quella della tua santissima Sposa.

Per quel sacro vincolo di carità che ti strinse all'immacolata Vergine Madre di Dio, e per l'amore paterno che portasti al fanciullo Gesù, rivolgi il tuo sguardo benigno sulla cara eredità che Gesù Cristo acquistò col suo sangue, e col tuo potere ed aiuto soccorri ai nostri bisogni.

Proteggi, o provvido Custode della divina Famiglia, l'eletta prole di Gesù Cristo; allontana da noi, o Padre amantissimo, la peste di errori e di vizi che ammorba il mondo, assistici propizio dal cielo in questa lotta contro il potere delle tenebre, o nostro fortissimo protettore; e come un tempo salvasti dalla morte la minacciata vita del bambino Gesù, così ora difendi la santa Chiesa di Dio dalle ostili insidie e da ogni avversità, e copri ciascuno di noi con il tuo patrocinio, perché col tuo esempio e con il tuo soccorso possiamo virtuosamente vivere, piamente morire e conseguire l'eterna beatitudine in cielo. **Amen.**

SAN GIUSEPPE

San Giuseppe, padre putativo di Gesù Cristo e vero sposo di Maria Vergine, prega per noi e per gli agonizzanti di questo giorno (o di questa notte).

ATTO DI CONSACRAZIONE A SAN MICHELE ARCANGELO

Principe nobilissimo delle gerarchie angeliche,
valoroso guerriero dell'Altissimo,
amatore zelante della gloria del Signore,
terrore degli angeli ribelli,
amore e delizia di tutti gli angeli giusti,
Arcangelo san Michele,
desiderando io di essere
nel numero dei tuoi devoti,
a te oggi mi offro e mi dono.
Pongo me stesso, il mio lavoro,
la mia famiglia, gli amici
e quanto mi appartiene
sotto la tua vigile protezione.
È piccola la mia offerta
essendo un misero peccatore,
ma tu gradisci l'affetto del mio cuore.
Confido che tu assisterai
per tutta la vita, me, che da quest'oggi
sono sotto la tua protezione.
Procurami il perdono dei miei molti e gravi peccati,
la grazia di amare di cuore il mio Dio,
il mio caro salvatore Gesù,
la mia dolce Madre Maria,
e tutti gli uomini, miei fratelli,
amati dal Padre e redenti dal Figlio.
Impètrami quegli aiuti che sono necessari
per arrivare alla corona della gloria.
Difendimi sempre dai nemici dell'anima mia

specialmente nell'ultimo istante della mia vita.
Vieni in quell'ora, o glorioso Arcangelo,
assistimi nella lotta e respingi lontano da me,
negli abissi d'inferno,
quell'angelo prevaricatore e superbo
che hai prostrato nel combattimento in Cielo.
Presentami, allora, al trono di Dio
per cantare con te, arcangelo San Michele,
e con tutti gli angeli
lode, onore e gloria
a colui che regna nei secoli eterni. **Amen.**

PREGHIERA A SAN MICHELE ARCANGELO

San Michele Arcangelo, difendici nella lotta: sii il nostro aiuto contro la malvagità e le insidie del demonio.

Supplichevoli preghiamo che Dio lo domini e tu capo della milizia celeste, con il potere che ti viene da Dio, incatena nell'inferno satana e gli altri spiriti maligni che si aggirano per il mondo per perdere le anime. **Amen.**

(Leone XIII)

PERDONACI O SIGNORE

Per tutti i sacrilegi eucaristici,
perdonaci, o Signore
Per tutte le sante Comunioni fatte in peccato mortale,
perdonaci, o Signore
Per le profanazioni eucaristiche,
perdonaci, o Signore
Per le irriverenze nelle chiese,
perdonaci, o Signore
Per gli oltraggi e disprezzi dei tabernacoli,
perdonaci, o Signore
Per il disprezzo delle cose sacre,
perdonaci, o Signore
Per l'abbandono delle chiese,
perdonaci, o Signore
Per i peccati di immoralità,
perdonaci, o Signore
Per le anime senza Dio,
perdonaci, o Signore
Per le bestemmie contro il tuo Santissimo Nome,
perdonaci, o Signore
Per l'indifferenza verso il tuo amore,
perdonaci, o Signore
Per gli oltraggi verso la persona del Papa,
perdonaci, o Signore
Per il disprezzo verso i vescovi e i sacerdoti,
perdonaci, o Signore
Per le bestemmie contro il nome di Maria,
perdonaci, o Signore

Per i disprezzi contro la sua Immacolata Concezione,
perdonaci, o Signore
Per l'abbandono della venerazione a Maria,
perdonaci, o Signore
Per i disprezzi contro le immagini di Maria,
perdonaci, o Signore
Per l'abbandono del santo Rosario,
perdonaci, o Signore
Per l'indifferenza all'amore materno di Maria,
perdonaci, o Signore

Preghiere durante il giorno

Non sono le formule, le belle parole, nemmeno i sentimenti che danno efficacia alle nostre preghiere, ma la Fede, la Speranza e la Carità. Se vogliamo aiutare efficacemente i nostri defunti, dobbiamo essere pieni di amore per Dio e per tutti gli uomini.

Una vera conversione e un vero impegno di vita cristiana rendono efficaci i nostri suffragi.

I DIECI COMANDAMENTI DI DIO O DECALOGO

"Maestro buono, che cosa devo fare per ottenere la vita eterna?". *"Se vuoi entrare nella vita, osserva i Comandamenti"*. Quando gli si pone la domanda: *"Qual è il più grande comandamento della*

Legge?" Gesù risponde: *"Amerai il Signore Dio tuo con tutto il cuore, con tutta la tua anima e con tutta la tua mente. Questo è il più grande e il primo dei comandamenti. E il secondo è simile al primo: Amerai il prossimo tuo come te stesso. Da questi due comandamenti dipende tutta la Legge e i Profeti"*

Io sono il Signore Dio tuo

I Non avrai altro Dio fuori di me.
II Non nominare il nome di Dio invano.
III Ricordati di santificare le feste.
IV Onora il padre e la madre.
V Non uccidere.
VI Non commettere atti impuri.
VII Non rubare.
VIII Non dire falsa testimonianza.
IX Non desiderare la donna d'altri.
X Non desiderare la roba d'altri.

PER TUTTI I DEFUNTI

L'invocazione seguente è rivolta a Dio Misericordioso per tutte le anime del purgatorio.

O Dio, onnipotente ed eterno, Signore dei vivi e dei morti, pieno di misericordia verso tutte le tue creature, concedi il perdono e la pace a tutti i nostri fratelli defunti, perché immersi nella tua beatitudine ti lodino senza fine.
Per Cristo nostro Signore. **Amen.**

ANIME SANTE, ANIME PURGANTI

Anime sante
anime purganti,
pregate Dio per noi,
e noi pregheremo per voi,
affinché Dio vi conceda presto
la gloria del santo paradiso.

PER PIÙ DEFUNTI

O Dio misericordioso, concedi a *(nome)* e *(nome)* e a tutti i nostri fratelli che riposano in Cristo il dono della tua pace, perché liberi da ogni debito di colpa siano associati alla gloria del Signore risorto, che è Dio e vive e regna con te, nell'unità dello Spirito Santo per tutti i secoli dei secoli. **Amen.**

Per un defunto

Le invocazioni seguenti sono suppliche rivolte al Signore in favore di un defunto particolare.

1. Ti supplichiamo, Signore, Padre santo, Dio onnipotente ed eterno, per l'anima fedele di *(nome)* che per tuo volere ha lasciato questo mondo: degnati di accoglierlo*(a)* nel luogo del refrigerio, della luce e della pace. Gli*(Le)* sia concesso di passare oltre le porte di morte e di giungere alla dimora dei beati nella santa luce, che tu un giorno hai promesso ad Abramo e alla sua discendenza. Che la sua anima non soffra pena alcuna, e quando verrà il grande giorno della risurrezione e della ricompensa, degnati, o Signore, di risuscitarlo*(la)* insieme con i tuoi santi ed eletti; perdonargli*(le)* tutte le sue mancanze e i suoi peccati, perché in te possa ottenere la vita immortale e il regno eterno.
Per Cristo nostro Signore. **Amen.**

(Sacramentario Gelasiano)

2. O Dio, che ci hai resi partecipi del mistero del Cristo crocifisso e risorto per la nostra salvezza, fa' che il nostro fratello *(nome),* liberato dai vincoli della morte, sia unito alla comunità dei santi nella Pasqua eterna. Per Cristo nostro Signore. **Amen.**

3. O Dio, vita di chi muore e beatitudine di chi crede in te, guarda con bontà al nostro fratello *(nome)* che la morte ha strappato all'affetto dei suoi cari, e ricevilo nella serena ospitalità della tua casa.
Per Cristo nostro Signore. **Amen.**

4. Dio, nostro Padre, ascolta la preghiera della tua Chiesa e accogli nella pace il nostro fratello *(nome)*.
Tu che lo hai creato a tua immagine e nel Battesimo lo hai fatto tuo figlio di adozione, rendilo partecipe della tua eredità.
Per Cristo nostro Signore. **Amen.**

PER UN SACERDOTE DEFUNTO

Signore misericordioso, che al tuo servo *(nome)*, sacerdote, nel tempo della sua dimora tra noi, hai affidato la tua parola e i tuoi sacramenti, donagli di esultare per sempre nella liturgia del cielo.
Per Cristo nostro Signore. **Amen.**

PER UN DEFUNTO DOPO LUNGA INFERMITÀ

O Dio, che hai chiamato il nostro fratello *(nome)* a comunicare alla passione del tuo Figlio nella sofferenza del corpo e dello spirito, donagli di raccogliere il premio nella gloria del cielo.
Per Cristo nostro Signore. **Amen.**

PER UN GIOVANE DEFUNTO

O Dio, che conosci e disponi i momenti della vita umana, tu vedi il dolore di questa tua famiglia per la morte del nostro fratello *(nome)*.
che in tempo così breve ha concluso la sua esistenza terrena: noi lo affidiamo a te, Padre buono, perché la sua giovinezza rifiorisca accanto a te, nella tua casa.
Per Cristo nostro Signore. **Amen.**

PER UN DEFUNTO A CAUSA DI MORTE IMPROVVISA

O Dio, nostro Padre, consolaci con la forza del tuo amore, e illumina la nostra pena con la serena certezza che il nostro fratello *(nome)*,
strappato ai suoi cari da una morte improvvisa, viva felice per sempre accanto a te.
Per Cristo nostro Signore. **Amen.**

PER IL PROPRIO MARITO O PER LA PROPRIA MOGLIE

Dalla Lettera agli Efesini 5, 22-31
" Le mogli siano sottomesse ai mariti come al Signore; il marito infatti è capo della moglie, come anche Cristo è capo della Chiesa, lui che è il salvatore del suo corpo. E come la Chiesa sta sottomessa a Cristo, così anche le mogli siano soggette ai loro mariti in tutto. E voi, mariti, amate le vostre mogli, come Cristo ha amato la Chiesa e ha dato se stesso per lei, per renderla santa,

purificandola per mezzo del lavacro dell'acqua accompagnato dalla parola. Così anche i mariti hanno il dovere di amare le mogli come il proprio corpo, perché chi ama la propria moglie ama se stesso. Nessuno mai infatti ha preso in odio la propria carne; al contrario la nutre e la cura, come fa Cristo con la Chiesa, poiché siamo membra del suo corpo. Per questo l'uomo lascerà suo padre e sua madre e si unirà alla sua donna e i due formeranno una carne sola".

O Dio di tutte le virtù, hai benedetto l'amore degli sposi con il sacramento del Matrimonio, hai esortato tutti i coniugi ad amarsi vicendevolmente con una carità simile a quella che lega te alla tua sposa, la santa Chiesa.

Fa' che con la tua protezione ed il tuo aiuto gli sposi cristiani si amino e si aiutino sempre. Degnati di esaudire le preghiere che ti rivolgo per l'anima di quella creatura che tu stesso mi hai dato come sollievo e aiuto nelle sofferenze della vita e che hai chiamato alla tua presenza per insegnarmi a riporre solo in te la mia speranza e la mia gioia.

Ricevi in espiazione delle sue mancanze, compiute forse per causa mia, quel poco bene che faccio in suo suffragio e che intendo unire ai meriti di tutti i santi, a quelli di Maria Santissima e ai meriti infiniti di Gesù Cristo, per liberarla al più presto possibile dalle sofferenze purificatrici del purgatorio e farla giungere presto alla gioia eterna del Cielo. Ti prego, accogli fra le tue braccia quest'anima benedetta, e concedimi di vivere così santamente da meritare di essere riunito a lei per tutta l'eternità nella gloria del tuo regno d'amore.

3 L'eterno riposo

Per i propri figli

Dal Libro del Siracide 3, 17-23

Figlio nella tua attività sii modesto; sarai amato dall'uomo gradito a Dio. Quanto più sei grande, tanto più umiliati; così troverai grazia davanti al Signore; perché grande è la potenza del Signore e dagli umili egli è glorificato. Non cercare le cose troppo difficili per te, non indagare le cose per te troppo grandi. Bada a quello che ti è stato comandato, poiché tu non devi occuparti delle cose misteriose. Non sforzarti in ciò che trascende le tue capacità, poiché ti è stato mostrato più di quanto comprende un'intelligenza umana.

Accogli, o Signore, l'anima di mio figlio *(figlia)* che hai voluto chiamare a te da questo mondo; purificata da tutti i suoi peccati, divenga partecipe del gaudio eterno nella luce senza tramonto e sia unita ai tuoi santi nella gloria della Risurrezione.

Tu avesti pietà per la povera vedova che piangeva la morte dell'unico figlio e glielo ridonasti vivo, ti recasti nella casa di Giairo e sanasti la sua bambina; io credo in te e so che tu ci riunirai insieme nella casa del Padre dove ci hai preparato il posto, però ti prego di donarmi tanta forza e tanta pace per accettare serenanente la tua volontà che mi ha chiesto questo periodo di distacco dal mio amato figlio. Vergine Santissima, Mamma addolorata che ai piedi della croce soffristi un dolore indicibile, tanto da essere chiamata Regina dei martiri, ti prego di sostenere il mio spirito affranto e di infondere in me la certezza che presto saremo di nuovo insieme. Per Cristo nostro Signore. **Amen.**

3 L'eterno riposo

PER I PROPRI GENITORI

Dal libro del Siracide 3, 1-16

"Figli, ascoltatemi, sono vostro padre; agite in modo da essere salvati. Il Signore vuole che il padre sia onorato dai figli, ha stabilito il diritto della madre sulla prole. Chi onora il padre espia i peccati; chi riverisce la madre è come chi accumula tesori. Chi onora il padre avrà gioia dai propri figli e sarà esaudito nel giorno della sua preghiera. Chi riverisce il padre vivrà a lungo; chi obbedisce al Signore dà consolazione alla madre. Chi teme il Signore rispetta il padre e serve come padroni i genitori. Onora tuo padre a fatti e a parole, perché scenda su di te la sua benedizione. Figlio, soccorri tuo padre nella vecchiaia, non contristarlo durante la sua vita. Anche se perdesse il senno, compatiscilo e non disprezzarlo, mentre sei nel pieno vigore. Poiché la pietà verso il padre non sarà dimenticata, ti sarà computata a sconto dei peccati. Nel giorno della tua tribolazione Dio si ricorderà di te; come fa il calore sulla brina, si scioglieranno i tuoi peccati. Chi abbandona il padre è come un bestemmiatore, chi insulta la madre è maledetto dal Signore".

O Dio, che ci comandi di onorare il padre e la madre, apri le braccia della tua misericordia ai miei [nostri] genitori defunti: perdona i loro peccati, e fa' che un giorno possiamo rivederli con gioia nella luce della tua gloria.
Per Cristo nostro Signore. **Amen.**

3 L'eterno riposo

INTERCESSIONI PER I DEFUNTI DELLA LITURGIA DI SAN GIACOMO

(INDULGENZA PARZIALE)

Signore, Signore, Dio degli spiriti puri e di ogni carne, ricordati di tutti, di coloro che abbiamo ricordato e di tutti coloro di cui non ci siamo ricordati e che hanno lasciato questo mondo con la fede gloriosa. Dona il riposo alle loro anime, ai loro corpi, ai loro spiriti. Salvali dalla dannazione futura e rendili degni della gioia che è nel seno di Abramo, d'Isacco e di Giacobbe, dove risplende la luce del tuo volto, dove sono banditi i dolori, le angosce e i gemiti. Non imputare loro alcuna colpa; non entrare in giudizio con i tuoi servi poiché nessun essere vivente è giustificato al tuo cospetto e perché nessun uomo sulla terra è immune da peccato e puro da ogni sozzura se non il solo nostro Signore Gesù Cristo, tuo Figlio, per il quale anche noi speriamo di ottenere misericordia e il perdono dei nostri peccati e di quelli dei nostri defunti.

Dona il riposo alle loro anime; cancella la nostre e le loro colpe commesse davanti a te volontariamente o involontariamente, coscientemente o inconsciamente.

Dona il riposo, rimetti, perdona, o Dio, i peccati volontari e involontari, commessi coscientemente o incoscientemente con parole, opere o omissioni, con pensieri segreti, pubblici, deliberati o commessi per errore e che il tuo santo Nome conosce.

Accordaci una fine cristiana senza peccato e riuniscici ai piedi dei tuoi eletti quando vorrai, dove vorrai, come vorrai senza dover arrossire per i nostri peccati perché anche in ciò come in tutte le cose sia molto lodato e glorificato il tuo Nome santo e benedetto, il Nome di nostro Signore Gesù Cristo e dello Santo Spirito ora e sempre nei secoli. **Amen.**

Preghiera per i defunti

(INDULGENZA PARZIALE)

Dio degli spiriti e di ogni carne, che distruggesti la morte e annientasti il diavolo e donasti la vita al tuo mondo; tu stesso, o Signore, dona all'anima del tuo servo *(nome)* defunto il riposo in un luogo luminoso, in un luogo verdeggiante, in un luogo di freschezza, donde sono lontani sofferenza, dolore e gemito. Tu, Dio buono e benigno, perdona ogni colpa da lui commessa con le parole, le opere o la mente; poiché non v'è uomo che viva e non pecchi; giacché tu solo sei senza peccato, e la tua giustizia è giustizia nei secoli e la tua parola è verità.

Poiché tu sei la risurrezione, la vita e il riposo del tuo servo *(nome)* defunto, o Cristo nostro Dio, noi ti rendiamo gloria, assieme al Padre tuo ingenito con il santissimo buono e vivificante tuo Spirito, ora e sempre e nei secoli dei secoli.

PER LE ANIME DEI FANCIULLI CHE SONO IN PURGATORIO

O Gesù mite e umile di cuore che durante la tua vita terrena hai dimostrato tanto amore per i fanciulli e li trattenevi vicino a te, chiama presto le anime dei bambini defunti affinché possano gustare la gioia della tua presenza. Vergine santa, nostra buona mamma, prega per noi e per i fanciulli che soffrono in purgatorio.

Ave Maria

PER I BENEFATTORI

Si concede l'indulgenza parziale al fedele che, mosso da sentimenti soprannaturali di gratitudine, piamente recita una preghiera per i benefattori, legittimamente approvata.

Degnati di ricompensare, Signore, con la vita eterna tutti quelli che ci fanno del bene per amor tuo. **Amen.**

ATTO EROICO DI CARITÀ PER LE ANIME DEL PURGATORIO

O mio Dio, per la tua maggior gloria,
in unione ai meriti di Gesù Cristo e
di Maria, io ti offro e cedo,
a vantaggio delle anime del purgatorio,
la parte *soddisfattoria*
di tutto il bene che farò,
e tutti i suffragi che riceverò dopo la mia morte.
Disponi tutto secondo la tua divina volontà.

A SANT'ANTONIO DA PADOVA PER UNA PERSONA AMMALATA

O caro sant'Antonio, che hai sempre beneficato quelli che fiduciosi ricorrono a te, ti raccomando con fervore una persona ammalata a me tanto cara.

Ti supplico di ottenerle il dono della guarigione, o almeno che le siano alleviate le sofferenze e che abbia la forza della cristiana rassegnazione e dell'abbandono alla santa volontà di Dio.

Tu che nella tua vita terrena fosti amico dei sofferenti, sii vicino a noi con la tua protezione, consola il nostro cuore e fa' che le nostre sofferenze fisiche e morali siano fonte di merito per la vita eterna.
Amen.

A SAN CAMILLO DE LELLIS PROTETTORE DEGLI INFERMI

O san Camillo, che sopportasti per tanti anni con inalterabile pazienza una dolorosa malattia, ottienici di accettare con spirito di fede le infermità e le tribolazioni che il Signore vorrà mandarci per il nostro bene e la nostra purificazione.

Tu che per tutta la vita ti sei dedicato con bontà e amore all'assistenza degli infermi, portando a tutti consolazione e speranza, ottienici la grazia di riconoscere Gesù nel nostro prossimo sofferente e di servirlo con grande generosità di cuore.

SANTITÀ DI VITA

Credo, Signore, ma fa' che io creda con maggior fermezza.

Spero, Signore, ma fa' che io speri con maggior fiducia.

Ti amo, Signore, ma fa' che ti ami con più ardente affetto.

Mi pento dei miei peccati; ma fa' che io senta il mio pentimento con perfetta contrizione.

Dirigimi con la tua sapienza, consolami con la tua bontà, proteggimi con la tua potenza.

Siano tuoi i miei pensieri, tue le mie parole, secondo la tua legge le mie azioni, tue le mie sofferenze.

Illumina il mio intelletto, infiamma la mia volontà, purifica il mio corpo, santifica l'anima mia. Rendimi prudente nei consigli, coraggioso nei pericoli, paziente nelle avversità, umile nelle prosperità, assiduo nella preghiera, sobrio nel cibo, solerte nel lavoro, costante nei propositi.

Fammi comprendere, o buon Dio, come è piccolo ciò che è terreno, come è grande ciò che è divino; quanto è breve ciò che è temporaneo, quanto è sicuro ciò che è eterno.

Che io mi prepari alla morte, tema il giudizio, eviti l'inferno, raggiunga il paradiso.

ATTO DI ACCETTAZIONE DELLA MORTE

Signore mio Dio, fin d'ora voglio sottomettermi con amore alla tua santa volontà e accetto dalle tue mani qualunque genere di morte che tu vorrai mandarmi, con tutti i dolori che l'accompagneranno. Te l'offro in unione con l'agonia e la morte del nostro Salvatore Gesù Cristo.

Gesù, morto per me, accordami la grazia di morire in un atto di perfetta carità verso di te.

Santa Maria, Madre di Dio, prega per me ora e nel punto della mia morte.

San Giuseppe, ottienimi di morire della morte dei giusti. **Amen.**

RESTATE UNITI ETERNAMENTE

Signore,
poiché nessuno può desiderare per gli altri
nulla di meglio di ciò che desidera per sé,
non mi separare, te ne prego, dopo la mia morte, da quelli che ho teneramente amato sulla terra.

Signore,
ti chiedo che dove sarò io
anche loro siano con me:
anche là io possa godere
di restare unito a loro,
eternamente.

(S. Ambrogio)

ANIME SANTE DEL PURGATORIO

Anime sante del purgatorio, noi ci ricordiamo di voi per alleggerire la vostra purificazione con i nostri suffragi; voi ricordatevi di noi per aiutarci, perché è vero che per voi stesse non potete far nulla, ma per gli altri potete moltissimo.

Le vostre preghiere sono molto potenti e giungono presto al trono di Dio.

Otteneteci la liberazione da tutte le disgrazie, le miserie, le malattie, le angosce e i travagli.

Otteneteci la pace dello spirito, assisteteci in tutte le azioni, soccorreteci prontamente nei nostri bisogni spirituali e temporali, consolateci e difendeteci nei pericoli.

Pregate per il Santo Padre, per la glorificazione della santa Chiesa, per la pace delle nazioni, perché i princìpi cristiani siano amati e rispettati da tutti i popoli e fate che un giorno possiamo venire con voi nella Pace e nella Gioia del paradiso.

3 Gloria al Padre
3 L'eterno riposo

Offerta della giornata per le anime del purgatorio

Mio Dio eterno ed amabile, prostrato in adorazione della tua immensa Maestà umilmente ti offro i pensieri, le parole, le opere, le sofferenze che ho patito e quelle che patirò in questo giorno.

Mi propongo di compiere ogni cosa per tuo amore, per la tua gloria, per adempiere alla tua divina volontà, così da suffragare le anime sante del purgatorio e supplicare la grazia di una vera conversione di tutti i peccatori.

Intendo operare ogni cosa in unione alle purissime intenzioni che nella loro vita ebbero Gesù, Maria, tutti i santi che sono in Cielo ed i giusti che sono sulla terra.

Ricevi, mio Dio, questo mio cuore, e dammi la tua santa benedizione insieme alla grazia di non commettere peccati mortali durante la vita, e di unirmi spiritualmente alle sante messe che oggi si celebrano nel mondo, applicandole in suffragio delle anime sante del purgatorio e specialmente di *(nome)*
affinché siano purificate e finalmente libere dalle sofferenze.

Mi propongo di offrire i sacrifici, le contrarietà e ogni sofferenza che la tua Provvidenza ha stabilito oggi per me, per aiutare le anime del purgatorio e ottenere loro sollievo e pace. **Amen.**

SE MI AMI NON PIANGERE

Non piangere per la mia dipartita.
Ascolta questo messaggio.

Se tu conoscessi il mistero immenso del cielo
dove ora vivo;
se tu potessi vedere e sentire ciò che io vedo e sento
in questi orizzonti senza fine,
e in quella luce che tutto investe e penetra,
non piangeresti.

Sono ormai assorbito dall'incanto di Dio,
dalla sua sconfinata bellezza.

Le cose di un tempo sono così piccole e meschine al confronto.
Mi è rimasto l'affetto per te,
una tenerezza che non hai mai conosciuto.
Ci siamo visti e amati nel tempo:
ma tutto era allora fugace e limitato.
Ora vivo nella speranza e nella gioiosa attesa
del tuo arrivo fra noi. Tu pensami così.

Nelle tue battaglie, orièntati a questa meravigliosa casa dove non esiste la morte e dove ci disseteremo insieme, nell'anelito più puro e più intenso, alla fonte inestinguibile della gioia e dell'amore.

Non piangere, se veramente mi ami.

(S. Agostino)

SUPPLICA A GESÙ AMABILISSIMO

Gesù amabilissimo, oggi ti presentiamo le necessità delle anime del purgatorio. Esse soffrono tanto e desiderano ardentemente venire a te, loro Creatore e Salvatore, per restare con te in eterno.

Ti raccomandiamo, o Gesù, tutte le anime del purgatorio, ma specialmente quelle che sono morte improvvisamente per incidenti, infortuni o malattie, senza poter preparare la loro anima ed eventualmente liberare la loro coscienza.

Ti preghiamo anche per le anime più abbandonate e per quelle che sono più vicine alla gloria, come per le anime dei difensori della Chiesa, degli scrittori cattolici, degli educatori cristiani.

Ti scongiuriamo in modo particolare di aver pietà delle anime dei nostri parenti, amici, conoscenti ed anche dei nostri nemici. Per tutti intendiamo applicare le indulgenze che ci sarà possibile acquistare.

Accogli, o pietosissimo Gesù, queste nostre umili preghiere. Te le presentiamo per le mani di Maria Santissima, tua Madre Immacolata, del glorioso Patriarca san Giuseppe, tuo Padre davidico, e di tutti i santi del paradiso. **Amen.**

PREGHIERA ALL'ETERNO PADRE PER LE ANIME DEL PURGATORIO DI SANTA MATILDE

A santa Matilde, comunicatasi un giorno per i defunti, apparve Gesù Cristo che le insegnò a recitare per loro un Padre nostro nel modo seguente. "Dopo questa preghiera, vide una grande moltitudine di anime salire al cielo"

Padre nostro che sei nei cieli: Ti chiediamo umilmente, o misericordioso ed eterno Padre, di perdonare le anime penanti accolte da te stesso come figli tuoi, che in vita ti respinsero, non ti amarono e non ti onorarono sufficientemente. In riparazione e per penitenza, ti offriamo tutto l'amore e gli atti divini del tuo amatissimo Figlio, Gesù Cristo nostro Signore.

Sia santificato il tuo nome: Ti chiediamo umilmente, o misericordioso ed eterno Padre, di perdonare le anime penanti che non glorificarono il tuo nome, che lo pronunciarono indegnamente od invano. In riparazione e per penitenza, ti offriamo tutti i discorsi con cui il tuo amatissimo Figlio, nostro Signore Gesù Cristo, ti onorò mentre era su questa terra.

Venga il tuo regno: Ti chiediamo umilmente, o misericordioso ed eterno Padre, di perdonare le anime penanti che non si occuparono del tuo Regno con amore vivissimo e desiderio intenso, ma si impegnarono, invece, per procacciarsi ricchezze su questa terra.
In riparazione e per penitenza, ti offriamo la grande offerta che fece il tuo amatissimo Figlio, nostro

Signore Gesù Cristo, perché tutte queste anime possano essere accolte nel tuo regno.

Sia fatta la tua volontà, come in cielo così in terra: Ti chiediamo umilmente, o misericordioso ed eterno Padre, di perdonare le anime penanti che non fecero la tua volontà, ma assecondarono la propria. In riparazione e per penitenza, ti offriamo il Sacro Cuore di tuo Figlio, nostro Signore Gesù Cristo e la sua totale adesione alla tua volontà.

Dacci oggi il nostro pane quotidiano, e rimetti a noi i nostri debiti come noi li rimettiamo ai nostri debitori, e non ci indurre in tentazione: Ti chiediamo umilmente, o misericordioso ed eterno Padre, di perdonare le anime penanti che non opposero alcuna resistenza alle grosse tentazioni, cadendo vittime del male e della distruzione. In riparazione e per penitenza, ti offriamo l'ubbidienza, l'agire instancabile, le indicibili sofferenze e la morte del tuo amatissimo Figlio, nostro Signore Gesù Cristo.

Ma liberaci dal male: Ti chiediamo umilmente, o misericordioso ed eterno Padre, di perdonare le anime penanti e di condurle insieme alle nostre anime, per i meriti del tuo amatissimo Figlio, nostro Signore Gesù Cristo, nel Regno della tua Santità, regno tuo, o santo dei santi. **Amen.**

De profundis

Si concede l'indulgenza parziale al fedele che piamente recita il salmo De Profundis. (Dal profondo: Salmo 130).

Dal profondo a te grido, o Signore;
Signore, ascolta la mia voce.
Siano i tuoi orecchi attenti
alla voce della mia preghiera.

Se consideri le colpe, Signore,
Signore, chi potrà sussistere?
Ma presso di te è il perdono:
perciò avremo il tuo timore.

Io spero nel Signore,
l'anima mia spera nella sua parola.

L'anima mia attende il Signore
più che le sentinelle l'aurora.
Israele attenda il Signore,
perché presso il Signore è la misericordia
e grande presso di lui la redenzione.
Egli redimerà Israele
da tutte le sue colpe.

PREGHIERA UNIVERSALE PER TUTTE LE ANIME DEL PURGATORIO

O Gesù, Tu che hai sofferto e sei morto perché tutti gli uomini avessero la salvezza e la felicità eterna ascolta, benigno, le nostre umili voci che ti supplicano di avere ancora tanta misericordia per le anime:

dei miei cari genitori e nonni;
Signore, pietà

dei miei fratelli, delle mie sorelle e dei miei parenti prossimi;
Signore, pietà

dei miei padrini e delle mie madrine di comunione e Cresima;
Signore, pietà

dei miei benefattori spirituali e temporali;
Signore, pietà

dei miei amici e dei miei vicini;
Signore, pietà

di tutti coloro per i quali l'amore od il dovere mi chiama a pregare;
Signore, pietà

di coloro che, per causa mia, hanno sofferto o subito danni;
Signore, pietà

di coloro che sono particolarmente amati da te;
Signore, pietà

di coloro la cui liberazione dal purgatorio è imminente;
Signore, pietà

di coloro che maggiormente desiderano
ricongiungersi a te;

Signore, pietà

di coloro che soffrono le pene più dure;

Signore, pietà

dei più dimenticati;

Signore, pietà

di coloro la cui liberazione dal purgatorio,
è la più remota;

Signore, pietà

dei piu meritevoli per la loro dedizione e servizio
alla Chiesa;

Signore, pietà

dei ricchi, che ora sono i più poveri;

Signore, pietà

dei potenti, che ora sono i più miserabili;

Signore, pietà

di coloro che furono spiritualmente ciechi e che
ora si avvedono della loro follia;

Signore, pietà

dei frivoli, che trascorsero il loro tempo nell'ozio;

Signore, pietà

dei poveri, cioè coloro che non ricercarono i tesori
del cielo;

Signore, pietà

dei tiepidi, che dedicarono poco tempo alla preghiera;

Signore, pietà

degli indolenti, che trascurarono di fare opere di carità;

Signore, pietà

di quelli di poca fede, che si accostarono raramente
ai Sacramenti;

Signore, pietà

dei peccatori incalliti, che devono la loro salvezza ad un miracolo di grazia,

Signore, pietà

dei genitori che trascurarono i loro bambini;

Signore, pietà

dei superiori che non si impegnarono a fondo per la salvezza di quelli a loro affidati;

Signore, pietà

di coloro che rincorsero i piaceri e le ricchezze del mondo;

Signore, pietà

di coloro che non si prepararono in tempo per la vita dell'aldilà;

Signore, pietà

di coloro per i quali il Giudizio Divino è particolarmente rigoroso perché a loro fu molto affidato;

Signore, pietà

dei Papi, dei re e dei governanti;

Signore, pietà

dei vescovi e dei loro segretari;

Signore, pietà

dei miei insegnanti e consiglieri spirituali;

Signore, pietà

dei sacerdoti e religiosi della Chiesa Cattolica;

Signore, pietà

dei difensori della fede;

Signore, pietà

di coloro che morirono in battaglia;

Signore, pietà

di coloro che combatterono per la propria patria;

Signore, pietà

di coloro che sono sepolti in mare;

Signore, pietà

di coloro che morirono improvvisamente;

Signore, pietà

di coloro che soffrirono e morirono di cancro o di Aids;

Signore, pietà

di coloro che morirono senza i Sacramenti;

Signore, pietà

di coloro che moriranno nelle prossime ventiquattr'ore;

Signore, pietà

della mia povera anima quando dovrò apparire
al tuo cospetto;

Signore, pietà

OFFERTA DEL SANGUE PREZIOSISSIMO

1. Eterno Padre, ti offro il Sangue che Gesù, tuo Figlio diletto, sparse durante la dolorosa agonia nell'orto degli Ulivi, per ottenere la liberazione delle anime benedette del purgatorio, specialmente...

L'eterno riposo

2. Eterno Padre, ti offro il Sangue che Gesù, tuo Figlio diletto, sparse nella crudele flagellazione e coronazione di spine, per ottenere la liberazione delle anime benedette del purgatorio, specialmente...

L'eterno riposo

3. Eterno Padre, ti offro il Sangue che Gesù, tuo Figlio diletto, sparse lungo la via del Calvario, per ottenere la liberazione delle anime benedette del purgatorio, specialmente...

L'eterno riposo

4. Eterno Padre, ti offro il Sangue che Gesù, tuo Figlio diletto, sparse nella crocifissione e nelle tre ore di agonia sulla croce, per ottenere la liberazione delle anime benedette del purgatorio, specialmente...

L'eterno riposo

5. Eterno Padre, ti offro il Sangue che Gesù, tuo Figlio diletto, sparse dalla ferita del suo Cuore santissimo, per ottenere la liberazione delle anime benedette del purgatorio, specialmente...

L'eterno riposo

PREGHIERA RIPARATRICE ALL'ETERNO PADRE

Una povera Clarissa defunta apparve alla sua Abbadessa che pregava per lei e le disse: "Sono andata dritta al cielo perché, avendo recitato ogni sera questa preghiera, ho pagato tutti i miei debiti e sono stata preservata dal purgatorio":

Eterno Padre, per le mani di Maria addolorata Ti offro il Sacro Cuore di Gesù con tutto il suo amore, con tutte le sue sofferenze e con tutti i suoi meriti:

- per espiare i peccati che ho commesso quest'oggi e durante tutta la mia vita passata;

Gloria al Padre

- per purificare il bene che ho mal fatto quest'oggi e durante tutta la mia vita passata;

Gloria al Padre

- per supplire al bene che ho trascurato di fare quest'oggi e durante tutta la mia vita passata.

Gloria al Padre

Pie invocazioni

(dal Manuale delle indulgenze, libreria Editrice Vaticana, 1999)

Per le pie invocazioni è da tenere presente quanto segue:

1. *L'invocazione, quanto all'indulgenza, non si considera più come cosa a sé stante, ma come complemento dell'azione con la quale il fedele, nel compiere i suoi doveri e nel sopportare le avversità della vita, innalza con umile fiducia l'animo a Dio. Pertanto la pia invocazione completa l'elevazione della mente ed entrambe sono come gemma, che si inserisce nelle attività comuni e le adorna, e come sale che dà loro il giusto sapore.*

2. *È da preferirsi l'invocazione che meglio si adatta alle varie circostanze ed ai diversi stati d'animo e che o viene spontaneamente in mente oppure è scelta fra quelle entrate nell'uso dei fedeli, delle quali sotto si dà un breve elenco.*

3. *L'invocazione può essere brevissima, di una o poche parole, e può essere soltanto mentale. Ecco qualche esempio: Dio mio • Padre • Gesù • Sia lodato Gesù Cristo (o altro saluto cristiano) • Credo in te, o Signore • Ti adoro • Spero in te • Ti amo • Tutto per te • Ti rendo grazie (oppure Grazie a Dio) • Dio sia benedetto (oppure Benediciamo il Signore) • Venga il tuo regno • Sia fatta la tua volontà • Come a Dio piace • Aiutami, o Dio • Confortami • Ascoltami (oppure Ascolta la mia preghiera) • Salvami • Abbi pietà di me • Perdonami, o Signore • Non permettere che io mi separi da te • Non abbandonarmi • Ave, o Maria • Gloria a Dio nell'alto dei cieli • Sei grande, o Signore.*

Elenco di alcune invocazioni entrate nell'uso dei fedeli

- Ave, o croce, unica speranza.

- Ci benedica insieme con il suo Figlio la Vergine Maria.

- Cristo vince, Cristo regna, Cristo impera.

- Cuor di Gesù, ardente di amore per noi, infiamma il nostro cuore di amore per te.

- Cuor di Gesù, confido in te.

- Cuor di Gesù, tutto per te.

- Cuore sacratissimo di Gesù, abbi pietà di noi.

- Dolce Cuore di Maria, sii la salvezza mia.

- Gesù, Maria, Giuseppe.

- Gesù, Giuseppe e Maria,
  vi dono il cuore e l'anima mia.
  Gesù, Giuseppe e Maria,
  assistetemi nell'ultima agonia.
  Gesù, Giuseppe e Maria,
  spiri in pace con voi l'anima mia.

- Gesù, mite ed umile di cuore, rendi il nosto cuore simile al tuo.

- Gloria al Padre e al Figlio e allo Spirito Santo.

- Insegnami a compiere il tuo volere, perché sei tu il mio Dio.

- Lascia o Vergine santa, che io ti lodi; dammi forza contro i tuoi nemici.

- Madre dolorosa, prega per me.

- Madre mia, fiducia mia.

- Manda, Signore, nuovi operai nella tua messe.

- Mio Dio, mio tutto.

- Mio Signore e mio Dio.

- Noi ti adoriamo, o Cristo, e ti benediciamo, con la tua croce hai redento il mondo.

- O Dio, abbi pietà di me peccatore.

- O Maria, concepita senza peccato, prega per noi.

- O misericordioso Signore Gesù, dona loro il riposo.

- Padre, nelle tue mani consegno il mio spirito.

- Prega per noi, santa Madre di Dio, e rendici degni delle promesse di Cristo.

- Resta con noi, Signore.
- Salvaci Signore, siamo in pericolo.
- Santa Madre di Dio, sempre Vergine Maria, intercedi per noi.
- Santa Maria, Madre di Dio, prega per noi.
- Sia benedetta la santa Trinità.
- Sia lodato e ringraziato ogni momento il santissimo e divinissimo Sacramento.

"Gesù e Maria, vi amo! Salvate le anime dei sacerdoti, salvate le anime. Ve lo chiediamo supplichevoli e concedeteci di poter ripetere questo atto d'amore mille volte, ad ogni respiro, ad ogni palpito".
"Gesù e Maria, vi amo! Salvate le anime".

"Io amo il Sacro Cuore e prego per le anime del purgatorio".

"Degnati, Signore, di ricompensare con la vita eterna tutti quelli che ci fanno del bene per amore tuo".

Preghiere della sera

Nel nome del Padre e del Figlio e dello Spirito Santo. Amen.

L'ESAME DI COSCIENZA

Non dimenticare l'importanza dell'esame di coscienza, ogni sera, prima di andare a riposare. Conoscerai te stesso, purificherai la tua anima, ti preparerai alla morte. Pensa come Dio ti giudicherebbe se dovessi morire questa notte.

1. Mettiti alla presenza di Dio e ringrazialo dei benefici che ti ha fatto in questo giorno.

2. Domanda a Dio la grazia di conoscere e di odiare sempre il peccato.

3. Pensa a tutte le mancanze commesse in questo giorno con pensieri, parole, opere ed omissioni, badando in particolare al difetto, al quale sei più inclinato.

4. Pentiti di vero cuore di tutte le colpe; domandane perdono a Dio e procura di metterti in questo stato in cui ti vorresti trovare nel punto di morte.

5. Preghiera di ringraziamento a Dio per la vita e per tutto quello che abbiamo.

ATTO DI DOLORE

Mio Dio,
mi pento e mi dolgo con tutto il cuore
dei miei peccati,
perché peccando ho meritato i tuoi castighi
e molto più perché ho offeso te, infinitamente buono
e degno di essere amato sopra ogni cosa.
Propongo con il tuo santo aiuto
di non offenderti mai più
e di fuggire le occasioni prossime di peccato. Signore, misericordia, perdonami.

Padre nostro
Ave Maria
Gloria al Padre
Credo
Angelo di Dio
L'eterno riposo

Visita, o Padre

(INDULGENZA PARZIALE)

Visita, o Padre, la nostra casa e tieni lontano le insidie del nemico; vengano i santi angeli a custodirci nella pace, e la tua benedizione rimanga sempre con noi. Per Cristo nostro Signore. **Amen.**

Ti adoro

Ti adoro, mio Dio,
e ti amo con tutto il cuore.
Ti ringrazio di avermi creato
fatto cristiano
e conservato in questo giorno.
Perdonami il male oggi commesso,
e, se qualche bene ho compiuto, accettalo.
Custodiscimi nel riposo e liberami dai pericoli.
La tua grazia sia sempre con me
e con tutti i miei cari. **Amen.**

AL TERMINE DEL GIORNO

Al termine del giorno, o sommo Creatore,
vegliaci nel riposo con amore di Padre.
Dona salute al corpo e fervore allo spirito,
la tua luce rischiari le ombre della notte.
Nel sonno delle membra resti fedele il cuore,
e al ritorno dell'alba intoni la tua lode.
Sia onore al Padre e al Figlio
e allo Spirito Santo, al Dio trino ed unico
nei secoli sia gloria. **Amen.**

PER SUFFRAGARE LE ANIME DEL PURGATORIO

Eterno e onnipotente Signore,
per quel preziosissimo sangue
che il tuo divin Figlio sparse
in tutto il corso della sua passione,
e specialmente dalle mani e dai piedi
sull'albero della croce,
libera dalle loro pene le anime del purgatorio,
e, prima delle altre,
quelle per le quali ho maggior obbligo di pregarti,
o che meritano maggiormente i nostri soccorsi
per avere in vita professato devozione particolare ai dolori di Gesù
e della sua afflittissima madre Maria.

Supplica

Padre santo, mio Creatore e mio Dio, tra le cui braccia sto per prendere il riposo di questa notte, non posso chiudere gli occhi al sonno senza prima raccomandarti i miei cari che soffrono in purgatorio. Mio dolce Padre, ricordati che quelle anime sono tue figlie, che ti hanno amato e ti amano sopra ogni cosa, e tra le sofferenze del purgatorio, più che la liberazione dalle pene, sospirano di poterti finalmente vedere e di essere unite per sempre a te.

Ti prego, apri per loro le tue braccia paterne, chiamale a te. In espiazione dei loro peccati accetta da me l'offerta di tutti i meriti infiniti della vita, passione e morte di Gesù.

In questa notte intendo ripetere questa preziosa offerta ad ogni palpito del mio cuore.

O Regina dell'universo, Santissima Vergine Maria, il cui potere ammirabile si estende anche al purgatorio, ti prego affinché fra le anime che provano i dolci effetti della tua materna protezione, vi siano anche quelle dei miei cari. Te le raccomando per quella spada di dolore che ti trapassò l'anima sotto la croce di Gesù morente.

De Profundis *(vedi pag. 126)*
Padre nostro
Ave Maria
L'eterno riposo

ALLA SANTA FAMIGLIA PER LE ANIME DEL PURGATORIO

Da tutta la terra, o Famiglia Santissima, si elevano preghiere per la liberazione delle anime del purgatorio.

Accogliete queste suppliche o Gesù, Maria e Giuseppe; voi che dalla vostra casa di Nazaret, vi offriste vittime perpetue per i vivi e per i defunti.

Le vostre preghiere, i vostri sacrifici nella vita mortale abbracciarono tutti i tempi e tutte le anime. Applicate pertanto alle anime tormentate del purgatorio il tesoro dei vostri meriti. Sollevate, o Gesù, le anime più devote del vostro Cuore; o Maria, le anime più devote dei vostri dolori; o Giuseppe, le anime più fiduciose nel vostro patrocinio. Sollevate ancora le anime per le quali siamo tenute maggiormente a pregare quelle dei parenti, degli amici, dei benefattori; quelle più dimenticate , più tormentate e a voi più gradite.

Dagli abissi profondi della terra, udite, o Famiglia Santissima, le grida dolorose, che le anime purganti mandano al cielo. O Gesù, sono vostre Spose, o Maria, sono vostre figlie, o Giuseppe, sono vostre protette, donate loro la pace sempiterna.

L'eterno riposo

Da tutta la terra, o Famiglia Santissima, si sollevano le preghiere delle anime pie, che si interessano per la liberazione degli spiriti prigionieri del purgatorio: guardate, o Gesù, Maria, Giuseppe quanto soffrono questi giusti, quante penitenze volentieri incontrano per soddisfare ai debiti di quelle misere, con quanta generosità hanno fatto donazione ad esse di tutte le opere satisfatorie. Accogliete l'eroismo di queste vittime della carità cristiana, e schiudete presto le porte di quel carcere doloroso.

L'eterno riposo

Dalla sacra vostra Casa di Nazaret, o Gesù, o Maria, o Giuseppe, quale grato profumo si innalza al cielo per implorare la libertà alle povere schiave del purgatorio! Voi finché viveste vi offriste vittime perpetue per i vivi e per i defunti. Le vostre preghiere, i vostri sacrifici nella vita mortale abbracciarono tutti i tempi e tutte le anime. Applicate pertanto agli spiriti tormentati nel purgatorio il tesoro dei vostri meriti, mostratevi loro presto e spesso in aspetto festoso, e conducete tutte quelle prigioniere con voi a cantar l'inno eterno del ringraziamento.

L'eterno riposo

Accettate, o Famiglia Santissima, Gesù, Maria, e Giuseppe, la piena e totale donazione, che noi vi facciamo di tutte le opere nostre satisfatorie a prò dei poveri defunti. Noi vogliamo compiere questo atto di carità colle intenzioni medesime, che voi aveste vivendo, e con quelle medesime, che voi avete ora nel cielo. Affrettate il riposo eterno a quelle anime desolate, e fate che con voci giulive possano cantare: noi ci siamo tutte rallegrate all'annunzio che la Santa Famiglia ci ha recato: andremo nella Casa del Signore.

L'eterno riposo

Per quella dolce soavità ed amabilità ineffabile, con cui voi, o Famiglia Santissima, accoglieste quei di Betlem, quei di Nazaret e perfino gli egiziani infedeli, per quelle tenere parole e maniere dolcissime con cui consolaste ogni anima afflitta, che a voi ricorreva: noi vi scongiuriamo, che vogliate confortare egualmente le anime purganti: sopra tutte sollevate, o Gesù, le anime più devote del Vostro Cuore; o Maria, le anime più devote dei vostri dolori; o Giuseppe, le anime più fidenti nel vostro patrocinio.

Sollevate ancora, le anime per le quali siamo tenuti maggiormente a pregare; quelle dei parenti, degli amici, dei benefattori; quelle più dimenticate, più tormentate, ed a voi più gradite.

Preghiamo

Ascolta, o Dio, la preghiera che la comunità dei credenti innalza a te nella fede del Signore Risorto e conferma in noi la beata speranza che insieme ai nostri fratelli defunti risorgeremo in Cristo a vita nuova. Egli è Dio, e vive e regna con te, nell'unità dello Spirito Santo, per tutti i secoli dei secoli.

Amen.

ALLE ANIME SANTE DEL PURGATORIO

O Signore, mio creatore e redentore, io credo che nella tua giustizia hai disposto il purgatorio per le anime che passano al'eternità prima di aver soddisfatto del tutto i debiti di colpa o di pena. E credo che nella tua misericordia accetti i suffragi, specialmente il sacrificio della santa messa, per loro sollievo e liberazione. Ravviva in me la fede e infondimi sentimenti di carità verso questi cari fratelli che soffrono.

L'eterno riposo

Signore Gesù Cristo, re della gloria, per intercessione di Maria e di tutti i santi, libera dalle pene del purgatorio le anime dei fedeli defunti. E, per intercessione di san Michele, alfiere della milizia celeste, guidale nella luce santa promessa ad Abramo e ai suoi discendenti. Ti offro, o Signore, sacrifici e preghiere di lode; tu accettale per quelle anime e introducile nella gioia eterna.

L'eterno riposo

O Gesù, ti supplico per le anime verso le quali ho più stretti doveri di riconoscenza, giustizia, carità, parentela: i genitori, i benefattori, i fratelli della congregazione, i congiunti. Ti raccomando le persone che sulla terra hanno avuto maggiori responsabilità: i sacerdoti, i religiosi, i governanti, i superiori. Ti prego ancora per le anime dimenticate e per le più devote di Gesù Maestro, della Regina degli Apostoli, di san Paolo apostolo. Degnati di chiamarle presto alla celeste beatitudine.

L'eterno riposo

O Gesù, ti supplico per le anime che si trovano in purgatorio. Confido che queste anime, una volta liberate dalle loro pene e ammesse all'eterno gaudio; ti preghino e supplichino per il mondo moderno, affinché i tanti beni, che ci hai elargiti per l'elevazione della vita presente, siano pure adoperati per l'apostolato e la vita eterna.

L'eterno riposo

O Gesù misericordioso, per la tua dolorosa passione e per l'amore che mi porti, ti prego di perdonarmi le pene meritate per questa o l'altra vita con i miei molti peccati. Concedimi spirito di penitenza, delicatezza di coscienza, odio a ogni venialità deliberata e le disposizioni necessarie per l'acquisto delle indulgenze. Io mi impegno a suffragare le anime purganti in quanto posso; e tu, Bontà infinita, infondimi un fervore sempre piu vivo perché l'anima mia, sciolta dai vincoli del corpo, sia ammessa a contemplarti per sempre in cielo.

L'eterno riposo

É tempo di estate, di riposo del corpo e della mente, di tranquillità dello spirito, un tempo che rafforza, ritempra il nostro corpo e il nostro spirito, "tempio di Dio" per chi costruisce sulla roccia, e non sulla sabbia, la sua casa, la casa di Dio.

Siamo padroni di perdere altro tempo, anche questo tempo estivo, costruendo sulla sabbia castelli destinati a crollare: le illusioni della bellezza del corpo, che durano quanto dura un'estate; della routine del lavoro, per chi ce l'ha, e della ricerca carica di speranza, per chi ancora non lo trova o lo ha appena perduto; crollano le illusioni di bontà e di solidarietà nel quotidiano, fastidioso vivere insieme con uomini e donne di altre razze, culture, religioni, abitudini, usi, costumi.

Crollano le illusioni di una fede che non riesce a divent adulta e che non accetta che "quel" bambino debba morire aids, ma non aiuta chi li aiuta; che la fame dei poveri nor possa saziare, ma non offre neanche il suo superfluo; che pace non sia raggiungibile per colpa di chi fa la guerra, vende o aiuta a vendere le armi. Quella stessa fede non cresci che fa pensare che, in fondo, senza la Messa la domenica riesce a vivere ugualmente, e butta al vento il tempo di un an dell'Eucarestia, senza la quale invece "non possiamo viver

Quanti castelli di sabbia costruiamo ogni giorno! E qua disillusioni ci attendono ancora, se non individueremo u guida capace di confortarci, sostenerci, "raccomandarci", u "avvocata nostra": sì, proprio lei, Maria, quella donna che saputo cantare, e canta al posto nostro, il Magnificat della sto di ciascuno di noi:

"Grandi cose ha fatto in me l'Onnipotente…
Ha disperso i superbi nei pensieri del loro cuore,
ha rovesciato i potenti dai troni,
ha innalzato gli umili,
ha ricolmato di beni gli affamati,
ha rimandato a mani vuote i ricchi.
Ha soccorso Israele, suo servo,
ricordandosi della sua misericordia" *(Lc 1,49. 51-54).*

A lei possiamo affidarci in questo tempo propizio, perc ha già vinto la battaglia dell'umanità, lei, "*una donna vest di sole, con la luna sotto i suoi piedi e sul suo capo una coro di dodici stelle*" *(Ap 12,1)*, che ha combattuto contro il "gran drago" che con la coda "*trascinava giù un terzo delle ste del cielo e le precipitava sulla terra*" *(Ap 12,4)*.

La santa messa

La santa messa è da considerarsi il miglior suffragio per le anime del purgatorio.

Già san Tommaso aveva indicato nella messa il miglior mezzo per liberare le anime sofferenti, tre secoli prima che il Concilio di Trento si pronunciasse esplicitamente "Le anime del purgatorio sono sollevate dai suffragi dei fedeli, ma soprattutto dal prezioso sacrificio dell'altare".

Far celebrare la santa messa per i cristiani, vivi o defunti, in particolare quelli per cui si prega in modo speciale perché vengono così sollevati dai tormenti, farà abbreviare le loro pene; inoltre, ad ogni celebrazione eucaristica più anime escono dal purgatorio.

Con la santa messa, dunque, il sacerdote e i fedeli chiedono e ottengono da Dio la grazia per le anime del purgatorio, ma non solo: il beneficio speciale spetta sì all'anima per cui la messa è celebrata, ma del suo frutto generale è l'intera Chiesa a goderne.

Essa infatti nella celebrazione comunitaria dell'Eucarestia, mentre chiede e ottiene il ristoro delle anime dei fedeli e la remissione dei peccati, aumenta, rinsalda e risveglia la sua unità segno visibile, dell'invisibile "Comunione dei santi". All'offerta di Cristo, nel sacrificio eucaristico, si uniscono, infatti, non solo i membri che sono ancora sulla terra, ma anche quelli che si trovano già nella Gloria del Cielo così come quelli che stanno espiando le proprie colpe in purgatorio.

La santa messa è offerta, dunque, anche per i defunti che sono morti in Cristo e non sono ancora pienamente purificati, così da poter entrare nella Luce e Pace di Cristo. Nell'anafora, inoltre, la Chiesa prega per i santi padri, i vescovi e tutti coloro che sono morti, convinti che la santa messa sia la migliore offerta a Dio per le anime che soffrono in purgatorio, poiché è l'offerta di Cristo stesso immolato per i nostri peccati.

(Dal Catechismo della Chiesa Cattolica nn. 1370-72)

MESSE GREGORIANE

Tra quanto può essere offerto a Dio in suffragio dei defunti, san Gregorio esalta in assoluto il Sacrificio Eucaristico: a lui si deve l'introduzione della pia pratica delle trenta messe continue, dette appunto gregoriane.

Istituì tale devozione in seguito a un episodio avvenuto nel suo convento al Celio (Roma).

Un monaco, esperto in medicina, di nome Giusto, gravemente ammalato confida al fratello Copioso di aver tenute nascoste tra i medicinali tre monete d'oro.

Copioso avverte del fatto Gregorio che prende dei severissimi provvedimenti contro Giusto, che ha violato la Regola del convento (questa ordina la comunione di beni tra monaci).

Da quel momento Giusto viene abbandonato a se stesso. Senza visite, né alcun genere di conforto. Nell'abbandono e nella sofferenza dell'agonia, il monaco si pente del suo peccato e "la sua anima abbandonò il corpo nella stessa tristezza".

Il suo corpo è buttato in un letamaio, con le tre monete d'oro, mentre i monaci esclamano: "che il tuo denaro sia con te per la tua perdizione".

Pur nella certezza che Giusto è dannato, Gregorio tuttavia, per scrupolo, affida il seguente incarico a Prezioso (priore del monastero): "Vai dunque, e da oggi stesso per trenta giorni di seguito fai in modo di offrire per lui il sacrificio, affinché non sia assolutamente tralasciato alcun giorno, nel quale non sia offerta per la sua assoluzione l'ostia salutare".

Dopo i trenta giorni Giusto appare al fratello Copioso per dirgli di essere ormai libero da ogni pena.

Commenta san Gregorio: "Concordando simultaneamente visione e sacrificio, ciò apparve con chiarezza, che il fratello, che era morto, scampò al supplizio grazie all'ostia salutare".

OFFERTA DELLA SANTA MESSA PER LE ANIME DEL PURGATORIO

A Dio Padre

Eterno Padre, poiché Gesù Cristo, tuo Figlio e nostro Signore, ha istituito con infinito amore il santo Sacrificio Eucaristico non solo per i vivi, ma anche per i defunti, io ti offro questo sacrificio d'amore per l'anima di *(nome)* e per tutte quelle che hanno più bisogno di aiuto, affinché Tu, Dio d'infinita bontà, mitighi le loro sofferenze e conceda loro la liberazione dal purgatorio.

Ti prego, o Padre di misericordia, accogli i meriti della Vittima divina che su questo altare s'immola, accogli le potentissime preghiere del tuo Figlio divino e anche le mie povere suppliche, e libera presto dalle loro sofferenze le anime sante del purgatorio.

Amen.

A Gesù Cristo

O Gesù infinitamente buono e misericordioso, io ti imploro con grande fervore e profonda umiltà di condurre le anime dei nostri cari defunti al tuo regno di pace e di beatitudine, ammettendole alla tua presenza insieme ai santi.

Esaudisci, o Signore, la mia preghiera e ammetti a partecipare ai benefici di questa santa Celebrazione Eucaristica i fedeli defunti che soffrono in purgatorio. Tu lo puoi perché con i tuoi meriti hai preso su di te i peccati di tutto il mondo.

Gesù mio, misericordia!

PREGHIERA DA RECITARE PRIMA DELLA SANTA MESSA

Eterno Padre, ti offro il sacrificio che il tuo diletto Figlio Gesù ti offrì sulla Croce e che tra breve rinnoverà su questo altare. Te l'offro a nome di tutte le creature, con le sante messe che si sono celebrate e si celebreranno in tutto il mondo, per adorarti e renderti l'onore che meriti, per ringraziarti dei tuoi innumerevoli benefici, per riparare le offese fatte a te con i peccati che si commettono e per supplicarti per me, per la Chiesa, per il mondo intero ed in modo speciale per le anime benedette del purgatorio.

La santa comunione in suffragio delle anime del purgatorio

"Chi mangia la mia carne e beve il mio sangue dimora in me e io in lui" (Gv. 6,56)

Ciò vale per noi ma, nulla ci impedisce di riversare sulle anime del purgatorio l'abbondanza dei tesori divini a noi comunicati.

Purificati mediante il sacramento della Penitenza possiamo e dobbiamo accostarci spesso alla santa messa, anche per alleviare le sofferenze delle anime sante che soffrono nell'altra vita. Tante fra loro sentono con dolore maggiore delle altre la lontananza da Dio, perché durante la vita si tennero lontane dalla santa Eucarestia.

Ora che possono vedere completamente disvelati i volti celesti non più offuscati dal velo che le nasconde sulla terra e che possono godere dei doni di Dio, vorrebbero stringersi a Gesù, ma non possono avvicinarsi a Lui se non dopo una purificazione adeguata, in espiazione della loro freddezza o indifferenza per la Santissima Eucarestia.

Il vostro amore e le nostre assiduità all'Eucarestia possono essere loro strumento di suffragio e loro mezzo per unirsi presto a Gesù.

L'Eucarestia è, infatti, memoriale della Pasqua di Cristo, cioè della sua opera di salvezza, compiuta attraverso la sua passione, morte e Resurrezione e come sacrificio può essere offerta in ripa-

razione dei peccati dei vivi e delle anime che soffrono in purgatorio, così da ottenere da Dio benefici spirituali o temporali.

(Dal Catechismo della Chiesa Cattolica nn. 1406-13)

PRIMA DELLA SANTA COMUNIONE

Queste preghiere possono essere recitate (scegliendone almeno una fra le tre) come preparazione alla santa comunione.
Possono essere lette prima dell'inizio della santa messa, se ci si accosterà all'Eucarestia.

COMUNIONE EUCARISTICA E SPIRITUALE

(dal Manuale delle indulgenze, libreria Editrice Vaticana, 1999)

1. *Si concede l'indulgenza plenaria al fedele che*

a. *si accosta per la prima volta alla santa comunione o assiste devotamente alla prima comunione di altri;*

b. *nei singoli venerdì di Quaresima piamente recita, dopo la comunione, la preghiera Eccomi, o mio amato e buon Gesù dinanzi all'immagine di Gesù Crocifisso;*

2. *Si concede l'indulgenza parziale al fedele che, con qualche pia formula legittimamente approvata,*

a. *emette l'atto di comunione spirituale;*

b. *fa il ringraziamento dopo la comunione, per esempio:*
Anima di Cristo (vedi pag. 178);
Preghiera davanti al crocifisso (vedi pag. 176).

I. Dal profondo di questa valle di esilio oso innalzare fino a te, o Signore, la mia voce, e pregarti d'ascoltarmi. Vorrei saziare l'anima mia con una degna comunione e suffragare i defunti, principalmente *(nome).*

Con tutto l'amore del mio spirito dunque, ti prego di concedermi questa grazia. Senza il tuo aiuto come potrei prepararmi a riceverti degnamente questa mattina nella santa Eucaristia, la mia anima sarebbe fredda, vuota e distratta come lo è stata altre volte in passato. Sarebbe come una povera stalla: sporca e disadorna. Sono certo però che la presenza della tua dolce Mamma con tutta la tenerezza del suo amore saprà trasformare la mia anima e renderla come la stalla dove tu hai voluto nascere: un luogo povero, ma caldo e accogliente, ricolmo della Pace e della Gioia che tu solo sai dare. Ecco perché oso chiederti e ricevere il tuo più grande dono ed i tuoi più dolci abbracci accostandomi a te nella santa Eucaristia.

Mamma di Gesù, umile ancella e tenera Madre nostra, vieni a preparare la mia anima per la venuta del tuo Figlio adorato, anzi rendimi come te affinché Gesù al suo arrivo trovi le tue virtù e sia più felice di essere in me. Per la tua misericordia, o Signore, fa' che questa mattina la mia anima sia bella per la tua visita come lo è la sposa che attende lo sposo.

II. Io credo fermamente che nel Banchetto Eucaristico ricevo il mio Signore. Egli, il Creatore del cielo e della terra, il Signore dell'amore e della vita, viene in me.

Come posso, mio Dio, avvicinarmi a te; io, così miserabile, così peccatore, così fragile nei miei propositi! Eppure, mio Padre e Amico, la tua misericordia è infinita e la potenza della Redenzione da te compiuta è immensa.

È per le anime del purgatorio che offro questa santa Eucaristia. Tra me e loro non vi è altra differenza all'infuori di questa: che esse non possono più meritare il perdono dei debiti contratti con le loro infedeltà mentre io lo posso ancora, utilizzando meglio i giorni della mia vita.

Riconosco di essere totalmente indegno di riceverti e di stringerti al mio cuore a causa dei miei peccati gravi, di quelli veniali e delle mie imperfezioni, ma tu lo desideri ugualmente e sei felice di venire in me. Mio Dio meraviglioso e unico la cui essenza è l'amore, che ti diletti nel restare con noi, ti prego, purifica il mio cuore donandogli tutto ciò che vuoi trovare in me, poiché desidero farti trovare un cuore caldo che ti ama e ti attende anche se nella miseria e nella povertà delle mie forze.

III. O Maria, il tuo nome risuona dolce in Cielo, sulla terra e in purgatorio. Ti onorano ed invocano come Madre delle grazie, della misericordia. O Madre dolce e misericordiosa, che gioisci ogni volta che con i nostri suffragi le sante anime del purgatorio sono consolate, Ti prego di confortarmi con la tua grazia e donarmi quell'amore vivo ed ardentissimo che tu provi per le anime benedette che soffrono. O Maria, madre della grazia, madre della misericordia, dona loro la pace eterna.

DOPO LA SANTA COMUNIONE

Queste preghiere possono essere recitate (scegliendone almeno una fra le tre) dopo la santa comunione o al termine della santa messa se ci si è nutriti del pane della vita.

I. In questo momento, o mio Gesù, in cui la tua Presenza eucaristica vive in me, io ti adoro con tutto il mio cuore e la mia anima. Tu sei il Signore della mia vita, della mia famiglia, di tutto ciò che mi circonda, di tutti i miei cari vivi o defunti. Ora voglio unire il mio canto di lode alle anime che oggi saranno liberate dal purgatorio ed entreranno nel regno della gioia e della pace.

Vorrei, Gesù, che tra loro vi fosse anche *(nome)*
e con gli stessi gesti, con le stesse parole, con lo stesso cuore, con gli stessi sentimenti con cui loro, appena giunte ai piedi del tuo trono ti adoreranno in cielo, io pure voglio adorarti qui sulla terra, riconoscendoti Re della gloria, l'Unigenito del Padre divino, il Salvatore del mondo.

II. Desidero prometterti, o Gesù, che controllerò i miei sentimenti e li regolerò con le leggi della modestia, frenerò la curiosità degli occhi e li allontanerò da qualunque oggetto seducente che mi verrà innanzi

(breve pausa di riflessione)

non trascurerò i miei impegni, mi dedicherò a tutti con molto impegno, anzi con amore, pensando che in loro ci sei tu. Accetterò serenamente le osservazioni di coloro che hanno autorità su di me, avrò per tutti amore e rispetto. Sopporterò i difetti dei miei fratelli e perdonerò qualunque torto essi mi faranno. Mi propongo con tutte le mie forze di non commettere più i peccati in cui ricado spesso,

(breve pausa di riflessione)

con la tua grazia, che umilmente imploro, lo eviterò a qualunque costo. Fermamente però prometto di evitare anche gli altri peccati. Se sarò tentato di commetterli pensando che sono venialità, penserò alle sofferenze del purgatorio dove dovrei scontarne la pena, e cercherò di rinvigorirmi nei miei proponimenti. Intanto ti prego per le anime che soffrono ancora nella purificazione, principalmente per *(nome)*
affinché abbiano la pace e la luce eterna.

De profundis *(vedi pag. 126)*

III. O Maria che vigili sempre con amore misericordioso le care anime del purgatorio per consolarle con la tenerezza che caratterizza il tuo materno e dolcissimo Cuore, ti prego di concedermi che la mia santa comunione apra per loro le sospirate porte del paradiso. Al risuonare della tua voce si commuoverà il Cuore di Gesù e delizie di paradiso scenderanno a consolare le sante anime del purgatorio che, esultando di riconoscenza e di amore, udranno gli angeli da te inviati ripetere loro: “Figlie di Maria, spose di Gesù, consolatevi, consolatevi. Non più gemiti, non più sospiri e pianti; alzate gli occhi al Cielo; vi attendono i santi, vi aspettano gli angeli, vi desidera tutto il paradiso”. **Amen.**

L’eterno riposo

La Confessione

Chi si è confessato bene durante la vita non ha da temere nella morte, anche se in quel momento gli venissero a mancare tempo e forze per prepararsi con impegno al sacramento né può dubitare che le confessioni ben fatte abbrevino il purgatorio. Ma quando una confessione è ben fatta? Una confessione si può dire ben fatta quando la si vive come fosse l'ultima della nostra vita.

Confessiamoci spesso e con l'intenzione di purificare ogni più piccolo difetto come chi sta per lasciare questo mondo per presentarsi davanti a Dio.

Cominciamo supplicando lo Spirito Santo per ottenere la giusta consapevolezza dei nostri peccati e la grazia del pentimento.

Ricorriamo alle piaghe del crocifisso da cui sgorga la purificazione della nostra anima pentita.

Ricorriamo a Maria, al nostro angelo custode e a tutti i santi nostri avvocati. Poi esaminiamo i nostri doveri di amore verso Dio e verso il prossimo.

Gli effetti spirituali del sacramento della Penitenza sono:

- *la riconciliazione con Dio mediante la quale il penitente recupera la grazia;*
- *la riconciliazione con la Chiesa;*
- *la remissione della pena eterna meritata a causa dei peccati mortali;*
- *la remissione, almeno in parte, delle pene temporali, conseguenze del peccato;*
- *la remissione delle pene temporali, conseguenza dei peccati, per le anime del purgatorio;*
- *la pace e la serenità della coscienza, e la consolazione spirituale;*
- *l'accrescimento delle forze spirituali per il combattimento cristiano.*

(Dal Catechismo della Chiesa Cattolica nn. 1469 e 1498)

Per cogliere appieno il valore e il significato della confessione, leggiamo la testimonianza di Suor Faustina Kowalska:

"Dalla santa confessione dovremmo ricavare due benefici. Alla confessione andiamo: primo, per essere guariti; secondo per essere educati. La nostra anima ha bisogno di essere educata continuamente, come un bambino.

O mio Gesù, comprendo profondamente queste parole e so per esperienza che un'anima con le proprie forze non arriva lontano, si affatica molto, non fa nulla per la gloria di Dio.

L'anima che desidera veramente progredire sulla via della perfezione, deve attenersi scrupolosamente ai consigli che le vengono dati dal direttore spirituale.

Tanta è la santità quanta la dipendenza".

ESAME DI COSCIENZA E ATTO DI CONTRIZIONE

(dal Manuale delle indulgenze, libreria Editrice Vaticana, 1999)

Si concede l'indulgenza parziale al fedele che, specialmente in preparazione della confessione sacramentale:

1. *esamina la propria coscienza con il proposito di emendarsi;*
2. *piamente recita, mediante qualsiasi formula legittima, l'atto di contrizione per esempio, Confesso; salmo De Profundis, salmo Miserere, salmi graduali, salmi penitenziali.*

IL SACRAMENTO DEL PERDONO

Una guida...
un aiuto...
un sostegno...

Questo libro, di taglio nobilmente "devozionale", che nasce dalla esperienza di un valido confessore di santuario ove si incontrano tante tragedie e tanti miracoli di grazia, aiuta, con parole semplici e buon metodo, a entrare nel mistero di questo sacramento di speranza. Se il libro aiuterà a recuperare fiducia nella Misericordia di Dio e nella presenza affettuosa della Chiesa, avrà raggiunto lo scopo di mostrare a chi pecca quanto sia grande il cuore del Padre che va lui stesso incontro ai due figli peccatori, randagi ed infelici, perché erano "morti" e sono tornati in vita, erano "smarriti" e hanno ritrovato la strada (Lc 15,24).
Il libro ***"Il Sacramento della Confessione"*** *si può acquistare nelle librerie cattoliche, presso i santuari o si può ordinare e ricevere comodamente a casa propria, telefonando all'Editrice Shalom e citando il* ***codice 8205*** *o visitando il suo sito internet (vedi pag. 4).*

DOMANDA DI PERDONO

La preghiera che segue e le Litanie dell'umiltà si recitano prima della Confessione.

O mio Dio, santità e perfezione infinita, che tanto detesti il peccato e che, per cancellarlo, hai sottoposto alle sofferenze atrocissime della Passione ed alla spietata morte di croce tuo Figlio innocente, io, colpevole di tanti peccati, mi prostro umiliato e pentito ai tuoi piedi, ed offrendoti le pene ed il Sangue di Gesù Cristo, invoco il tuo perdono.

Sono profondamente pentito per le offese che ti ho fatto, e mi propongo di non offenderti più. Gesù è morto per me sulla Croce e con il suo sacrificio mi ha ottenuto la vita.

Perdonami, Signore, per i suoi meriti infiniti. Insieme al perdono ti prego di concedermi la grazia di una conversione sincera e durevole, insieme alla remissione delle pene che ho meritato.

O Spirito Santo, Spirito d'amore e di santità, vieni in me con i tuoi doni e con l'abbondanza della tua grazia, affinché questa mia confessione sia gradita al Padre nostro che è nei cieli ed io possa realizzare il mio grande desiderio di essere da lui abbracciato, benedetto ed ammesso tra i suoi figli prediletti.

Anche voi, anime sante del purgatorio, che sapete quanto è importante far bene la confessione, pregate per me.

So che, tu, o Signore, soffri quando mi allontano da te e mi attendi con trepidazione; mi vieni incontro quando mi vedi giungere da lontano, mi abbracci teneramente e, per quanto gravi siano le offese fatte al tuo amore, mi ripeti: "Io non ti condanno, va' e d'ora in poi non peccare più".

Litanie dell'umiltà

Signore, pietà

Signore, pietà

Cristo, pietà

Cristo, pietà

Signore, pietà

Signore, pietà

Cristo, ascoltaci

Cristo, ascoltaci

Cristo, esaudiscici

Cristo, esaudiscici

Padre del cielo, che sei Dio

abbi pietà di noi

Figlio, redentore del mondo, che sei Dio

abbi pietà di noi

Spirito Santo, che sei Dio

abbi pietà di noi

Santa Trinità, unico Dio

abbi pietà di noi

Dal desiderio di essere stimato

liberami, Signore

Dal desiderio di essere lodato

liberami, Signore

Dal desiderio di essere esaltato ”

Dal desiderio di essere ricercato ”

Dal desiderio di essere amato ”

Dal desiderio di essere onorato

liberami, Signore

Dal desiderio di essere preferito agli altri ”

Dal desiderio di essere consultato ”

Dal desiderio di essere approvato ”

Da ogni odio e da ogni invidia ”

liberaci, Signore

Da ogni risentimento e rancore ”

Da ogni rivalsa ”

Da ogni pregiudizio ”

Da ogni forma di egoismo ”

Da ogni ingiustizia e da ogni viltà ”

Da ogni tendenza a giudicare e condannare ”

Dalla mormorazione e dalla critica ”

Da ogni giudizio affrettato e da ogni calunnia ”

Dall'orgoglio e dalla ostentazione ”

Da ogni permalosità e impazienza ”

Dalla tendenza ad appartarci ”

Dal sospetto e dalla sfiducia ”

Da ogni cattiva disposizione ”

Da ogni forma d'indifferenza ”

Da ogni prepotenza ”

Da ogni scortesia e sospetto ”

Da ogni suggestione del demonio ”

Da ogni offuscamento delle passioni ”

Dal timore di essere umiliato

liberami, Signore

Dal timore di essere disprezzato ”

Dal timore di essere rifiutato ”

Dal timore di essere calunniato ”

Dal timore di essere sospettato ”

Dal timore di essere dimenticato ”

Dal timore di essere schernito ”

Dal timore di essere ingiuriato ”

Dal timore di essere abbandonato ”

Che gli altri siano amati più di me

Gesù, datemi la grazia di desiderarlo!

Che gli altri siano stimati più di me ”

Che gli altri possano crescere nell'opinione del mondo e che io possa diminuire ”

Che gli altri possano essere prescelti ed io messo in disparte ”

Che gli altri possano essere lodati ed io dimenticato ”

Che gli altri possano essere preferiti a me in ogni cosa ”

Che gli altri possano essere più santi di me, purché lo divenga santo in quanto posso ”

San Giuseppe, protettore degli umili

prega per me

San Michele Arcangelo, che fosti il primo ad abbattere l'orgoglio ”

O Giusti tutti santificati specialmente
dallo spirito di umiltà

pregate per me

O Gesù, la cui prima lezione è stata questa:
"Imparate da me che sono mite e umile
di Cuore"

insegnami a divenire umile come lo sei tu

Perché vogliamo veramente bene ai nostri fratelli

Esaudiscici, Signore

Perché siamo tra noi un cuore solo e un'anima sola ”

Perché i nostri sentimenti siano come quelli
del tuo cuore ”

Perché rimaniamo uniti nello spirito ”

Perché siamo concordi nell'azione ”

Perché sappiamo comprenderci ”

Perché sappiamo ammettere i torti e perdonarci
reciprocamente ”

Perché diventiamo servi premurosi gli uni degli altri ”

Perché siamo sempre sinceri e aperti fra di noi ”

Perché nelle nostre case regni la gioia della carità ”

Perché nella nostra carità il mondo veda il Signore ”

Perché nella nostra Patria regni la concordia ”

Perché cessino le lotte di classe ”

Perché la giustizia sociale sia compiuta nella carità ”

Perché tutti gli uomini si amino ”

Gesù, che sei venuto sulla terra per servire gli uomini

rendi il nostro cuore simile al tuo

Gesù, che hai amato i poveri ”

Gesù che hai consolato i sofferenti ”

Gesù, che hai sofferto per i peccatori ”

Gesù, che hai parlato dolcemente a chi ti schiaffeggiava e ti tradiva ”

Gesù, che hai raccolto l'invocazione del ladrone ”

Gesù, che hai lodato il buon Samaritano ”

Gesù, che sei morto sulla croce ”

Gesù, che continui a rinnovare il tuo sacrificio d'amore per noi ”

Gesù, che ti fai cibo per sostenerci nel nostro cammino ”

Santa Maria, Vergine piccola ed umile ”

prega per noi

Santa Maria Vergine piena d'amore e di carità ”

Agnello di Dio, che vivi nell'amore del Padre.
Abbi pietà di noi.

Agnello di Dio, che hai portato agli uomini l'amore del Padre.
Esaudiscici.

Agnello di Dio, che t'immoli per amore degli uomini.
Convertici.

Perdonaci, o Signore tutti i nostri peccati
come noi perdoniamo a coloro che ci hanno offeso.

Preghiamo:
O Dio, che resisti ai superbi e dai la grazia agli umili: concedici la virtù della vera umiltà, di cui l'Unigenito tuo Figlio s'è fatto esempio, affinché non provochiamo mai il tuo sdegno con l'orgoglio, ma otteniamo piuttosto il dono del tuo amore ubbidendo umilmente alla tua Parola. Per Cristo nostro Signore.
Amen.

PREGHIERA DOPO LA CONFESSIONE

Dopo aver recitato le preghiere che il confessore ci ha indicato, esserci proposti di rimediare al male fatto e impegnati ad evitare le mancanze in cui cadiamo più facilmente adottando atteggiamenti idonei, preghiamo:

Dio mio, Padre dolcissimo, com'è dolce la tua grazia, com'è grande il tuo amore! Hai perdonato tutti i miei peccati e mi hai fatto assaporare di nuovo le meraviglie del tuo amore.

Ti ringraziano per me, o mio Dio, il Cielo e la terra ed io do voce a tutte le creature per lodarti e ringraziarti per sempre.

Ti ringraziano le anime del purgatorio, per le quali ora ti saranno più accette le mie preghiere, poiché ho l'anima purificata da ogni peccato e sono di nuovo tuo amico.

Per mostrarti la mia riconoscenza, o Signore, come meglio posso, ti offro la promessa di voler evitare ad ogni costo il peccato. Piuttosto, o mio Dio, scelgo il disprezzo del mondo, le mortificazioni e le pene, le tribolazioni di ogni tipo, ed anche la morte, ma mai più voglio trasgredire i tuoi precetti che sono consigli di Padre amorevole.

Per mezzo della santa assoluzione mi hai accolto ancora nel tuo abbraccio paterno, ed io non voglio più staccarmi da te. **Amen.**

Preghiere, supplica, offerta e coroncine davanti al Crocifisso

La riflessione e la preghiera sui dolori, umiliazioni e sofferenze fisiche provate da Gesù è fonte infinita di grazie per noi e per le anime dei defunti. Tanti sono i modi per pregare e adorare la passione di Gesù, offrendola in espiazione dei nostri peccati e di quelli delle anime che soffrono in purgatorio.

PREGHIERA DAVANTI AL CROCIFISSO

Si concede al fedele che piamente recita, dopo la comunione, la predetta preghiera dinanzi all'immagine di Gesù Crocifisso, l'indulgenza plenaria nei singoli venerdì di Quaresima; e l'indulgenza parziale in tutti gli altri giorni dell'anno.

Eccomi, o mio amato e buon Gesù,
che, alla tua santissima presenza prostrato,
ti prego con il fervore più vivo
di imprimere nel mio cuore
sentimenti di fede, di speranza, di carità,
di dolore dei miei peccati,
e di proponimento di non offenderti,
mentre io con tutto l'amore e la compassione
vado considerando le tue cinque piaghe,
cominciando da ciò che disse di te,
o mio Gesù, il santo profeta Davide:

"Hanno trapassato le mie mani e i miei piedi,
hanno contato tutte le mie ossa".
Amen.

Padre nostro
Ave Maria
Gloria al Padre

ADORAZIONE DELLA CROCE

Si concede l'indulgenza plenaria al fedele che, nella solenne azione liturgica del Venerdì santo, partecipa devotamente all'adorazione della Croce.

RECITA QUOTIDIANA IN ONORE DELLE SANTE PIAGHE

Padre nostro *(ad ogni invocazione)*
Ave Maria *(ad ogni invocazione)*
Gloria al Padre *(ad ogni invocazione)*

Per la santa piaga della mano destra.

Per la santa piaga della mano sinistra.

Per la santa piaga del piede destro.

Per la santa piaga del piede sinistro.

Per la santa piaga del sacro Costato.

Per il Santo Padre.

Per l'effusione dello Spirito Santo.

ANIMA DI CRISTO

(INDULGENZA PARZIALE)

Anima di Cristo, santificami.
Corpo di Cristo, salvami.
Sangue di Cristo, inebriami.
Acqua del costato di Cristo, lavami.
Passione di Cristo, confortami.
O buon Gesù, esaudiscimi.
Dentro le tue piaghe nascondimi.
Non permettere che io mi separi da te.
Dal nemico maligno difendimi.
Nell'ora della mia morte chiamami:
e comanda che io venga a te,
affinché ti lodi con i tuoi santi,
nei secoli dei secoli. **Amen.**

TI ADORO O CROCE SANTA

Recitata 33 volte il Venerdì santo, libera 33 anime del purgatorio. Recitata 50 volte ogni venerdì, ne libera 5.

Ti adoro, o Croce santa, che fosti ornata del Corpo Sacratissimo del mio Signore, coperta e tinta del suo Preziosissimo Sangue.

Ti adoro, mio Dio, posto in croce per me.

Ti adoro, o Croce santa, per amore di Colui che è il mio Signore. **Amen.**

A Loreto, «in base all'antica tradizione della S. Casa, ci è presentato con particolare rilievo uno dei misteri fondamentali della nostra fede: quello del Figlio Unigenito di Dio, che si è fatto uomo nel seno della Vergine Maria. Luogo eletto di pietà mariana è Loreto, ma, appunto per tale suo diretto collegamento col mistero salvifico del Verbo Incarnato, è insieme luogo di meditazione inesauribile e di culto perenne a Cristo Signore e Redentore dell'uomo».

Giovanni Paolo II
3 aprile 1981

CUPOLA - Di forma ottagonale. Fu ultimata nel maggio dell'anno 1500 da *Giuliano da Sangallo*; riflette l'ispirazione brunelleschiana e la robustezza costruttiva che l'architetto possedeva per la sua lunga pratica con i lavori di fortificazione.

Fu affrescata da C. Maccari (1890-1907) con i temi delle litanie lauretane e la storia del domma dell'Immacolata Concezione.

SALA POMARANCIO - Costruita nel 1600 per la conservazione dei doni votivi lasciati dai fedeli e degli arredi liturgici, fu affrescata da *Cristoforo Roncalli*, detto il Pomarancio (1605-1610) con dieci storie della vita della Madonna, sei profeti e sei Sibille. Nella volta: Assunzione, Traslazione, Incoronazione.

PALAZZO APOSTOLICO - È parte integrante del complesso lauretano. Destinato originariamente a racchiudere l'intero spazio antistante la chiesa, nella sua ideazione, si deve in gran parte al *Bramante*. L'edificio conserva ancora le sue funzioni originarie di ospizio per i pellegrini e di abitazione per il vescovo e i cappuccini della basilica.

Il lato occidentale, di fronte alla chiesa, è adibito a Museo-Pinacoteca della S. Casa. Tra gli oggetti esposti meritano attenzione particolare gli otto dipinti di Lorenzo Lotto (1480-1556), la collezione dei vasi di farmacia appartenenti alle botteghe urbinati dei Fontana (sec. XVI) e dei Patanazzi (sec. XVII) e la serie dei nove arazzi fiamminghi su cartoni di Raffaello.

LORETO - La storia della città si confonde con quella del Santuario. Anche l'impianto urbanistico e l'organizzazione delle singole case si sviluppano secondo le esigenze di una popolazione in transito e gli abitanti intraprendono le attività che soddisfano le richieste e i desideri dei pellegrini.

Nel primo ventennio del '500 il centro sociale fu cinto di mura castellane, con due torrioni realizzati dall'architetto Cristoforo Resse, forse su disegno di *Antonio da Sangallo il Giovane*.

Orazioni per i defunti di santa Geltrude

Santa Geltrude, recitando queste orazioni insieme con l'Ufficio, chiedeva al Signore quanto e come gli fosse accetta l'opera di coloro che così pregavano. Ed il Signore rispose:
"La gradisco tanto ed è come se liberassero me stesso dalla prigionia ogni volta che con queste preghiere si libera un'anime dalle sue pene. Ricambierò al momento opportuno queste opere di carità, secondo l'onnipotenza della mia generosità".

PRIMA ORAZIONE

Ti saluto e benedico, dolcissimo Gesù, ti adoro con tutto il mio cuore e ti ringrazio per l'amore che ci hai manifestato con la tua incarnazione, la nascita nella povertà e per averci lasciato te stesso nel Santissimo Sacramento.

Ti prego di unire questa mia preghiera, che ti offro per la cara anima del defunto *(nome)* ai meriti della tua santissima vita.

Con l'abbondante grazia di tale preghiera desidero supplire e compensare perfettamente ciò che questa anima ha trascurato nelle tue lodi, nelle preghiere, virtù e buone opere che avrebbe dovuto compiere per tuo amore, avrebbe potuto con la tua grazia e non ha fatto con pura intenzione e perfettamente. **Amen.**

L'eterno riposo

De Profundis *(vedi pag. 126)*

SECONDA ORAZIONE

Ti saluto e benedico, dolcissimo Gesù, ti adoro e ti ringrazio per l'amore infinito che ci hai manifestato quando tu, Creatore dell'universo, per redimerci ti sei reso Vittima inerme nelle mani degli uomini che ti hanno legato, trascinato, battuto, insultato, flagellato, coronato di spine e condannato a morte, spogliato, crocifisso, fino a morire d'una morte terribile sulla croce, con il cuore trafitto da una lancia.

Mi unisco al tuo immenso amore offrendoti queste mie orazioni e ti prego, per i meriti della tua santissima passione e morte, di cancellare ciò che l'anima per la quale ti prego ha fatto contro la tua volontà in pensieri, parole ed opere.

Ti prego pure di offrire a Dio Padre i tuoi meriti, ogni pena e dolore del tuo Corpo piagato e della tua anima addolorata per riparare alle mancanze commesse da quest'anima e soddisfare così la tua giustizia. **Amen**.

L'eterno riposo

De Profundis *(vedi pag. 126)*

TERZA ORAZIONE

Ti saluto e benedico, dolcissimo Gesù, ti adoro e ti ringrazio per l'amore e la bontà con cui tu, risorgendo ed ascendendo al Cielo, glorificasti la nostra umanità già vinta dalla morte, e la collocasti alla destra del Padre. Ora ti prego che l'anima per la quale ti supplico possa presto partecipare alla tua gloria e al tuo trionfo.
Amen.

L'eterno riposo
De Profundis *(vedi pag. 126)*

QUARTA ORAZIONE

Ti saluto e benedico, dolcissimo Gesù, ti adoro e ti ringrazio per tutti i benefici di cui hai colmato la tua gloriosa Madre e tutti i tuoi eletti.

Desidero unirmi ora all'amore dei tuoi santi che ti glorificano e ti ringraziano per la salvezza ottenuta per mezzo della tua Incarnazione, Passione e Risurrezione e ti prego di supplire con i meriti e con le preghiere della tua e nostra Madre Immacolata e dei santi a quanto manca a quell'anima per giungere nella Patria beata e poter godere per sempre della tua presenza.
Amen.

L'eterno riposo
De Profundis *(vedi pag. 126)*

Settenario per le anime sante del purgatorio

A questa preghiera sarebbe bene unire possibilmente sette Messe successive, che si fanno celebrare per sette giorni per le anime sante del purgatorio che abbiamo raccomandato a Dio, ad imitazione di quello che fece san Nicola da Tolentino, il quale, celebrate sette messe in loro suffragio, ne liberò una grande moltitudine. Non potendo farle celebrare, almeno si partecipi alla santa messa per sette giorni.

Nel nome del Padre e del Figlio e dello Spirito Santo. Amen.

O Dio, vieni a salvarmi.
Signore, vieni presto in mio aiuto.

Gloria al Padre

San Nicola da Tolentino che durante la tua vita terrena fosti di grande aiuto per le anime afflitte del purgatorio, ora in cielo sii per me avvocato ed intercessore presso Dio; aumenta il valore di queste mie povere preghiere per ottenere dalla divina clemenza la liberazione e il sollievo di quelle anime dalle quali spero grande aiuto.

L'eterno riposo

Signore Gesù Cristo, per l'amore immenso che ti spinse ad incarnarti nel seno della Vergine Maria, ti prego di aiutare le anime che da maggior tempo soffrono in purgatorio e particolarmente la prima che vi è entrata.

Padre nostro
Ave Maria
L'eterno riposo

Signore Gesù Cristo, per l'umiltà che ti spinse a scegliere una stalla come luogo per nascere ti prego di aiutare le anime che da minor tempo soffrono in purgatorio e specialmente l'ultima che vi è entrata.

Padre nostro
Ave Maria
L'eterno riposo

Signore Gesù Cristo, per la sublime carità che ti spinse a vivere fra tanti stenti nel mondo per amore delle anime, ti prego di aiutare le anime più abbandonate, e specialmente quella che ha più bisogno di aiuto.

Padre nostro
Ave Maria
L'eterno riposo

Signore Gesù Cristo, per l'amore indicibile che sempre ti animò quando predicavi agli uomini sostenendo le tue parole con tanti segni e prodigi, ti prego di aiutare le anime che hanno molto da purificare prima di uscire dal purgatorio, specialmente quella che ora sta soffrendo maggiormente.

Padre nostro
Ave Maria
L'eterno riposo

Signore Gesù Cristo, per la generosità e l'amore con cui sopportasti disprezzi, calunnie e condanna, ti prego di aiutare le anime più prossime ad uscire dal purgatorio, e specialmente quella che potrebbe essere liberata con questa preghiera.

Padre nostro
Ave Maria
L'eterno riposo

Signore Gesù Cristo, per la pazienza e l'amore con cui ti lasciasti flagellare e coronare di spine, ti prego di aiutare le anime del purgatorio che sono più sante e destinate a maggior gloria, specialmente quella che ti è più cara.

Padre nostro
Ave Maria
L'eterno riposo

Signore Gesù Cristo, per l'amore appassionato che ti portò a morire su una croce, ti prego di aiutare le anime del purgatorio che ho conosciuto, specialmente *(nome).*

Padre nostro
Ave Maria
L'eterno riposo

Orazione sulle sette parole di Gesù in Croce

Meditare sulle Parole che Gesù ha pronunciato, stando sulla croce, aiuta ogni persona a lasciarsi profondamente coinvolgere dal mistero d'amore e di misericordia che ricolma il Divino Progetto di Salvezza.

Nel nome del Padre e del Figlio e dello Spirito Santo. Amen.

O Dio, vieni a salvarmi.
Signore, vieni presto in mio aiuto.

Gloria al Padre

PRIMA PAROLA

"Padre, perdonali, perché non sanno quello che fanno".

Padre nostro
Ave Maria
Gloria al Padre

Preghiera per le anime del purgatorio
Signore, che nel dolore della crocifissione invochi la misericordia del Padre per i tuoi nemici, abbrevia la sofferenza alle anime del purgatorio, e accoglile tutte in paradiso.

L'eterno riposo

SECONDA PAROLA

"In verità ti dico, oggi sarai con me nel paradiso"

Padre nostro
Ave Maria
Gloria al Padre

Preghiera per le anime del purgatorio
Signore, che sulla croce hai accolto il pentimento di un uomo colpevole, e ne hai condotto l'anima in paradiso, apri le porte del tuo regno a tutte le anime del purgatorio.

L'eterno riposo

TERZA PAROLA

"Gesù disse alla madre: 'Donna, ecco il tuo figlio!'. Poi disse al discepolo: 'Ecco la tua madre!'"

Padre nostro
Ave Maria
Gloria al Padre

Preghiera per le anime del purgatorio
Signore, che sulla croce hai sofferto anche nel vedere il dolore di Maria, tua Madre, e che dalla croce le hai donato parole di sostegno e di speranza, per intercessione della Vergine Addolorata concedi a tutte le anime del purgatorio il perdono per ogni atto di orgoglio.

L'eterno riposo

QUARTA PAROLA

"Dio mio, Dio mio, perché mi hai abbandonato".

Padre nostro
Ave Maria
Gloria al Padre

Preghiera per le anime del purgatorio
Signore, tu che in croce hai conosciuto la prova del "silenzio" del Padre, non tenere lontano dal tuo cuore le anime del purgatorio. Ammettile a godere la luce del tuo volto.

L'eterno riposo

QUINTA PAROLA

"Ho sete".

Padre nostro
Ave Maria
Gloria al Padre

Preghiera per le anime del purgatorio
Signore, che sulla croce hai sopportato con pazienza il tormento della sete per la salvezza delle anime, abbi pietà della sofferenza di coloro che si trovano in purgatorio. Porta in cielo tutte le loro anime.

L'eterno riposo

SESTA PAROLA
"Tutto è compiuto".

Padre nostro
Ave Maria
Gloria al Padre

Preghiera per le anime del purgatorio

Signore, che dalla croce hai dato al mondo l'annuncio della compiuta Redenzione, fa' che quanti attendono in purgatorio di entrare nel tuo regno possano godere al più presto dei frutti della tua salvezza.

L'eterno riposo

SETTIMA PAROLA
"Padre nelle tue mani consegno il mio spirito".

Padre nostro
Ave Maria
Gloria al Padre

Preghiera per le anime del purgatorio

Signore, che sulla croce ti sei abbandonato con fiducia nelle mani del Padre, ti affidiamo le anime del purgatorio supplicando di condurle presto in paradiso.

L'eterno riposo

Supplica a Gesù per le anime del purgatorio

Nel nome del Padre e del Figlio e dello Spirito Santo. Amen.

O Dio, vieni a salvarmi.
Signore, vieni presto in mio aiuto.

Gloria al Padre

Gesù, per il sudore di Sangue che versasti nell'Orto degli Ulivi, quando ti vedesti ricoperto del cumulo dei peccati degli uomini di tutti i tempi e ne avesti un grande ribrezzo, ma per nostro amore li accettasti su di te, vittima espiatoria dell'umanità, abbi misericordia delle anime dei miei parenti che soffrono in purgatorio.

Padre nostro
Ave Maria
L'eterno riposo

Gesù, per la crudele flagellazione che soffristi legato alla colonna, docile bersaglio di un'umanità empia e scellerata, abbi misericordia delle anime dei miei amici e conoscenti che penano in purgatorio.

Padre nostro
Ave Maria
L'eterno riposo

Gesù, per il casco di spine che ti procurò terribili fitte alla testa e abbondanti perdite di sangue, abbi misericordia dell'anima più abbandonata, priva di suffragi, e di quella che è più lontana ad essere liberata dalle pene del purgatorio.

Padre nostro
Ave Maria
L'eterno riposo

Gesù, per quei dolorosi passi che facesti con la croce sulle spalle che ti procurò una piaga dolorosissima, abbi misericordia dell'anima più prossima ad uscire dal purgatorio, e per le pene che provasti insieme alla tua santissima madre quando vi incontraste lungo la via del Calvario, libera dalle pene del purgatorio le anime che furono devote della più tenera e addolorata delle madri.

Padre nostro
Ave Maria
L'eterno riposo

Gesù, per il tuo santissimo corpo steso sulla croce, per i piedi e le mani trafitte da grossi chiodi, per la morte crudele e per il tuo santissimo cuore aperto dalla lancia, abbi pietà e misericordia delle anime del purgatorio; liberale dalle pene che soffrono, chiamale a te, accoglile finalmente tra le tue braccia in paradiso.

Padre nostro

Ave Maria
L'eterno riposo

Preghiamo

Padre misericordioso, che nella tua grande bontà e nel tuo immenso amore, non hai abbandonato le anime che soffrono in purgatorio, anzi, sei felice di alleviarne le pene per mezzo delle nostre preghiere, ti preghiamo di sollevarle dai tormenti e di esaudirne le preghiere e le suppliche.

Ti ricordiamo, Padre, il Sangue versato da Gesù nella dolorosa passione e morte che sostenne per noi e per loro.

Per tutti i peccati che le anime che ora soffrono in purgatorio commisero, ti offro in riparazione la sua vita santissima e per le pene a cui soggiacciono con tanto dolore, ti offro tutte le penitenze, i digiuni, i sacrifici, le preghiere, le fatiche, le afflizioni, i colpi, le ferite, la passione e la morte che Gesù, innocente e santo, volontariamente sostenne, e ti prego, per tali offerte, di condurle alla gioia eterna.

Amen.

Atto di offerta in suffragio dei fedeli defunti

(MEDITANDO SULLE CINQUE PIAGHE DI NOSTRO SIGNORE GESÙ CRISTO)

Nel nome del Padre e del Figlio e dello Spirito Santo. Amen.

O Dio, vieni a salvarmi.
Signore, vieni presto in mio aiuto.

Gloria al Padre

Signore, ispira le nostre azioni e accompagnale, affinché ogni nostra preghiera e azione cominci da te e da te cominciata sia anche finita.
Per Cristo nostro Signore. **Amen.**

L'eterno riposo

Ti offriamo, Padre misericordioso, per le anime del purgatorio a te tanto care, il Sangue preziosissimo di tuo Figlio Gesù, nostro Salvatore, uscito dal suo piede sinistro trafitto; e il dolore di Maria, sua madre amatissima, presente sul Calvario a questa trafittura.

Padre nostro
Ave Maria
L'eterno riposo

Ti offriamo, Padre misericordioso, per le anime del purgatorio a te tanto care, il Sangue preziosissimo di tuo Figlio Gesù, nostro Salvatore, uscito dal suo piede destro trafitto; e il dolore di Maria, sua madre affettuosissima, presente sul Calvario a questa trafittura.

Padre nostro
Ave Maria
L'eterno riposo

Ti offriamo, Padre misericordioso, per le anime del purgatorio a te tanto care, il Sangue preziosissimo di tuo Figlio Gesù, nostro Salvatore, uscito dalla sua mano sinistra piagata; e il dolore di Maria, sua madre carissima, spettatrice sul Calvario di questa piaga.

Padre nostro
Ave Maria
L'eterno riposo

Ti offriamo, Padre misericordioso, per le anime del purgatorio a te tanto care, il Sangue preziosissimo di tuo Figlio Gesù, nostro Salvatore, uscito dalla sua mano destra piagata; e il dolore di Maria, sua madre dilettissima, spettatrice sul Calvario di questa piaga.

Padre nostro
Ave Maria
L'eterno riposo

Ti offriamo, Padre misericordioso, per le anime del purgatorio a te tanto care, il Sangue preziosissimo e l'acqua uscita dall'aperto costato del tuo Figlio Gesù, nostro Salvatore; e il dolore di Maria, sua madre amorosissima, presente sul Calvario a questa apertura

Padre nostro
Ave Maria
L'eterno riposo

Preghiamo:

Signore Gesù per dare adesso maggior valore alle nostre deboli suppliche, ci rivolgiamo a te. Offri tu stesso all'eterno Padre le sacre piaghe dei piedi, delle mani e del costato, con il Sangue preziosissimo; unitamente alla tua agonia e morte.

Anche tu Maria, vergine addolorata, presenta all'eterno Padre, insieme alla passione del tuo amatissimo Figlio, il pianto, i tormenti e tutti i dolori che hai sofferto davanti a Cristo Crocifisso, affinché, per i meriti che tu hai ottenuto, le anime del purgatorio trovino conforto e possano al più presto partecipare alla gloria dei beati cantando in eterno la misericordia divina. **Amen.**

Sciogli, Signore, le anime di tutti i fedeli defunti da tutto ciò che le lega alle realtà di peccato, affinché con il tuo aiuto possano evitare il dramma di una lontananza definitiva da te.

L'eterno riposo

Dalla porta dell'inferno togli, Signore, le loro anime. Riposino in pace. **Amen.**

Offerta alle piaghe di Gesù per le anime del purgatorio

Meditando sulle cinque piaghe di nostro Signore Gesù Cristo

Nel nome del Padre e del Figlio e dello Spirito Santo. Amen.

O Dio, vieni a salvarmi.
Signore, vieni presto in mio aiuto.

Gloria al Padre.

O Gesù, amabilissimo nostro Redentore che volesti versare tutto il tuo Sangue per la redenzione dei vivi e per suffragare i defunti, per i meriti della piaga che ti fu impressa nella mano sinistra, ti supplichiamo di sollevare le anime che soffrono in purgatorio dalla pena della tua lontananza. Tieni presente, Gesù, che sebbene ti offesero non negarono però di appartenerti, perciò il tuo avvertimento: "Chi mi rinnegherà davanti agli uomini, anch'io lo rinnegherò davanti al Padre mio che è nei cieli" *(Mt 10,33)* non è per loro. Ti preghiamo dunque di cancellare le loro imperfezioni verso il tuo amore dovute essenzialmente alla fragilità umana.

Padre nostro
Ave Maria
L'eterno riposo

O Gesù, Salvatore nostro, vero Dio e vero uomo, che per assolvere noi, miserabili creature, dalle colpe contratte durante la vita e renderci nuovamente capaci dì un rapporto d'amicizia con te *(cfr. Ap 7,14)* offristi tutto te stesso alla divina giustizia come purissimo Agnello di espiazione, ti supplichiamo per i meriti della piaga aperta nella mano destra che ti procurò un immenso dolore, di placare le sofferenze delle anime del purgatorio, e cancellata dalla tua pietà ogni loro imperfezione, gustino la santa pace della tua divina amicizia che tanto desiderano.

Padre nostro
Ave Maria
L'eterno riposo

O Gesù, nostro Creatore e Signore, che per liberarci dalle conseguenze del peccato nella vita terrena e dall'inferno nell'ora della morte scegliesti di pagare con la tua vita, ti supplichiamo per i meriti della piaga del tuo piede sinistro, di liberare le anime che passate all'altra vita, si ritrovano, per qualche loro colpa non ancora purificata, tra i tormenti del purgatorio. O Dio buono e misericordioso, ti preghiamo per loro affinché possano presto correre felici tra i santi nella patria beata del paradiso.

Padre nostro
Ave Maria
L'eterno riposo

O Gesù, celeste sposo delle anime, che per liberarle dai lacci dei principi delle tenebre affrontasti le sofferenze più crudeli, ti preghiamo, per i meriti della piaga del tuo piede destro, di aprire le porte del purgatorio e concessa loro la santa indulgenza che tanto sospirano, fa' che si innalzino gioiose verso di te, amato Signore Dio, e siano consolate per tutta l'eternità.

Padre nostro
Ave Maria
L'eterno riposo

O Gesù, amabilissimo nostro Signore, sposo follemente innamorato, che per donarci la libertà e la luce, volesti assoggettarti alle tenebre ed alla schiavitù della morte più terribile, ti supplichiamo per i meriti della piaga del tuo costato, di concedere la gloria del paradiso alle anime sante che soffrono tanto perché prive della tua presenza. Sii misericordioso con loro e rendile beate chiamandole a te, vera fonte di ogni luce e di ogni bene.

Padre nostro
Ave Maria
L'eterno riposo

O Gesù dolce e misericordioso, prostrati ai tuoi piedi, raccomandiamo al tuo infinito amore le anime dei fedeli defunti, specialmente quelle alle quali noi siamo particolarmente legati. Sappiamo che soffrono tanto e desideriamo dare loro il sollievo della nostra preghiera. Non meritiamo di essere ascoltati perché i nostri peccati sono tanti e offendono te, amore senza limiti, ma ci affidiamo alla tua divina misericordia e ti chiediamo la liberazione di quelle anime sofferenti, offrendoti per loro i meriti della tua dolorosa passione e quelli di Maria Santissima, degli angeli e dei santi. Amabilissimo Gesù, Salvatore nostro, per te, da te ed in te quelle anime possano gustare finalmente il tuo amore eterno e gli splendori ineffabili del paradiso.

De profundis *(vedi pag. 126)*

Coroncina alle cinque piaghe per le anime abbandonate

Meditando sulle cinque piaghe di nostro Signore Gesù Cristo

Nel nome del Padre e del Figlio e dello Spirito Santo. Amen.

O Dio, vieni a salvarmi.
Signore, vieni presto in mio aiuto.

Gloria al Padre

Mio Redentore, adoro profondamente la piaga della tua Mano destra e ti ringrazio per il dolore che in essa volesti soffrire per la nostra salvezza. In questa piaga racchiudo le anime del purgatorio abbandonate da tutti e particolarmente da coloro che utilizzano per loro fini egoistici il denaro da esse lasciato e che avrebbe dovuto essere impiegato in opere di carità o comunque in suffragi per loro sollievo. Dio Eterno, redentore e Padre delle nostre anime, ti prego di consolare con la tua infinita clemenza quelle povere anime afflitte.

Padre nostro

Ave Maria
L'eterno riposo

Mio caro Gesù, adoro profondamente la piaga della tua mano sinistra e ti ringrazio per il dolore che in essa sopportasti per la nostra salvezza. In questa piaga racchiudo le anime dei genitori abbandonati nel purgatorio dai loro figli ingrati. Abbi compassione, eterna Sapienza increata, del dolore che soffrono queste anime infelici nel vedersi abbandonate proprio da coloro che hanno amato e cresciuto.

Padre nostro
Ave Maria
L'eterno riposo

Mio Salvatore, adoro profondamente la piaga del tuo costato che fu prodotta dalla lancia di un soldato dopo la tua morte. In essa racchiudo le anime dei poveri del mondo, a qualsiasi nazionalità appartengano.
Al tuo cuore squarciato affido le anime di coloro che sono vissuti nella fame e tra gli stenti e forse neppure ora hanno qualcuno che si occupi di loro e le aiuti.

Padre nostro
Ave Maria
L'eterno riposo

Eterno Figlio fatto uomo per la mia liberazione, adoro profondamente la piaga del tuo piede destro e ti ringrazio del dolore in essa sopportato per donarmi il paradiso. In questa piaga racchiudo le anime dei bambini vittime dell'aborto o comunque della violenza, accoglili tra le tue braccia amorevoli e perdona anche i loro genitori e quelli che hanno perpetuato i delitti mostruosi contro gli innocenti perché come i tuoi carnefici Gesù, non sapevano valutare l'enormità del peccato che stavano commettendo. Ricorda, Padre misericordioso, che sono anch'essi tuoi figli amati.

Padre nostro
Ave Maria
L'eterno riposo

Eterno Figlio, fatto uomo per donarci la vita, adoro profondamente la piaga del tuo piede sinistro e ti ringrazio del tormento in essa sofferto per renderci felici. In questa piaga racchiudo le anime di coloro che hanno operato per la rovina delle famiglie, e quelle dei giovani che hanno impostato la loro vita nelle frivolezze senza preoccuparsi dei valori sacri che la tua legge ci propone. Gesù mio, se avessero conosciuto te avrebbero potuto comprendere le meraviglie dell'amore vero e la dolcezza della tua vicinanza, ma forse nessuno ha parlato loro della felicità e della pace che solo il tuo amore sa dare. Abbi misericordia, Gesù, Dio-Amore, supplisci alle loro mancanze con il tuo amore purissimo e lavale con il tuo Sangue prezioso, affinché siano presto purificate e possano giungere a saziarsi della gioia senza fine.

Padre nostro
Ave Maria
L'eterno riposo
De profundis *(vedi pag. 126)*

Preghiamo:
Signore Gesù, per avvalorare maggiormente le nostre deboli suppliche, ti preghiamo umilmente di offrire tu stesso all'Eterno Padre il terribile dolore prodotto dalle piaghe dei piedi, delle mani e del costato, insieme col Sangue preziosissimo, con l'agonia e con la tua morte. Preghiamo anche te, addolorata Vergine Maria, di presentare al Padre insieme alla dolorosa passione del tuo Figlio tanto amato, i sospiri, le lacrime e tutte le sofferenze che hai sofferto per le sue pene, affinché, per i meriti del vostro dolore e del vostro amore, le anime che si trovano tra le fiamme del purgatorio siano liberate e possano giungere in cielo per cantare in eterno la divina misericordia. **Amen.**

Preghiera da recitarsi per 33 giorni

La forza e la potenzialità di questa preghiera sono straordinarie. Se recitata con fede e costanza, grandi sono le grazie che essa può far ottenere. Innanzitutto, può servire per la salvezza certa di tante anime del purgatorio che aspettano le nostre preghiere, ma può essere utilizzata anche come preghiera personale per ottenere la grazia a noi necessaria.

La preghiera deve essere ripetuta per 33 giorni. Una volta a settimana si deve prendere la comunione, ed in più la comunione deve essere presa in suffragio di detta anima. Se si riuscirà a far coincidere il 33° giorno con una Festa importante, per esempio il Natale o il giorno dei Santi, la preghiera sarà ancora più forte.

Ogni giorno
Ripetere 33 volte di seguito

"Eterno Padre, io ti offro il Sangue preziosissimo di Gesù Cristo scaturito dalla piaga della ***mano destra*** in suffragio dell'anima più sofferente del purgatorio. Vergine Maria, consolatrice degli afflitti e tu, san Giuseppe intercedi per questa anima. E tu, anima benedetta, vai avanti a Dio, domanda per me questa grazia, e se è utile alla salvezza dell'anima mia fai in modo che mi sia concessa".
Amen.

Ripetere 7 volte di seguito

"Addolorata Vergine Maria prega per quest'anima del purgatorio".

7 L'eterno riposo

Ricorda:

- La prima settimana si offrirà il sangue della ***mano destra.***
- La seconda settimana si offrirà il sangue della ***mano sinistra.***
- La terza settimana si offrirà il sangue del ***piede destro.***
- La quarta settimana si offrirà il sangue del ***piede sinistro.***
- Gli ultimi 5 giorni si offrirà il sangue e l'acqua scaturiti dal ***Sacro Costato.***

Occorrerà, infine, ogni settimana e l'ultimo giorno della preghiera (il 33°) prendere la comunione in suffragio di detta anima.

Si suggerisce nel limite del possibile far coincidere il 33° giorno con una festa importante come il Natale o il giorno dei Santi, perché la preghiera risulti essere ancora più forte.

La Coroncina alla Divina Misericordia

La Coroncina alla Divina Misericordia è stata dettata da Gesù a santa Faustina Kowalska a Vilnius nell'anno 1935. Nelle rivelazioni successive Gesù ha mostrato il valore e l'efficacia di questa preghiera assieme alle promesse ad essa legate.

Egli, infatti, ha promesso chiaramente di concedere grazie eccezionalmente grandi a quelli che reciteranno la Coroncina.

Si tratta delle tre grandi promesse:

1. **Chiunque reciterà questa Coroncina otterrà tanta Misericordia nell'ora della morte, cioè la grazia della conversione e la morte in stato di grazia, anche se si trattasse del peccatore più incallito.**
2. **Gli agonizzanti riceveranno la grazia della conversione e della remissione dei peccati sia se saranno loro stessi a recitarla sia se qualcun'altro la reciterà vicino a loro.**
3. **Tutte le anime che adoreranno la Divina Misericordia e reciteranno la Coroncina nell'ora della morte non avranno paura, poiché la Divina Misericordia li proteggerà in quell'ultima lotta.**

Per la recita della Coroncina
si usa una comune corona del santo Rosario.

Nel nome del Padre e del Figlio e dello Spirito Santo. Amen.

O Dio, vieni a salvarmi.
Signore, vieni presto in mio aiuto.

Padre nostro
Ave Maria
Credo *(vedi pag. 89)*

Sui grani del Padre Nostro si recita la preghiera:
Eterno Padre, ti offro il Corpo e il Sangue, l'anima e la Divinità del tuo dilettissimo Figlio e Signore nostro Gesù Cristo.
In espiazione dei nostri peccati e di quelli del mondo intero.

Sui grani dell'Ave Maria si recita la preghiera:
Per la sua dolorosa Passione.
Abbi Misericordia di noi e del mondo intero.

Per finire si ripete tre volte l'invocazione:
Santo Dio, Santo Forte, Santo Immortale.
Abbi pietà di noi e del mondo intero.

Litanie alla Divina Misericordia

Signore, pietà

Signore, pietà

Cristo, pietà

Cristo, pietà

Signore, pietà

Signore, pietà

Cristo, ascoltaci

Cristo, ascoltaci

Cristo, esaudiscici

Cristo, esaudiscici

Padre, del Cielo che sei Dio

abbi pietà di noi

Figlio, redentore del mondo, che sei Dio

abbi pietà di noi

Spirito Santo, che sei Dio

abbi pietà di noi

Santa Trinità, unico Dio

abbi pietà di noi

Misericordia di Dio, che scaturisci dal seno del Padre

Confidiamo in te

Misericordia di Dio, massimo attributo della Divinità

Confidiamo in te

Misericordia di Dio, mistero incomprensibile

Confidiamo in te

Misericordia di Dio, sorgente che sgorghi
dal mistero della Santissima Trinità

Confidiamo in te

Misericordia di Dio, che nessuna mente
umana né angelica può comprendere

Confidiamo in te

Misericordia di Dio, da cui proviene
ogni vita e felicità

Confidiamo in te

Misericordia di Dio, più sublime dei cieli

Confidiamo in te

Misericordia di Dio,
sorgente di stupende meraviglie

Confidiamo in te

Misericordia di Dio,
che abbracci tutto l'universo

Confidiamo in te

Misericordia di Dio,
che ti incarni nella persona del Verbo Divino

Confidiamo in te

Misericordia di Dio,
che scorresti dalla ferita aperta del Cuore di Gesù

Confidiamo in te

Misericordia di Dio,
rinchiusa nel Cuore di Gesù per noi
e soprattutto per i peccatori

Confidiamo in te

Misericordia di Dio,
imperscrutabile nell'istituzione dell'Eucaristia

Confidiamo in te

Misericordia di Dio,
che fondasti la santa Chiesa

Confidiamo in te

Misericordia di Dio,
che istituisti il Sacramento del Battesimo
Confidiamo in te
Misericordia di Dio,
che ci giustifichi attraverso Gesù Cristo
Confidiamo in te
Misericordia di Dio,
che per tutta la vita ci accompagni
Confidiamo in te
Misericordia di Dio,
che ci abbracci specialmente nell'ora della morte
Confidiamo in te
Misericordia di Dio,
che ci doni la vita immortale
Confidiamo in te
Misericordia di Dio,
che ci segui in ogni istante della nostra esistenza
Confidiamo in te
Misericordia di Dio,
che ci proteggi dal fuoco dell'inferno
Confidiamo in te
Misericordia di Dio,
meraviglia per gli angeli, incomprensibile ai santi
Confidiamo in te
Misericordia di Dio,
presente in tutti i divini misteri
Confidiamo in te
Misericordia di Dio,
che ci sollevi da ogni miseria
Confidiamo in te
Misericordia di Dio, sorgente d'ogni nostra gioia
Confidiamo in te

Misericordia di Dio,
che dal nulla ci chiamasti all'esistenza
Confidiamo in te
Misericordia di Dio,
che abbracci tutte le opere nelle tue mani
Confidiamo in te
Misericordia di Dio,
che coroni tutto ciò che esiste ed esisterà
Confidiamo in te
Misericordia di Dio, in cui tutti siamo immersi
Confidiamo in te
Misericordia di Dio,
amabile sollievo dei cuori disperati
Confidiamo in te
Misericordia di Dio,
in cui i cuori riposano e gli spauriti trovano pace
Confidiamo in te
Misericordia di Dio,
che infondi speranza contro ogni speranza
Confidiamo in te

Agnello di Dio, che togli i peccati del mondo.
Perdonaci, Signore.

Agnello di Dio, che togli i peccati del mondo.
Ascoltaci, Signore.

Agnello di Dio, che togli i peccati del mondo.
Abbi pietà di noi.

Preghiamo:
Dio Eterno, la cui Misericordia è infinita e in cui il tesoro della compassione è inesauribile, rivolgi a noi uno sguardo di bontà e moltiplica in noi la tua Misericordia, affinché nei momenti difficili non ci perdiamo d'animo e non smarriamo la speranza, ma, con la massima fiducia, ci sottomettiamo alla tua santa volontà, la quale è amore e misericordia.
Amen.

Corona di Cento Requiem

Anna Maria Taigi era devotissima delle anime del purgatorio. Nella sua pietà amava suffragare le anime sante con la recita di cento requiem. Ella testimonia di aver ottenuto da Dio molti celesti favori nelle circostanze più diverse e nei bisogni più gravi, spirituali e temporali. Sull'esempio della beata Anna Maria anche noi possiamo praticare la devozione delle cento requiem per le anime del purgatorio.

Si può anche utilizzare una comune corona del santo Rosario e percorrerla tutta due volte, oppure utilizzare proprio la Corona di Cento Requiem (che è disponibile presso l'Editrice Shalom citando il ***cod. 4434****):*
Presso l'Editrice Shalom è disponibile anche un piccolo libretto di 32 pagine incentrato tutto sulla Corona di Cento Requiem:
per richiederlo citare il ***cod. 8181***

Nel nome del Padre e del Figlio e dello Spirito Santo. Amen.

O Dio, vieni a salvarmi,
Signore, vieni presto in mio aiuto.

Gloria al Padre

PRIMA DECINA

Sulla crociera si recita la preghiera:

Ti offro, adorato mio Gesù, in aiuto delle anime del purgatorio, i meriti dei patimenti e dei dolori da te sofferti per la nostra redenzione; e incomincio dal contemplare quel Sangue, che trasudò dal tuo Corpo per la tristezza e l'angoscia che ti assalì nell'Orto degli Ulivi.

Sui 10 grani dell'Ave Maria si recita la preghiera:

L'eterno riposo

Al posto del Gloria al Padre si recitano le seguenti due preghiere:

Anime sante, anime del purgatorio, pregate Dio per me, ch'io pregherò per voi, perché vi doni la gloria del paradiso.

De Profundis *(vedi pag. 126)*

SECONDA DECINA

Ti offro, adorato mio Gesù, per le anime del purgatorio, la somma afflizione che ti strinse il cuore nel vedere un tuo discepolo, Giuda, da te amato e beneficato, il quale, fattosi persecutore, con bacio sacrilego ti tradì per consegnarti nelle mani di crudeli nemici.

10 L'Eterno riposo

Anime sante, anime del purgatorio, pregate Dio per me, ch'io pregherò per voi, perché vi doni la gloria del paradiso.

De Profundis *(vedi pag. 126)*

TERZA DECINA

Ti offro, adorato mio Gesù, per le anime del purgatorio, la mirabile pazienza con cui sopportasti tanti oltraggi dai vili soldati che ti trascinarono da Anna a Caifa, da Pilato ad Erode, il quale, per maggior disprezzo, facendoti indossare la veste dei folli, tra le beffe e le derisioni del popolo, ti rimandò al governatore romano.

10 L'Eterno riposo

Anime sante, anime del purgatorio, pregate Dio per me, ch'io pregherò per voi, perché vi doni la gloria del paradiso.

De Profundis *(vedi pag. 126)*

QUARTA DECINA

Ti offro, adorato mio Gesù, per le anime del purgatorio, l'amarezza che turbò il tuo spirito allorché i Giudei preferirono Barabba, sedizioso ed omicida, a te, giusto e innocente; poi, legato alla colonna, senza alcuna pietà, fosti percosso con innumerevoli frustate.

10 L'Eterno riposo

Anime sante, anime del purgatorio, pregate Dio per me, ch'io pregherò per voi, perché vi doni la gloria del paradiso.

De Profundis *(vedi pag. 126)*

QUINTA DECINA

Ti offro, adorato mio Gesù, per le anime del purgatorio, l'umiliazione da te tollerata, quando, per trattarti da finto re, ti posero sulle spalle un cencio di porpora, ti diedero per scettro una canna, ti cinsero il capo con la tormentosa corona di spine, e così Pilato ti mostrò al popolo con le parole: *Ecce Homo!*

10 L'Eterno riposo

Anime sante, anime del purgatorio, pregate Dio per me, ch'io pregherò per voi, perché vi doni la gloria del paradiso.

De Profundis *(vedi pag. 126)*

SESTA DECINA

Ti offro, adorato mio Gesù, per le anime del purgatorio, l'ineffabile rammarico che provasti quando contro di te si gridò: *Crocifiggilo, crocifiggilo!* ed il penoso peso sostenuto con sublime rassegnazione lungo la via del Calvario, col pesante legno della croce sulle spalle.

10 L'Eterno riposo

Anime sante, anime del purgatorio, pregate Dio per me, ch'io pregherò per voi, perché vi doni la gloria del paradiso.

De Profundis *(vedi pag. 126)*

SETTIMA DECINA

Ti offro, adorato mio Gesù, per le anime del purgatorio, la compassione pietosa, e il dolore profondo da te interamente sentito, allorquando dalla tua diletta Madre, venuta ad incontrarti e ad abbracciarti, fosti con tanta violenza separato.

10 L'Eterno riposo

Anime sante, anime del purgatorio, pregate Dio per me, ch'io pregherò per voi, perché vi doni la gloria del paradiso.

De Profundis *(vedi pag. 126)*

OTTAVA DECINA

Ti offro, adorato mio Gesù, per le anime del purgatorio, gli inauditi tormenti che patisti quando, disteso sulla croce il tuo corpo sanguinante, fosti orribilmente trafitto con chiodi nelle mani e nei piedi, e innalzato sopra l'infamante patibolo.

10 L'Eterno riposo

Anime sante, anime del purgatorio, pregate Dio per me, ch'io pregherò per voi, perché vi doni la gloria del paradiso.

De Profundis *(vedi pag. 126)*

NONA DECINA

Ti offro, adorato mio Gesù, per le anime del purgatorio le angosce e le pene che, per tre ore continue, sopportasti pendente dalla croce, e gli spasimi che soffristi in tutte le membra, accresciuti dalla presenza della tua addolorata Madre, testimone di una simile straziante agonia.

10 L'Eterno riposo

Anime sante, anime del purgatorio, pregate Dio per me, ch'io pregherò per voi, perché vi doni la gloria del paradiso.

De Profundis *(vedi pag. 126)*

DECIMA DECINA

Ti offro, adorato mio Gesù, per le anime del purgatorio, la desolazione da cui fu oppressa la Vergine Santissima nell'assistere alla tua morte, e lo schianto del suo tenero cuore nell'accoglierti esanime, deposto dalla croce, tra le sue braccia.

10 L'Eterno riposo

Anime sante, anime del purgatorio, pregate Dio per me, ch'io pregherò per voi, perché vi doni la gloria del paradiso.

De Profundis *(vedi pag. 126)*

Rosario in onore del Sangue Preziosissimo di Gesù

Si utilizza una comune corona del santo Rosario

Il testo di questa preghiera insieme a molte altre dedicate al Preziosissimo Sangue sono contenute nella raccolta **"Preghiere al Preziosissimo Sangue di Gesù Cristo"** *che si può acquistare nelle librerie cattoliche, presso i santuari o si può ordinare e ricevere comodamente a casa propria, telefonando all'Editrice Shalom e citando il* ***codice 8158*** *o visitando il suo sito internet* *(vedi pag. 4).*

Nel nome del Padre e del Figlio e dello Spirito Santo. Amen.

O Dio, vieni a salvarmi.
Signore, vieni presto in mio aiuto.

Gloria al Padre

Primo mistero doloroso

L'agonia di Gesù nel Getsemani

Padre nostro

Ad ogni grano si legge la supplica e si recita l'Ave Maria:

In ricordo del Sangue preziosissimo che versasti nel Getsemani, quando ti fu presentato l'amaro calice della tua passione e morte, ti supplichiamo, o Redentore divino, di liberare le anime che soffrono in purgatorio per i peccati di scandalo e di concederci la grazia di essere per il nostro prossimo un esempio edificante con una vita interamente cristiana.

Ave Maria

Per il sangue preziosissimo scaturito come sudore mentre eri in preda all'angoscia, ti supplichiamo, ammirabile Gesù, di liberare le anime che gemono in purgatorio per essere stati pigri e di renderci sempre retti nel seguire la tua Parola.

Ave Maria

Per la solitudine provata nell'orto del Getsemani, quando tutti dormivano, ti supplichiamo, amabile Gesù, di liberare le anime che soffrono in purgatorio per i peccati di gelosia e di concederci di non sentire il nostro prossimo come una proprietà.

Ave Maria

Per le sofferenze che di lì a poco avresti patito sulla croce, ti supplichiamo, ammirabile Gesù, di liberare le anime che soffrono in purgatorio per la croce della prostituzione e di concederci la grazia di incarnare il tuo amore.

Ave Maria

Per tutti i dolori provati durante la tua vita umana, ti supplichiamo, ammirabile Gesù, per le anime che soffrono in purgatorio per i peccati di diffidenza e di concederci una cristiana apertura verso i fratelli.

Ave Maria

Per il sangue preziosissimo che avresti versato durante tutta la tua Passione, ti supplichiamo, ammirabile Gesù, di liberare le anime che gemono in purgatorio per la dipendenza dall'alcool e di concederci una vita cristiana retta.

Ave Maria

Per il dolore provato a causa del tradimento di uno dei tuoi, ti supplichiamo, amabile Gesù, per le anime che soffrono in purgatorio per aver parlato male dei sacerdoti e di concederci un parlare che sia "sì, sì; no, no".

Ave Maria

Per l'umiliazione provata nel momento dell'arresto, e il dolore e la sofferenza dovuta all'abbandono dei tuoi, ti supplichiamo, ammirabile Gesù, di liberare le anime che soffrono in purgatorio per i peccati di razzismo e di concederci una vita accogliente e pronta ai bisogni altrui.

Ave Maria

Per l'amore che hai profuso su di noi sottoponendoti al giudizio degli uomini davanti al sinedrio, ti supplichiamo, ammirabile Gesù, di liberare le anime che soffrono in purgatorio per non aver rispettato il voto di ubbidienza e di concederci una vita conforme al tuo volere.

Ave Maria

Per tutte le umiliazioni patite, ti supplichiamo, ammirabile Gesù, di liberare le anime che soffrono in purgatorio per non aver rispettato il voto di povertà e di concederci il dono della povertà del cuore.

Ave Maria
Gloria al Padre

SECONDO MISTERO DOLOROSO

LA FLAGELLAZIONE DI GESÙ ALLA COLONNA

Padre nostro

In ricordo del Sangue preziosissimo che cadde al suolo quando fosti presentato al popolo dalla loggia di Pilato, ti supplichiamo, amatissimo Salvatore, di liberare le anime che soffrono in purgatorio per i peccati d'invidia, e di concederci la grazia di essere sempre lieti del bene di tutti, anche dei nostri nemici.

Ave Maria

Per gli insulti patiti di fronte al popolo, ti supplichiamo, amabile Gesù, di liberare le anime che soffrono in purgatorio per esser stati dipendenti da droghe e di concederci la grazia di un totale abbandono a te.

Ave Maria

Per il tuo sangue preziosissimo del cui spargimento Pilato si lavò le mani, ti supplichiamo di liberare le anime che soffrono in purgatorio per aver trascurato i propri doveri di studio o lavoro e di concederci la buona volontà nel fare le cose.

Ave Maria

Per il dolore di vedere Barabba preferito a te, ti supplichiamo, ammirabile Gesù, di liberare le anime che penano in purgatorio per aver danneggiato le sostanze altrui e di concederci una vita rispettosa delle cose altrui.

Ave Maria

In ricordo del Sangue preziosissimo che uscì dal tuo corpo durante la flagellazione, ti supplichiamo, o amabilissimo Gesù, di liberare le anime che soffrono in purgatorio per i peccati contro la purezza e di concederci la grazia di essere per tutto il tempo della nostra vita, veramente puri di mente, di corpo e di cuore.

Ave Maria

Per il dolore provato durante la flagellazione, ti supplichiamo, amabile Gesù, di liberare le anime che soffrono in purgatorio per i peccati legati alla pornografia e di concederci di rispettare sempre l'origine divina del corpo nostro e altrui.

Ave Maria

In ricordo del Sangue preziosissimo che scese sulla colonna alla quale fosti legato, o Gesù misericordioso, ti supplichiamo di liberare le anime che soffrono in purgatorio per i peccati di superbia e di vanagloria, e di concederci la grazia di essere sempre umili nei pensieri, nelle parole e nelle opere.

Ave Maria

Per l'umiliazione provata alla colonna, ti supplichiamo, amabile Gesù, di liberare le anime che soffrono in purgatorio per i peccati di orgoglio e di concederci una vita cristiana umile e caritatevole.

Ave Maria

In ricordo del Sangue preziosissimo che scese dalle tue braccia, noi ti supplichiamo, o Sommo ed unico Bene, di liberare le anime che soffrono in purgatorio per non aver osservato il tuo precetto festivo, e di concederci la grazia di santificare le feste con pratiche di devozione e di pietà, e con opere di misericordia.

Ave Maria

In ricordo del Sangue preziosissimo profuso dal tuo adorabile Corpo, ti supplichiamo, o Dio innamorato degli uomini, di liberare le anime che gemono in purgatorio per la trascuratezza nel ricevere i santi Sacramenti, e di concederci il favore di accostarci frequentemente e con le necessarie disposizioni a queste fonti della grazia da te istituite per la nostra santificazione.

Ave Maria
Gloria al Padre

TERZO MISTERO DOLOROSO

GESÙ È CORONATO E CONDANNATO A MORTE

Padre nostro

In ricordo del Sangue preziosissimo che cadde dal tuo corpo piagato nel salire la scala del pretorio, ti supplichiamo, o dolcissimo Gesù, di liberare le anime che gemono in purgatorio per i peccati di gola, e di concederci la grazia di essere temperanti e mortificati nel cibo e nel bere.

Ave Maria

Per le umiliazioni provate nel pretorio, ti supplichiamo, amabile Gesù, di liberare le anime che soffrono in purgatorio per i peccati di impazienza e di renderci sempre pazienti e disponibili per il prossimo.

Ave Maria

In ricordo del Sangue preziosissimo che uscì dalle tue piaghe quando ti tolsero le vesti, noi ti supplichiamo, o Gesù, di liberare le anime che si trovano in purgatorio per il peccato di bestemmia, e di concederci la grazia di onorare sempre il tuo nome adorabile.

Ave Maria

In ricordo del Sangue preziosissimo che scese sul tuo bel volto nell'incoronazione di spine, noi ti supplichiamo, adorabile Gesù, di liberare le anime che soffrono in purgatorio per i peccati di collera e di concederci la grazia di essere, a tua somiglianza, mansueti e pazienti in tutte le contrarietà della vita.

Ave Maria

Per le lacerazioni dovute alla corona di spine, ti supplichiamo, amabile Gesù, di liberare le anime che soffrono in purgatorio per i peccati d'immodestia e di concederci di riconoscere tutte le nostre buone qualità, come doni divini e non come nostri meriti.

Ave Maria

In ricordo del Sangue preziosissimo che uscì dal tuo capo adorabile, noi ti supplichiamo, o Gesù, di liberare le anime che soffrono in purgatorio per i peccati di accidia, e di concederci la grazia di essere sempre fervorosi nell'obbedienza alla tua legge d'amore e zelanti nel lavorare per la tua gloria e per il bene dei nostri fratelli.

Ave Maria

In ricordo del Sangue prezioso di cui fu intriso il tuo volto dolcissimo, ti supplichiamo, o Salvatore Divino, di liberare le anime che soffrono in purgatorio per i peccati di avarizia, di concederci la grazia di avere il cuore staccato dai beni effimeri di questa vita terrena, e di aspirare costantemente alle cose celesti.

Ave Maria

In ricordo del Sangue prezioso che scese sulla tua fronte, noi ti supplichiamo, o dolcissimo Gesù, di liberare le anime che gemono in purgatorio per aver temporaneamente apostatato dalla fede e di concederci la grazia di essere sempre fedeli alla tua santa legge, agli insegnamenti ed ai desideri della santa Chiesa e del Santo Padre.

Ave Maria

In ricordo del Sangue preziosissimo sceso sui tuoi dolci occhi, noi ti supplichiamo, o Gesù, di liberare le anime che si trovano in purgatorio per aver posposto l'amore del Creatore a quello delle creature, e di concederci la grazia di conoscerti e di amarti costantemente sopra tutte le cose, con tutta la nostra mente, con tutto il nostro cuore, con tutte le nostre forze.

Ave Maria

Per la sofferenza dovuta agli insulti e agli sputi, ti supplichiamo, ammirabile Gesù, per tutte le anime che soffrono in purgatorio per aver danneggiato temporaneamente il Papa o la Chiesa e di concederci la grazia della fedeltà alla retta Dottrina.

Ave Maria
Gloria al Padre

QUARTO MISTERO DOLOROSO

LA SALITA DI GESÙ AL CALVARIO SOTTO IL PESANTE LEGNO DELLA CROCE

Padre nostro

Per il Sangue preziosissimo uscito dalle ferite aperte nella prima caduta sulla via del Calvario, noi ti supplichiamo, o Gesù mite e sofferente, di liberare le anime che penano in purgatorio per aver recato danno al prossimo nella persona e di concederci la grazia di essere sempre pronti ad aiutare i nostri fratelli.

Ave Maria

Per le cadute subite a causa del peso della croce, ti supplichiamo, ammirabile Gesù, di liberare le anime che penano in purgatorio per aver danneggiato le sostanze altrui e di concederci una vita rispettosa delle cose altrui.

Ave Maria

Per il Sangue preziosissimo uscito dalle ferite aperte nella seconda caduta sulla via del Calvario, ti supplichiamo, Agnello Immacolato, di liberare le anime che gemono in purgatorio per bugie o per false testimonianze, e di concederci la grazia di proclamare sempre davanti a tutti la verità e la giustizia che sono in te.

Ave Maria

Per il Sangue preziosissimo che hai impresso nel santo telo con cui le pie donne ti asciugarono il volto lungo la via del Calvario, ti supplichiamo, o Gesù umile e generoso, di liberare le anime che soffrono in purgatorio per non aver onorato ed ubbidito ai genitori o per non aver educato cristianamente i figli, e di concederci la grazia di essere sempre rispettosi ed ubbidienti nei riguardi dei nostri superiori, e solleciti del bene religioso e morale della gioventù.

Ave Maria

Per le sofferenze subite nel portare la croce, ti supplichiamo, ammirabile Gesù, di liberare le anime che gemono in purgatorio per non aver rispettato il voto di castità e di concederci la purezza del corpo e dello spirito.

Ave Maria

Per il Sangue preziosissimo uscito dalle ferite aperte nella terza caduta sulla via del Calvario, ti supplichiamo, o clementissimo Gesù, di liberare le anime che soffrono in purgatorio per l'inosservanza dei doveri del proprio stato, e di concederci la grazia di essere sempre pronti ad adempiere con amore ai nostri doveri verso di te e verso il prossimo.

Ave Maria

Per il Sangue preziosissimo che cadde a terra lungo tutta la via del Calvario, ti supplichiamo, o Redentore Divino, di liberare le anime che penano in purgatorio per essersi dedicate a letture o passatempi immorali, e di concederci la grazia di stare lontani dalla cattiva stampa o dai programmi radio-televisivi discutibili, per dedicarci con perseveranza e arricchimento spirituale alle letture edificanti e formative per la nostra anima.

Ave Maria

Per il dolore che come uomo hai provato a causa del distacco da tua madre e da coloro che amavi ti supplichiamo, ammirabile Gesù, di liberare le anime che soffrono in purgatorio per aver tralasciato i propri doveri di genitori e di sostenerci con il tuo Pane di vita lungo il nostro pellegrinaggio terreno.

Ave Maria

Per il Sangue preziosissimo che sgorgò abbondantemente dalla piaga aperta sulla spalla per portare la croce lungo il Calvario ti supplichiamo, dolcissimo Gesù, di liberare le anime che gemono in purgatorio per la trascuratezza nelle fede, e di concederci uno zelo illuminato e costante nel sostenere la gloria di Dio ed il bene delle anime.

Ave Maria

Per il Sangue preziosissimo uscito dalla piaga aperta sulle spalle dal pesante legno della Croce, ti supplichiamo, dolcissimo Gesù, di liberare le anime che penano in purgatorio per negligenza nell'ascoltare la santa messa e la Parola di Dio, e di concedere a noi la grazia di corrispondere adeguatamente a questi doni inestimabili che ci hai lasciato per renderci sempre più simili a te.

Ave Maria
Gloria al Padre

QUINTO MISTERO DOLOROSO

La crocifissione e morte di Gesù dopo tre ore di agonia

Padre nostro

Per il Sangue preziosissimo scaturito dalla tua mano destra quando fosti brutalmente inchiodato in Croce, noi ti supplichiamo, o mansuetissimo Gesù, di liberare le anime che soffrono in purgatorio per aver frequentato cattive compagnie, e di concederci la grazia di evitare la compagnia delle persone che in qualsiasi modo c'inducono ad offendere la tua santa Legge e quella della Chiesa.

Ave Maria

Per il Sangue preziosissimo scaturito dalla tua mano sinistra, ti supplichiamo, o Gesù docile e obbediente, di liberare le anime che gemono in purgatorio per aver trascurato le esigenze dell'amore ai fratelli, e di concederci la grazia di vedere sempre te in loro.

Ave Maria

Per il Sangue preziosissimo scaturito dal tuo piede destro, noi ti supplichiamo, adorabile Gesù, di liberare le anime che penano in purgatorio per peccati di rispetto umano, e ti chiediamo di concederci la grazia di procedere coraggiosamente nella pratica delle virtù cristiane e nel fervore dell'impegno religioso.

Ave Maria

Per il Sangue preziosissimo scaturito dal tuo piede sinistro, ti supplichiamo, o Verbo di Dio, di liberare le anime che soffrono in purgatorio per distrazioni e negligenze nelle pratiche di devozione, e di concederci la grazia del fervore e del raccoglimento nella preghiera e negli atti di pietà cristiana.

Ave Maria

Per il Sangue preziosissimo che scaturì dalle tue ferite quando fosti sollevato sulla Croce e questa fu bruscamente infilata sulla cima del Calvario, noi ti supplichiamo, o clementissimo Gesù, di liberare le anime

dalle pene che soffrono in purgatorio per aver in qualche modo favorito le società segrete ispirate a principi contrari alla Chiesa e alla sua dottrina, e di concederci la grazia di sostenere con tutte le nostre forze le svariate istituzioni che fioriscono in seno alla Chiesa cattolica.

Ave Maria

Per il Sangue preziosissimo che uscì dalle tue piaghe durante le tre ore di agonia sulla Croce, noi ti supplichiamo, Figlio del Dio vivente, di liberare le anime che soffrono in purgatorio per non aver corrisposto alle ispirazioni della tua grazia, e di concederci il grande dono di conformarci sempre alla tua santa volontà.

Ave Maria

In memoria del Sangue preziosissimo, uscito in abbondanza dal tuo costato trafitto e dal tuo Cuore lacerato, ti supplichiamo, o clementissimo Gesù, di liberare le anime sofferenti del purgatorio per mormorazioni contro il prossimo, e di concederci la grazia di amare sempre i nostri simili.

Ave Maria

Per il Sangue preziosissimo che scese sulla Croce e sul terreno intorno, noi ti supplichiamo, mitissimo Gesù, di liberare le anime che gemono in purgatorio a causa di discorsi offensivi verso la fede e la morale, e di concederci la grazia d'essere sempre prudenti e casti nelle parole, e di osservare a tempo debito la virtù del silenzio.

Ave Maria

Per le ultime gocce del Sangue preziosissimo di cui erano cosparse le tue piaghe nella deposizione della Croce, ti supplichiamo, o Signore Crocifisso, di liberare le anime che penano in purgatorio per poca corrispondenza alle tue grazie, e di concederci il dono di conoscere chiaramente le tue chiamate e di uniformare ad esse con animo riconoscente la nostra condotta.

Ave Maria

Per il Sangue preziosissimo di cui fu impressa la santa Sindone, noi ti supplichiamo, o amorevole Salvatore, di liberare le anime che soffrono in purgatorio per averti offeso in qualsiasi modo con i pensieri, con le parole e con le azioni, e di concederci la grazia di metterci risolutamente sulla via della santità, affinché nel giorno della nostra morte possiamo pervenire nel regno della beatitudine eterna.

Ave Maria
Gloria al Padre

Salve Regina

Coroncina delle sante Piaghe di nostro Signore

Tra le varie forme di preghiera che la pietà religiosa sviluppa nella Chiesa con riferimento alla devozione delle Stimmate del Signore Gesù si ricorda la "Coroncina delle cinque Piaghe". Mezzo potentissimo per ottenere grazie e santità per sé e strumento di sollievo per i sofferenti e ammalati, essa diviene fondamentale anche per le anime del purgatorio come disse Gesù stesso a Suor Maria Marta Chambon (1841-1904) in una apparizione privata:

- "Le sante Piaghe sono il Tesoro dei tesori per le anime del purgatorio".
- "La devozione alle Mie Piaghe è il rimedio per questo tempo d'iniquità".

Presso l'Editrice Shalom è disponibile anche un piccolo libretto di 64 pagine incentrato tutto su ***Le sante Piaghe di nostro Signore Gesù Cristo*** *per richiederlo citare il* ***cod. 8194***

Questa coroncina si recita servendosi di una comune corona del santo Rosario e si comincia con le seguenti preghiere:

Nel nome del Padre e del Figlio e dello Spirito Santo. Amen.

O Dio, vieni a salvarmi.
Signore, vieni presto in mio aiuto.

Gloria al Padre

Invocazioni:

1. Gesù, Divin Redentore, sii misericordioso per noi e per il mondo intero. Amen.

2. Dio santo, Dio forte, Dio immortale, abbi pietà di noi e del mondo intero. Amen.

3. O Padre Eterno, usaci Misericordia per il Sangue di Gesù Cristo tuo unico Figlio, usaci Misericordia, noi te ne scongiuriamo. **Amen.**

Gloria al Padre

Sui grani piccoli della corona:

Gesù mio perdono e Misericordia,
per i meriti delle tue sante Piaghe.

Sui grani grossi della corona:

Eterno Padre, ti offro le piaghe di nostro Signore Gesù Cristo,
per guarire quelle delle anime nostre.

Al termine si ripete tre volte:

Eterno Padre, ti offro le piaghe di nostro Signore Gesù Cristo,
per guarire quelle delle anime nostre.

La Via Crucis

ASPETTI INTRODUTTIVI

La meditazione sulla passione e sulla morte di Gesù aiuta a meglio contemplare la Persona di Gesù Salvatore, così da conoscerla più profondamente, nella gratitudine e nella lode. In tale contesto un primo dato emerge immediato dalla riflessione sul testo biblico: è quello che riguarda l'amore immenso che spinge Dio ad entrare nella storia umana, "a farsi come noi", ponendosi dalla parte dei poveri. Dei "poveri di Iahwè", in particolare. Di persone cioè che nella loro vita quotidiana, segnata dall'umiltà, riescono ad affrontare le avversità con la convinzione che ogni attimo di vita non è legato all'imprevedibilità del caso, ma rientra in un progetto di salvezza offerto dalla provvidenza di un Padre ricco di misericordia. Mediante il Mistero della Passione-Morte, Gesù offre la propria vita al Padre in espiazione delle colpe, dei peccati di tutti gli esseri umani. Rimane così vittima per i fratelli, ma non è un vinto dagli eventi, pur duri e dolorosi.

La Persona del Cristo, servo di Jahwè, sfigurato dalle percosse, umiliato dagli oltraggi, sfinito dalla perdita di sangue che esce dalle piaghe, spinge il credente verso un atteggiamento di intensa compassione, di vivo amore, di riconoscente ammirazione.

L'Uomo dei dolori trasmette un messaggio di vera speranza. Pur provato emotivamente e fisicamente, trova nell'obbedienza totale al Padre e nell'immenso amore che ha per i "suoi" amici la forza di portare a termine la sua missione redentrice. Obbedienza e amore trasformano la Croce in un trono di gloria, e il Crocifisso in un Re che apre le porte del paradiso, oggi, a chi si abbandona in lui, pur nella sofferenza e nell'angoscia.

Ogni essere umano, grazie alla presenza salvifica dell'Emmanuele, ha così la possibilità di scegliere con riferimento al suo rapporto con Dio e alla sua storia personale.

Lo fa proprio sulla via della croce!

Come condannato (una invalidità permanente, una malattia in fase terminale), può accettare di portare la croce offrendo in modo libero la sua sofferenza a Dio per la propria santificazione e per quella dei fratelli.

Come viandante nell'esodo terreno, ogni persona ha la possibilità di dare risposte diverse nell'ora dell'incontro con il Crocifisso.

Può, per incarico ricevuto, caricarsi della croce altrui, a somiglianza del Cireneo; può, come la Veronica, farsi volontariamente incontro a chi, nella sofferenza, è stato abbandonato da tutti e rompere, con un gesto di carità, le mura che circondano l'emarginato di ogni tempo e luogo; può, come le donne di Gerusalemme, cercare di consolare chi percorre la propria via crucis, oppure può scegliere di essere tra gli indifferenti esecutori di una condanna, o tra i rapaci profittatori della sventura altrui (come lo furono quei soldati che si divisero le vesti del Cristo...).

Può accettare di essere chiamato, come Giuseppe d'Arimatea, ad offrire luoghi di sepoltura, o, come Giovanni, a ricevere nei propri ambienti, e soprattutto nel proprio cuore, la madre del Crocifisso.

IN MEMORIA DELLA PASSIONE E MORTE DEL SIGNORE

(dal Manuale delle indulgenze, libreria Editrice Vaticana, 1999)

Si concede l'indulgenza plenaria al fedele che:

1. *nella solenne azione liturgica del Venerdì santo partecipa devotamente all'adorazione della Croce;*

2. *compie il pio esercizio della Via Crucis o vi si unisce devotamente mentre esso è compiuto dal Sommo Pontefice e viene trasmesso per mezzo della televisione o della radio.*

Le indulgenze di cui sopra (o l'una o l'altra) si possono lucrare solo il Venerdì santo.

Il pio esercizio della Via Crucis, invece, si può compiere anche ogni giorno, ottenendo, ogni giorno, l'indulgenza plenaria, per esempio trattenendosi in chiesa dopo la messa o sostando (in gruppo o da soli) in raccolta preghiera o meditazione davanti alle 14 stazioni. Si ricordi tuttavia che l'indulgenza plenaria può ottenersi (per se stessi o per le anime del purgatorio) non più di una volta al giorno, purché si sia distaccati dal peccato e in grazia di Dio. Alla fine della "Via Crucis" aggiungere sempre un Pater, Ave e Gloria, o altra preghiera, per le intenzioni del Sommo Pontefice. Ecco quanto si legge nel Manuale delle indulgenze riguardo alla "Via Crucis".

Il pio esercizio della Via Crucis rinnova il ricordo dei dolori che il divino Redentore patì nel tragitto dal pretorio di Pilato, dove fu condannato a morte, fino al monte Calvario, dove per la nostra salvezza morì in croce.

Per l'acquisto dell'indulgenza plenaria valgono queste norme:

1. *Il pio esercizio deve essere compiuto dinanzi alle stazioni della Via Crucis legittimamente erette.*

2. Per l'erezione della Via Crucis occorrono quattordici croci, alle quali si sogliono utilmente aggiungere altrettanti quadri o immagini che rappresentano le stazioni di Gerusalemme.

3. Secondo la più comune consuetudine il pio esercizio consta di quattordici pie letture, alle quali si aggiungono alcune preghiere vocali. Tuttavia per il compimento del pio esercizio è sufficiente la pia meditazione della Passione e Morte del Signore, e perciò non è necessaria una particolare considerazione sui singoli misteri delle stazioni.

4. Occorre spostarsi da una stazione all'altra.
Se il pio esercizio si compie pubblicamente e il movimento di tutti i presenti non può farsi con ordine, basta che si rechi alle singole stazioni almeno chi dirige, mentre gli altri rimangono al loro posto.

5. I fedeli che sono legittimamente impediti potranno acquistare la medesima indulgenza dedicando alla pia lettura e meditazione della Passione e Morte di nostro Signore Gesù Cristo un certo spazio di tempo, ad esempio, un quarto d'ora.

6. Al pio esercizio della Via Crucis sono equiparati, anche per quanto riguarda l'indulgenza, gli altri pii esercizi, approvati dal'Autorità competente, nei quali si commemora la Passione e la Morte del Signore, sempre mantenedo la divisione in quattordici stazioni.

7. Presso gli Orientali, dove non esista l'uso di questo pio esercizio, per l'acquisto di questa indulgenza è valido un altro pio esercizio in memoria della Passione e Morte di nostro Signore Gesù Cristo stabilito da Patriarchi ognuno per i propri fedeli.

Nel nome del Padre e del Figlio e dello Spirito Santo. Amen.

O Dio, vieni a salvarmi.
Signore, vieni presto in mio aiuto.

Gloria al Padre
Invocazioni allo Spirito Santo *(vedi pag. 90)*
Credo *(vedi pag. 89)*

O Dio onnipotente ed eterno,
che hai dato come modello agli uomini
il Cristo tuo Figlio, nostro Salvatore,
fatto uomo e umiliato fino alla morte di croce,
fa' che nelle prove della vita partecipiamo intimamente alla sua Passione redentrice,
per ottenere la gloria della risurrezione.
Per Cristo nostro Signore. **Amen.**

PRIMA STAZIONE

GESÙ DAVANTI A PILATO È CONDANNATO A MORTE

Ti adoriamo, o Cristo, e ti benediciamo
perché con la tua santa croce hai redento il mondo.

"Pilato, volendo dar soddisfazione alla moltitudine, rilasciò loro Barabba e, dopo aver fatto flagellare Gesù, lo consegnò perché fosse crocifisso".

(Marco, 15,15)

Anime care,
sono stato guardato con scherno e con disprezzo, sono stato processato, giudicato come un malfattore. Ho voluto soffrire questo affronto e questa umiliazione per riparare i vostri peccati di rispetto umano, le vostre paure degli sguardi umani, e soprattutto i grandi peccati di coloro che si vergognano di me e del mio Vangelo dinanzi a questa generazione adultera e peccatrice. Anima cara, vinci la tua timidezza contemplandomi davanti a Pilato e ad un popolo che urla: "A morte! A morte!...".

O Gesù, che ti lasciasti condannare a morte per liberare noi uomini dalla morte eterna, ti prego di liberare dalle pene del purgatorio le anime che vi gemono in attesa del paradiso.

Padre nostro • Ave Maria • L'eterno riposo

Santa Madre, deh voi fate che le piaghe del Signore siano impresse nel mio cuore.

SECONDA STAZIONE

GESÙ È CARICATO DELLA CROCE

Ti adoriamo, o Cristo, e ti benediciamo
perché con la tua santa croce hai redento il mondo.

"E Gesù, portando la croce, si avviò verso il luogo del Cranio, detto in ebraico Gòlgota".

(Giovanni 19,17)

Anima cara,
come un padre porta su di sé il peso della sua famiglia, Io ho voluto portare i peccati di tutti i miei fratelli. Perché avete paura di un Dio curvo sotto un giogo schiacciante, capolavoro di amore e di misericordia? Non c'è nulla dei vostri problemi, o anime care, che dovete tenere per voi: le mie spalle paterne e forti possono portarli tutti.

O croce santa, che vieni abbracciata dal Figlio di Dio, tu sei l'unica speranza mia e delle anime del purgatorio. Il sangue di Cristo che ti ha imporporato le liberi dalle loro pene e le porti in cielo.

Padre nostro
Ave Maria
L'eterno riposo

Santa Madre *(vedi pag. 246)*

TERZA STAZIONE

GESÙ CADE PER LA PRIMA VOLTA

Ti adoriamo, o Cristo, e ti benediciamo perché con la tua santa croce hai redento il mondo.

"Se il chicco di grano caduto in terra non muore, rimane solo; se invece muore, produce molto frutto".

(Giovanni 12,24)

Anime care,
sotto la croce ero solo un povero uomo; la forza dell'ora dei miracoli il Padre me l'aveva ritirata (dal punto di vista sensibile). Nell'ora estrema ero il povero Gesù di Nazaret, figlio di Maria e di Giuseppe. La mia umanità, oppressa dalla sofferenza, dall'odio e dall'incomprensione, si abbatteva al suolo. Ho voluto scontare tutte le vostre notti, i vostri insuccessi, le vostre solitudini proprio nel momento in cui vivete nella prova. Il vostro Gesù è sempre presente quando soffrite o vi sentite abbandonati da Dio, e vi guarda con immensa tenerezza e compassione.

Gesù mio, ti contemplo caduto sotto la croce. Penso alle tante ricadute mie nel peccato e a quelle delle anime del purgatorio. Perdona i miei peccati e allevia le pene delle anime più abbandonate perché ti vengano a trovare in cielo.

Padre nostro • Ave Maria • L'eterno riposo

Santa Madre *(vedi pag. 246)*

QUARTA STAZIONE

Gesù incontra sua Madre

Ti adoriamo, o Cristo, e ti benediciamo
perché con la tua santa croce hai redento il mondo.

Simeone disse a Maria: "Egli è qui per la rovina e la risurrezione di molti in Israele, segno di contraddizione perchè siano svelati i pensieri di molti cuori. E anche a te una spada trafiggerà l'anima".

(Luca 2,34-35)

Anime care,
nei vostri dolori invocate Maria, consolatrice di ogni afflizione, e la sua bontà materna saprà rianimarvi e condurvi fino al Calvario ed alla gloria.
Oh Maria, Madre dolcissima, più che un balsamo sulle mie ferite il tuo sguardo pieno di compassione; più che acqua fresca per un assetato, le tue lacrime mi hanno dato ristoro. Oh Maria, mia eterna consolazione! Incontrandoti ho ritrovato la forza di soffrire, e con amore ti dico grazie.

Vergine addolorata, comprendo la tua angoscia nell'incontro con Gesù sulla via del Calvario. Ti prego di ottenermi la rassegnazione nelle mie pene e il sollievo per le sante anime del purgatorio.

Padre nostro • Ave Maria • L'eterno riposo

Santa Madre *(vedi pag. 246)*

QUINTA STAZIONE
Gesù è aiutato del Cireneo

Ti adoriamo, o Cristo, e ti benediciamo
perché con la tua santa croce hai redento il mondo.

"Allora costrinsero un tale che passava, un certo Simone di Cirene che veniva dalla campagna, padre di Alessandro e Rufo, a portare la croce".

(Marco, 15,2 1)

Anima cara,
è una grande grazia il poter soccorrere il tuo Gesù, cioè il fare qualsiasi gesto con l'unico scopo di farlo per amor mio. "Ogni volta che avete fatto queste cose a uno solo di questi miei fratelli più piccoli lo avete fatto a me". Ma tale gesto deve essere fatto senza interesse personale e senza vanagloria; non per costrizione né per abitudine, ma per alleviare Gesù che soffre. Elèva il tuo sguardo a me, anima cara, e ciò che farai mi riconforterà e ne avrai premio eterno.

Dolce Signore, fa' che ti aiuti nelle pene, impegnandomi a portare con rassegnazione le mie croci, e tu sollevi dalle loro sofferenze le anime che gemono nel purgatorio.

Padre nostro
Ave Maria
L'eterno riposo

Santa Madre *(vedi pag. 246)*

SESTA STAZIONE

GESÙ INCONTRA LA VERONICA

Ti adoriamo, o Cristo, e ti benediciamo
perché con la tua santa croce hai redento il mondo.

"Non ha apparenza né bellezza per attirare i nostri sguardi, non splendore per provare in lui diletto. Disprezzato e reietto dagli uomini, uomo dei dolori che ben conosce il patire, come uno davanti al quale ci si copre la faccia...".

(Isaia 53, 2-3)

Anima cara,
come è fresco il lino bianco della pietà! Soccorri ogni umano bisogno con generosità ed altruismo, anche se per far ciò devi esporti al pericolo.
Anima cara, cerca piaghe da medicare, sporchi da lavare, condannati da consolare, bambini da fasciare cercando di fare ogni gesto con cura ed amore per non far male a colui che già soffre. Così facendo il mio volto si imprimerà nel tuo cuore e risplenderà insieme alle perle della tua corona nel regno dei cieli.

Gesù imprimi nel mio cuore l'immagine del tuo Volto santo come facesti sul sudario della Veronica; e tu allevia le pene alle anime del purgatorio che desiderano ardentemente di vederti.

Padre nostro • Ave Maria • L'eterno riposo

Santa Madre *(vedi pag. 246)*

SETTIMA STAZIONE

GESÙ CADE PER LA SECONDA VOLTA

Ti adoriamo, o Cristo, e ti benediciamo
perché con la tua santa croce hai redento il mondo.

"Gesù disse: 'La mia anima è triste fino alla morte. Restate qui e vegliate'. Poi, andato un po' innanzi, si gettò a terra e pregava che, se fosse possibile, passasse da lui quell'ora".

(Marco 14, 34-35)

Anima cara,
ricado ancora per insegnarti la pazienza e l'umiltà nelle avversità e negli insuccessi del tuo cammino. Il mio sangue e il mio sudore sono diventati una cosa sola con la polvere. Tutto il mio corpo ha vibrato di dolore; avrei voluto stendermi al suolo per non rialzarmi più, tanto ero spossato dalla febbre, dai dolori e dalla tristezza. Ma il mio ardore per le anime ha vinto la mia povera natura sfinita. Anima cara, voglio comunicare anche a te il desiderio santo di arrivare fino alla fine del tuo sacrificio per amore dei tuoi fratelli.

O mio Signore Gesù, che ti sollevi dalla seconda caduta sotto la croce per impegnarmi ad allontanare le occasioni di peccato, ti prego di aiutare le anime del purgatorio che mi appartengono e mi hanno fatto del bene.

Padre nostro • Ave Maria • L'eterno riposo

Santa Madre *(vedi pag. 246)*

OTTAVA STAZIONE

GESÙ INCONTRA LE DONNE

Ti adoriamo, o Cristo, e ti benediciamo
perché con la tua santa croce hai redento il mondo.

"Lo seguiva una gran folla di popolo e di donne che si battevano il petto e facevano lamenti su di lui. Ma Gesù, voltandosi verso le donne, disse: 'Figlie di Gerusalemme, non piangete su di me, ma piangete su voi stesse e sui vostri figli. Ecco, verranno giorni nei quali si dirà: Beate le sterili e i grembi che non hanno generato e le mammelle che non hanno allattato. Allora cominceranno a dire ai monti: Cadete su di noi! e ai colli: Copriteci!' ". *(Luca, 23,27-30)*

Anime care,
non piangete la passione dei giusti, dei perseguitati a causa della loro santità. Piangete piuttosto sui peccatori, sugli impenitenti, su quelli che, tra i vostri figli, sono nemici del Cristo e dei suoi seguaci, perché la loro sorte sarà ben dura se con le vostre lacrime e le vostre preghiere non li riportate alla vera fede.

Consola anche me, o Signore dandomi la certezza del perdono dei miei peccati. Ti prego pure, o mio Signore Gesù, che la tua luce illumini e sollevi le anime del purgatorio.

Padre nostro • Ave Maria • L'eterno riposo

Santa Madre *(vedi pag. 246)*

NONA STAZIONE
GESÙ CADE LA TERZA VOLTA

Ti adoriamo, o Cristo, e ti benediciamo
perché con la tua santa croce hai redento il mondo.

"Venite a me, voi tutti, che siete affaticati e oppressi, e io vi ristorerò. Prendete il mio giogo sopra di voi e imparate da me, che sono mite e umile di cuore, e troverete ristoro per le vostre anime. Il mio giogo infatti è dolce e il mio carico leggero". *(Matteo, 11,28-30)*

Anima cara,
sono il più pietoso della terra, cerco dei consolatori, ma invano. Vieni, prendi per mano il tuo Gesù, rialzalo, confortalo, digli che lo ami. Sono proprio l'apatia e l'indifferenza che mi abbattono e mi fanno cadere. Resta ai piedi del Tabernacolo. Le tue parole d'amore faranno del bene al mio cuore assetato di te e di ogni tuo fratello.

Mio caro Gesù, ti vedo per terra la terza volta e mi sento tanta amarezza nell'anima. Concedimi la grazia di aver perfetto dolore dei miei peccati ed esaudisci i voti delle anime del purgatorio.

Padre nostro
Ave Maria
L'eterno riposo

Santa Madre *(vedi pag. 246)*

DECIMA STAZIONE

GESÙ SPOGLIATO DELLE VESTI

Ti adoriamo, o Cristo, e ti benediciamo
perché con la tua santa croce hai redento il mondo.

"Si divisero le sue vesti, tirando a sorte su di esse quello che ciascuno dovesse prendere".

(Marco 15,24)

Anima cara,
il più puro Giglio della terra è lasciato nudo allo sguardo insolente, ai risi e agli scherzi degli impudichi. Ero proprio l'Agnello indifeso, nudo davanti ai tosatori. Non reagire davanti a chi ti deruba e ti spoglia delle tue ricchezze; lascia che prendano ciò che è per te necessario, e il Padre celeste ti ricaricherà della Sua gloria e delle vesti nuziali.

Caro Gesù, voglio partecipare alle tue pene e ti prego di ridonarmi l'innocenza tante volte perduta col peccato. Perdona pure alle anime del purgatorio le loro pene perché sia abbreviata la loro sofferenza.

Padre nostro
Ave Maria
L'eterno riposo

Santa Madre *(vedi pag. 246)*

UNDICESIMA STAZIONE
GESÙ È INCHIODATO ALLA CROCE

Ti adoriamo, o Cristo, e ti benediciamo
perché con la tua santa croce hai redento il mondo.

"Erano le nove del mattino quando lo crocifissero. E l'iscrizione con il motivo della condanna diceva: Il re dei Giudei. Con lui crocifissero anche due ladroni, uno alla sua destra e uno alla sinistra".

(Marco 15, 25-26)

Anima cara,
gli spasimi dei chiodi sono stati terribili; non potevo soffrire di più per amore tuo! Vieni, rifugiati nelle mie piaghe, lavati nel mio Sangue, confida nei miei dolori, unisciti ai miei meriti. Ogni mio gemito è una perla preziosa della quale tu puoi rivestirti, se lo vuoi; ogni mia goccia di Sangue può fare di te una santa. Offri al Padre i miei meriti infiniti per il mondo intero e completa in te ciò che manca ai miei patimenti.

Gesù mio, pensando alla tua crocifissione mi sento invaso da un senso di spavento perché anch'io con i miei peccati sono stato uno dei crocifissori. Abbi pietà di me e risparmia i dolori alle anime più abbandonate.

Padre nostro • Ave Maria • L'eterno riposo

Santa Madre *(vedi pag. 246)*

DODICESIMA STAZIONE

GESÙ MUORE SULLA CROCE

Ti adoriamo, o Cristo, e ti benediciamo
perché con la tua santa croce hai redento il mondo.

"Venuto mezzogiorno, si fece buio su tutta la terra, fino alle tre del pomeriggio. Alle tre Gesù gridò con voce forte: Eloì, Eloì, lemá sabactáni?, *che significa:* Dio mio, Dio mio, perché mi hai abbandonato? *Alcuni dei presenti, udito ciò, dicevano: 'Ecco, chiama Elía!'. Uno corse a inzuppare di aceto una spugna e, postala su una canna, gli dava da bere, dicendo: 'Aspettiamo, vediamo se viene Elia a toglierlo dalla croce'. Ma Gesù, dando un forte grido, spirò. Il velo del tempio si squarciò in due, dall'alto in basso. Allora un centurione che gli stava di fronte, vistolo spirare in quel modo disse: 'Veramente quest'uomo era Figlio di Dio'.*

(Marco 15, 33-39)

Anima cara,
sono morto per te, ti ho dato tutto; più che una madre ti ho partorito nel dolore, ti ho nutrito col mio Sangue. Perché ancora diffidi di me? Perché ti allontani da me unica tua salvezza? Ecco il mio vero dolore, la mia più grande passione: il no volontario di tanti cuori.

Mio buon Gesù, per la tua amara agonia, dammi la grazia della buona morte e della perseveranza finale. All'anima del purgatorio che mi è più cara... ripeti le parole che dicesti al buon ladrone: Oggi, sarai con me in paradiso.

Padre nostro • Ave Maria • L'eterno riposo

Santa Madre *(vedi pag. 246)*

TREDICESIMA STAZIONE

GESÙ È DEPOSTO DALLA CROCE

Ti adoriamo, o Cristo, e ti benediciamo
perché con la tua santa croce hai redento il mondo.

"Stavano presso la croce di Gesù sua madre, la sorella di sua madre, Maria di Cleofa e Maria di Magdala".
(Giovanni 19,25)

Anima cara,
tutto è compiuto, non soffro più. Adesso è mia Madre che, straziata, mi riceve nel suo seno. Oh cara Madre il Cielo intero è impietosito nel vederti piangere come una colomba sgozzata! Madre dolcissima, per questo mondo dove il male è come un mare in tumulto ci volevano due dolori infiniti, due passioni consumate fino al fondo: la mia e la tua. Oh, anima cara, resta con Maria, asciuga il suo pianto e rallegrala offrendole il tuo cuore perché lei lo doni a me.

Vergine santa, che stringesti fra le braccia il corpo di Gesù, prendi anche l'anima mia nel momento della morte e accompagnala al Giudice supremo, come ti prego di accompagnare le anime sante del purgatorio alla Patri Celeste.

Padre nostro
Ave Maria
L'eterno riposo

Santa Madre *(vedi pag. 246)*

QUATTORDICESIMA STAZIONE

GESÙ È SEPOLTO

Ti adoriamo, o Cristo, e ti benediciamo
perché con la tua santa croce hai redento il mondo.

"Pilato... informato dal centurione, concesse la salma a Giuseppe. Egli allora, comprato un lenzuolo, lo calò giù dalla croce e, avvoltolo nel lenzuolo, lo depose in un sepolcro scavato nella roccia".

(Marco 15, 44-47)

Anima cara,
come è dolce la morte per chi non ha fatto che la volontà di Dio. Come un bambino puro riposto in una cuna il mio santo corpo riposava nella pace. Prega tanto per i moribondi, perché, purtroppo, per molti uomini sorella morte diviene nemica acerrima, che dà angoscia e paura. Prega per le anime sante del purgatorio perché riposino in pace. Ecco come il tuo Gesù ha vissuto fino alla sepoltura. Rifletti su ciò che può fare l'amore che è più forte della morte.

Caro Gesù, morto per me e per le anime del purgatorio, concedi a me il tuo amore, e alle anime che attendono la tua luce la gioia di poterti vedere e contemplarti nel gaudio del cielo per tutte l'eternità.

Padre nostro
Ave Maria
L'eterno riposo

Santa Madre *(vedi pag. 246)*

Preghiere al Sacro Cuore

LA DEVOZIONE AL SACRO CUORE E INTERCESSIONE PER LE ANIME DEL PURGATORIO

Due mistiche cistercensi sviluppano nel corso del XIII secolo la spiritualità del Sacro Cuore di Gesù. La prima, in ordine cronologico, è Matilde di Hackenborn (1241-1299), che contempla nel Cuore del Cristo "la casa rifugio" dove entrare per trovare pace e gioia anche nei giorni di dolore.

L'altra è santa Geltrude la Grande (1256-1303), che nei suoi scritti contempla (diffondendone la devozione) il Cuore del Cristo Risorto, "sorgente d'acqua viva" che si versa sulla terra per santificare i giusti, convertire i peccatori, e nel purgatorio a recare refrigerio alle anime sofferenti.

Per lei, la spiritualità del Cuore di Gesù è un invito alla gioia, all'abbandono fiducioso "in Lui", alla ricerca di maggiore intimità con l'Amato che si realizza nella partecipazione alla liturgia e alla mensa eucaristica.

La devozione privata al Cuore di Gesù si diffonde a cominciare dal secolo XVI. San Francesco di Sales (1567-1622) consacrò la Congregazione delle Visitandine, da lui fondata, al Sacro Cuore di Gesù. San Giovanni Eudes (1601-1680), inizialmente propagò unitamente la devozione ai Cuori di Gesù e di Maria, ma in seguito compose a parte un Ufficio (Liturgia delle Ore) e una messa in onore del Sacro Cuore di Gesù, che vennero celebrati per la prima volta in diverse località della Francia il 20 settembre 1672.

Solo nel XVII sec. la Devozione al Sacro Cuore termina di essere "fatto privato" per divenire itinerario di crescita spirituale per tutti, grazie soprattutto alle rivelazioni a santa Margherita Maria Alacoque alla quale si presenta un "Cuore che ha tanto amato gli uomini" e che, in cambio, non riceve che "freddezza" e "disprezzo". È il Cuore del Cristo Risorto che soffre, oggi come ieri, per ogni persona fino a proporre questa devozione come un ultimo sforzo del suo amore.

La mistica santa Maria Margherita Alacoque, per le consuetudini sociali del tempo, non avrebbe mai potuto diffondere la spiritualità del "Sacro Cuore" oltre le mura del suo monastero, se il Signore non le avesse inviato "il servo fedele e perfetto amico" nella persona di san Claudio La Colombiere, religioso della Compagnia di Gesù. Questi si fa apostolo di tale devozione diffondendola in modo capillare, coadiuvato da un numero sempre maggiore di confratelli.

"Fra le devozioni che debbono formare come una corona al Cuore di Gesù, santa Margherita assegna un posto privilegiato alla devozione verso le anime del purgatorio, le sue buone amiche sofferenti, come soleva chiamarle.

Le amava assai, aveva compassione di loro, ma la sua devozione ha ben altro motivo: l'amore eccezionale che Gesù porta ad esse. Gesù le ama teneramente ed è impaziente di rompere al più presto le loro catene: impedito però dalla divina giustizia, ricorre ai suoi amici della Terra perché attingano nei tesori dei suoi meriti ed aggiungano le proprie soddisfazioni per dar un sollievo alle anime sante e farle uscire dalla loro prigione".

Santa Margherita Maria Alacoque mette in particolare rilievo la veglia di preghiera in riparazione dei peccati, attuata tra la notte del giovedì e del venerdì, in memoria dell'agonia di Gesù nell'orto del Getsemani. "[...] Il 15 aprile 1683, scriveva alla De Saumaise: "La notte del Giovedì santo, la madre mi permise di starmene davanti al Santissimo in favore delle anime sante.

Fui accerchiata da queste povere sofferenti, e strinsi con 1oro la più tenera amicizia. Il Signore mi disse che mi dava ad esse per tutto l'anno, perché facessi loro tutto il bene che avrei potuto. D'allora in poi vengono spesso a trovarmi e io le chiamo '1e mie amiche sofferenti' "

[...] Né contenta di sacrificare se stessa la beata (santa Margherita Maria, ndr) si era fatta mendicante di suffragi per loro. E non le si poteva dare maggior gioia che il dirle: "Io amo il Sacro Cuore e prego per le anime del purgatorio"

L'adorazione è un atto di culto dovuto soltanto a Dio; mentre ai santi si deve la "dulia", cioè la venerazione, e a Maria santissima la "iperdulia", a Gesù si deve il culto di "latria", ossia l'adorazione perché è il Verbo di Dio incarnato.

Ogni espressione di culto a Gesù ha per oggetto ultimo e completo tutto Gesù Cristo: vero Dio e vero uomo. L'oggetto specifico del culto al Cuore di Gesù è il suo Cuore fisico, vivo e animato.

Al Cuore di Gesù si deve l'adorazione perché in Cristo vi è una sola Persona, quella divina, e due nature: la divina e l'umana. L'adorazione al Cuore di Gesù si dirige alla Persona divina di Cristo, che ha assunto e ha in sé anche la natura umana (corpo e anima). Il Cuore di Gesù, dunque, non è adorato in se stesso, ma perché fa parte inseparabile della natura umana di Cristo ipostaticamente (dal greco hypóstasis = ciò che sta sotto, cioè la sostanza) assunta dalla Persona divina di Cristo.

LE PROMESSE DEL SACRO CUORE

Nelle rivelazioni private a santa Margherita Maria Alacoque Gesù promette una speciale assistenza a quanti hanno vissuto una sincera devozione verso il suo Sacro Cuore.
Ecco i punti essenziali del messaggio divino:

1. ***Io darò loro tutte le grazie necessarie al loro stato.***
2. ***Metterò e conserverò la pace nelle loro famiglie.***
3. ***Li consolerò in tutte le loro sofferenze.***
4. ***Sarò il loro sicuro rifugio in vita e specialmente in punto di morte.***
5. ***Donerò abbondanti benedizioni sopra ogni loro attività.***
6. ***I peccatori troveranno nel mio Cuore la fonte e l'oceano infinito della misericordia.***
7. ***Le anime tiepide diventeranno fervorose.***
8. ***Le anime fervorose giungeranno in breve tempo a grande perfezione.***
9. ***Benedirò le case dove l'immagine del mio Sacro Cuore sarà esposta e venerata.***
10. ***Darò ai sacerdoti la grazia di commuovere i cuori più induriti.***
11. ***Le persone che vivono e diffondono questa devozione avranno il loro nome scritto nel mio Cuore e non sarà mai cancellato.***
12. ***A tutti quelli che per nove mesi consecutivi riceveranno la comunione, nel 1° venerdì di ogni mese, io prometto la grazia della penitenza finale: essi non morranno in mia disgrazia, ma riceveranno i santi Sacramenti, ed il mio Cuore sarà per loro un sicuro rifugio in quel momento estremo.***

ATTO EROICO DI CARITÀ

"La pratica più efficace per sollevare le anime del purgatorio è l'atto o voto eroico di carità. Consiste nell'offrire alla divina Giustizia, in favore dei defunti, tutti i meriti che possiamo acquistare e tutte le indulgenze che possiamo guadagnare in tutta la nostra vita, e tutti i suffragi che ci potrebbero essere applicati dopo la nostra morte.
Per pagare i nostri debiti, ci riserviamo la sola misericordia del Sacro Cuore di Gesù"
"Colui che conserva in modo egoistico il bene fatto, è seduto alla sorgente dei ruscelli, e non in riva dell'oceano, ma chi si spoglia di tutto, con spirito di umiltà e di carità, possiede Dio stesso, abisso di ogni beatitudine".

Padre celeste, in unione con i meriti dei Sacratissimi Cuori di Gesù e di Maria, ti offro, per le anime del purgatorio, tutte le opere di soddisfazione che potrò fare e tutte le indulgenze che potrò guadagnare per tutta la mia vita e tutte le opere che saranno offerte per me dopo la mia morte.

Depongo tutte queste opere nelle purissime mani della Immacolata Vergine Maria, perché le applichi alle anime che, nella sua sapienza e bontà materna, vuole liberare per prime dalle fiamme del purgatorio.

Degnati, o mio Dio, gradire quest'offerta e fa' che in ricompensa di questo atto, cresca ogni giorno nella tua grazia e nell'amore del Cuore di Gesù

Litanie del primo venerdì

"Quando ti sentirai incapace di formulare un buon pensiero, offri all'Eterno Padre ciò che fa il Cuore di Gesù nel Santissimo Sacramento, perché Egli supplisca a ciò che vorresti e dovresti fare tu".
Santa Margherita Alacoque

Cuore di Gesù, alle tue profonde adorazioni
Unisco il mio cuore
Cuore di Gesù, al tuo ardente amore "
Cuore di Gesù, al tuo ardente zelo "
Cuore di Gesù, alle tue sofferenze "
Cuore di Gesù, alla tua gioia "
Cuore di Gesù, alla tua fiducia verso il Padre "
Cuore di Gesù, alle tue fervide preghiere "
Cuore di Gesù, al tuo silenzio eloquente "
Cuore di Gesù, alla tua umiltà "
Cuore di Gesù, alla tua obbedienza "
Cuore di Gesù, alla tua dolcezza e alla tua pace "
Cuore di Gesù, alla tua bontà ineffabile "
Cuore di Gesù, alla tua carità verso tutti "
Cuore di Gesù, al tuo raccoglimento profondo "
Cuore di Gesù, alla tua tenera sollecitudine per la conversione dei peccatori "
Cuore di Gesù, alla tua unione intima col Padre celeste "

Cuore di Gesù, alle tue intenzioni,
ai tuoi desideri, alla tua volontà
Unisco il mio cuore
Amore del Cuore di Gesù
Infiamma il mio cuore
Carità del Cuore di Gesù
Diffonditi nel mio cuore
Forza del Cuore di Gesù
Sostieni il mio cuore
Misericordia del Cuore di Gesù
Perdona il mio cuore
Pazienza del Cuore di Gesù
Non ti stancare del mio cuore
Regno del Cuore di Gesù
Stabilisciti nel mio cuore
Sapienza del Cuore di Gesù
Illumina il mio cuore
Volontà del Cuore di Gesù
Disponi il mio cuore
Zelo del Cuore di Gesù
Consuma il mio cuore
Vergine Immacolata
Prega per noi il Sacro Cuore di Gesù

Preghiamo:
O Padre, che nel Cuore del tuo Dilettissimo Figlio ci dai la gioia di celebrare le grandi opere del tuo amore per noi, fa' che da questa fonte inesauribile attingiamo l'abbondanza dei tuoi doni.
Per Cristo Nostro Signore. **Amen.**

PREGHIERA AL SACRO CUORE PER GLI AGONIZZANTI E PER LE ANIME DEL PURGATORIO

Amabilissimo Signore nostro Gesù Cristo, che sei presente nel Santissimo Sacramento ed esaudisci le nostre preghiere, oggi ti chiediamo in particolare due grazie, che sono conformi ai desideri del tuo Cuore.

La prima è per gli agonizzanti.

Ogni momento un numero immenso di anime passa all'eternità. Noi ti preghiamo perché nell'ora della morte si trovino nella tua grazia e possano essere ammesse alla gloria eterna.

La seconda grazia che ti chiediamo è per tutte le anime che si trovano in purgatorio.

È vero che sono salve, ma tu abbrevia le loro pene.

Libera quelle che ci sono più care per parentela, per amicizia, per gratitudine.

Ti raccomandiamo le anime che soffrono del purgatorio per causa nostra, tutte quelle che sono dimenticate, che non hanno più nessuno che preghi per loro.

Cuore Santissimo di Gesù, consapevoli del nostro nulla, umiliate per i nostri peccati, ma purificate e forti per i tuoi meriti, ti supplichiamo per tutti coloro che muoiono in questo momento e per quelli che poi saranno in purgatorio. Chiediamo la salvezza di queste anime per la tua Incarnazione, per la fuga in Egitto, per le preghiere e i sacrifici della tua vita nascosta a Nazaret, per la tua predicazione e le sofferenze della tua Passione, per la tua agonia, per i meriti della tua Santissima Madre, di san Giuseppe e di tutti i santi.

La nostra preghiera salga a Dio purificata e santificata dai tuoi meriti e sia come rugiada di benedizione per queste povere anime, che consacriamo al tuo Cuore pieno di misericordia. **Amen.**

Preghiera al Cuore di Gesù

Cuore Divino di Gesù, accordami, per una buona morte, la grazia di vivere sempre secondo la tua volontà, sia nelle ore più belle, più gioiose e più importanti della mia vita, sia nei momenti difficili.

Concedimi di essere sempre pronto per la mia ultima ora e dammi il coraggio di donare tutto per amore tuo, anche la mia vita se è necessario.

O Gesù, per la tua santa e dolorosa Passione, fa' che la tua venuta nell'ora della mia morte mi trovi sveglio come un servo fedele, con un vero pentimento, una buona confessione e munito degli ultimi Sacramenti.

O Signore, non mi abbandonare nel mio ultimo combattimento sulla terra, quando dovrò lottare contro Satana, forse in furore; che la tua santa Madre e Madre di Misericordia, che San Michele e gli angeli mi assistano e mi proteggano contro tutte le tentazioni, al momento in cui dovrò lasciare questo mondo. Possano essi, allora, consolarmi e fortificarmi nei miei affanni.

Concedimi, Signore, in quell'ora, una fede viva, una fiducia salda, un amore ardente e una grande pazienza.

Fa' che mi rimetta, pienamente cosciente, tra le tue mani e che mi abbandoni, come un bambino piccolo, nella tua santa pace.

Nella tua infinita bontà e nella tua grande misericordia, o Gesù, ricordati di me! **Amen.**

ATTO DI CONSACRAZIONE DEL GENERE UMANO A CRISTO RE

(Iesu dulcissime Redemptor)

Al fedele che recita piamente questo atto di consacrazione si concede l'indulgenza parziale. L'indulgenza è plenaria se lo si recita pubblicamente nella solennità di Cristo Re.

O Gesù dolcissimo, o Redentore del genere umano, riguarda a noi umilmente prostrati innanzi a te. Noi siamo tuoi, e tuoi vogliamo essere e per vivere a te più strettamente congiunti, ecco che ognuno di noi oggi spontaneamente si consacra al tuo sacratissimo Cuore.

Molti, purtroppo, non ti conobbero mai; molti, disprezzando i tuoi comandamenti, ti ripudiano.

O benignissimo Gesù, abbi misericordia e degli uni e degli altri e tutti quanti attira al tuo sacratissimo Cuore.

O Signore, sii il Re non solo dei fedeli che non si allontanarono mai da te, ma anche di quei figli prodighi che ti abbandonarono; fa' che questi, quanto prima, ritornino alla casa paterna, per non morire di miseria e di fame.

Sii il Re di coloro che vivono nell'inganno e nell'errore, o per discordia da te separati; richiamali al porto della verità, all'unità della fede, affinché in breve si faccia un solo ovile, sotto un solo pastore.

Largisci, o Signore, incolumità, e libertà sicura alla tua Chiesa; concedi a tutti i popoli la tranquillità dell'ordine: fa' che da un capo all'altro della terra risuoni quest'unica voce: “Sia lode a quel Cuore divino, da cui venne la nostra salute; a lui si canti gloria e onore nei secoli dei secoli. **Amen.**

ATTO DI RIPARAZIONE
(Iesu dulcissime)

Si concede l'indulgenza parziale al fedele che recita piamente questo atto di riparazione. L'indulgenza è plenaria se lo si recita pubblicamente nella solennità del Sacro Cuore di Gesù.

Gesù dolcissimo, il cui immenso amore per gli uomini viene con tanta ingratitudine ripagato di oblio, di trascuratezza, di disprezzo, ecco che noi, prostrati innanzi a Te, intendiamo riparare con particolari attestazioni di onore una così indegna freddezza e le ingiurie con le quali da ogni parte viene ferito dagli uomini l'amatissimo Tuo Cuore.

Memori però che noi pure altre volte ci macchiammo di tanta indegnità, e provandone vivissimo dolore, imploriamo anzitutto per noi la tua misericordia, pronti a riparare, con volontaria espiazione, non solo i peccati commessi da noi, ma anche quelli di coloro che, errando lontano dalla via della salute, ricusano di seguire te come pastore e guida, ostinandosi nella loro infedeltà, o, calpestando le promesse del Battesimo, hanno scosso il soavissimo giogo della tua legge.

E mentre intendiamo espiare tutto il cumulo di sì deplorevoli delitti, ci proponiamo di ripararli ciscuno in particolare: l'immodestia e le brutture della vita e dell'abbigliamento, le tante insidie tese dalla corruttela alle anime innocenti, la profanazione dei giorni festivi, le ingiurie esecrande scagliate contro te e i tuoi santi, gli insulti lanciati contro il tuo Vicario e l'ordine sacerdotale, le negligenze e gli orribili sacrilegi onde è profanato lo stesso sacramento dell'amore divino, e infine le colpe pubbliche delle nazioni che osteggiano i diritti e il magistero della Chiesa da te fondata.

Potessimo noi lavare col nostro sangue questi affronti!

Intanto come riparazione dell'onore divino conculcato, noi ti presentiamo, accompagnandola con le espiazioni della Vergine tua Madre, di tutti i santi e delle anime pie, quella soddisfazione che tu stesso un giorno offristi sulla croce al padre e che ogni giorno rinnovi sugli altari: promettendo con tutto il cuore di voler riparare, per quanto sarà in noi e con l'aiuto della tua grazia, i peccati commessi da noi e dagli altri e l'indifferenza verso sì grande amore, con la fermezza della fede, l'innocenza della vita, l'osservanza perfetta della legge evangelica, specialmente della carità, e di impedire inoltre con tutte le nostre forze le ingiurie contro di te, e di attrarre quanti più potremo alla tua sequela.

Accogli, te ne preghiamo, o benignissimo Gesù, per l'intercessione della beata Vergine Maria Riparatrice, questo volontario ossequio di riparazione, e conservaci fedelissimi nella tua obbedienza e nel tuo servizio fino alla morte con il gran dono della perseveranza, mediante il quale possiamo tutti un giorno pervenire a quella patria, dove tu col Padre e con lo Spirito santo vivi e regni (Dio) per tutti i secoli dei secoli. **Amen.**

ATTO DI CONSACRAZIONE DELLE FAMIGLIE

Si concede l'indulgenza plenaria ai membri della famiglia nel giorno in cui, per la prima volta, possibilmente alla presenza del sacerdote o del diacono, si compie la consacrazione della medesima al Sacratissimo Cuore di Gesù o alla Santa Famiglia di Gesù, Maria e Giuseppe, leggendo la preghiera legittimamente approvata davanti all'immagine del Sacratissimo Cuore o della Santa famiglia; nel giorno anniversario l'indulgenza è parziale.

Coroncina al Sacro Cuore di Gesù

Per onorare quel cuore divino che infinitamente ci ama è disponibile una raccolta di preghiere dal titolo ***"Preghiere al Sacratissimo Cuore di Gesù"*** *che si può acquistare nelle librerie cattoliche, presso i santuari o si può ordinare e ricevere comodamente a casa propria, telefonando all'Editrice Shalom e citando il* ***codice 8186*** *o visitando il suo sito internet (vedi pag. 4).*

Nel nome del Padre e del Figlio e dello Spirito Santo. Amen.

O Dio, vieni a salvarmi.
Signore, vieni presto in mio aiuto.

Gloria al Padre
Credo *(vedi pag. 89)*

Amorosissimo mio Gesù, pensando alla bontà del tuo Cuore, tutto pieno di pietà e di dolcezza per i peccatori, sento crescere in me la fiducia di essere accolto da te. Ho commesso tanti peccati, ma ora, come Pietro e come la Maddalena, li piango e li detesto, perché offendono te, Sommo Bene. Ti prego di perdonarli: fa' che io sia pronto a morire piuttosto che offenderti ancora, e viva solo per riamarti.

Padre nostro
5 Gloria al Padre

Dolce Cuor del mio Gesù,
fa' ch'io t'ami sempre più.

Benedico, Gesù mio, l'umilissimo tuo Cuore, e ti ringrazio ché, nel darmelo come esempio, non solo mi inciti a imitarlo ma, anche a costo di tante tue umiliazioni, me ne additi e appiani la via. Perdonami perché sono stato cattivo ed ingrato. Non più superbia e vanità, ma con cuore umile, voglio seguirti e ottenere pace e salute. Dammi forza e benedirò in eterno il tuo sacro Cuore.

Padre nostro
5 Gloria al Padre

Dolce Cuor del mio Gesù,
fa' ch'io t'ami sempre più.

Ammiro, Gesù mio, il pazientissimo tuo Cuore, e ti ringrazio di tanti meravigliosi esempi d'invitta sofferenza a noi lasciati. Essi mi rimproverano la mia delicatezza, insofferente d'ogni piccola pena. Infondi nel mio cuore, o Gesù, un fervido e costante amore alla croce, alla mortificazione e alla penitenza, affinché, seguendoti al Calvario, giunga con te alla gloria, alla gioia in paradiso.

Padre nostro
5 Gloria al Padre

Dolce Cuor del mio Gesù,
fa' ch'io t'ami sempre più.

Davanti al mansuetissimo tuo Cuore, caro Gesù, io mi vergogno del mio, così diverso dal tuo. Purtroppo, a un gesto, a una parola in contrario, mi inquieto e mi lamento. Perdona i miei impulsi e dammi grazia d'imitare per l'avvenire, in qualunque contrarietà, l'inalterabile tua mansuetudine, e così godere perpetua e santa pace.

Padre nostro
5 Gloria al Padre

Dolce Cuor del mio Gesù,
fa' ch'io t'ami sempre più.

Si cantino lodi, o Gesù, al generosissimo tuo Cuore, vincitore della morte e dell'inferno. Io resto più che mai confuso al vedere il mio povero cuore così meschino che teme di qualunque diceria e rispetto umano; ma non sarà più così. Da te imploro la forza coraggiosa di combattere e vincere in terra, per trionfare poi lieto con te nel cielo.

Padre nostro
5 Gloria al Padre

Dolce Cuor del mio Gesù,
fa' ch'io t'ami sempre più.

Volgiamoci a Maria, e confidando nel materno suo Cuore, diciamole:

Per i meriti del tuo Cuore dolcissimo, impètrami, o gran Madre di Dio e Madre mia, Maria, vera e stabile devozione al sacro Cuore di Gesù, tuo Figlio, affinché io, racchiuso in esso coi miei pensieri ed affetti, adempia tutti i miei doveri e con prontezza di cuore serva sempre, ma specialmente in questo giorno, Gesù.

Litanie del Sacro Cuore di Gesù

"Il 2 aprile 1899 Leone XIII fissava solennemente da Roma la forma attuale delle Litanie del sacro Cuore di Gesù con le loro trentatré invocazioni. Sono le stesse, nel numero, delle prime Litanie, quelle che P. Giovanni Croiset pubblicò nel 1691 contemporaneamente alla sua opera "La devozione al sacro Cuore di Nostro Signore Gesù Cristo". Su di esse basò in gran parte le sue Litanie la Congregazione dei Riti: delle trentatré invocazioni sono ventidue quelle che provengono dalle Litanie di Croiset. (...) Le attuali Litanie, con il loro ritorno accentuato a quelle di Croiset, sebbene attraverso quelle di Remusat (suora visitandina 1718, ndr), presentano nella loro struttura gli elementi classici di tutta questa specie di Litanie.

Signore, pietà

Signore, pietà

Cristo, pietà

Cristo, pietà

Signore, pietà

Signore, pietà

Cristo, ascoltaci

Cristo, ascoltaci

Cristo, esaudiscici

Cristo, esaudiscici

Padre del cielo, che sei Dio

abbi pietà di noi

Figlio, redentore del mondo, che sei Dio

abbi pietà di noi

Spirito Santo, che sei Dio

abbi pietà di noi

Santa Trinità, unico Dio
abbi pietà di noi
Cuore di Gesù, Figlio dell'eterno Padre
abbi pietà di noi
Cuore di Gesù, formato dallo Spirito Santo
nel seno della Vergine Maria
abbi pietà di noi
Cuore di Gesù, unito alla Persona del Verbo di Dio
abbi pietà di noi
Cuore di Gesù, maestà infinita
abbi pietà di noi
Cuore di Gesù, tempio santo di Dio
abbi pietà di noi
Cuore di Gesù, Tabernacolo dell'Altissimo
abbi pietà di noi
Cuore di Gesù, Casa di Dio e Porta del Cielo
abbi pietà di noi
Cuore di Gesù, Fornace ardente di carità
abbi pietà di noi
Cuore di Gesù, Fonte di giustizia e di carità
abbi pietà di noi
Cuore di Gesù, pieno di bontà e di amore
abbi pietà di noi
Cuore di Gesù, perfezione di ogni virtù
abbi pietà di noi
Cuore di Gesù, degno di ogni lode
abbi pietà di noi
Cuore di Gesù, Re e Centro di tutti i cuori
abbi pietà di noi
Cuore di Gesù, Tesoro inesauribile di sapienza
e di scienza
abbi pietà di noi

Cuore di Gesù, in cui abita tutta la pienezza
della divinità
abbi pietà di noi

Cuore di Gesù, in cui il Padre si è compiaciuto
abbi pietà di noi

Cuore di Gesù, dalla cui pienezza noi tutti
abbiamo ricevuto
abbi pietà di noi

Cuore di Gesù, desiderio della patria eterna
abbi pietà di noi

Cuore di Gesù, paziente e ricco di misericordia
abbi pietà di noi

Cuore di Gesù, generoso verso tutti coloro che
t'invocano
abbi pietà di noi

Cuore di Gesù, Fonte di vita e di santità
abbi pietà di noi

Cuore di Gesù, espiazione dei nostri peccati
abbi pietà di noi

Cuore di Gesù, colmato di insulti
abbi pietà di noi

Cuore di Gesù, annientato dalle nostre colpe
abbi pietà di noi

Cuore di Gesù, obbediente fino alla morte
abbi pietà di noi

Cuore di Gesù, trafitto dalla lancia
abbi pietà di noi

Cuore di Gesù, fonte di ogni consolazione
abbi pietà di noi

Cuore di Gesù, vita e risurrezione nostra
abbi pietà di noi

Cuore di Gesù, pace e riconciliazione nostra
abbi pietà di noi

Cuore di Gesù, offerto in sacrificio per noi peccatori
abbi pietà di noi
Cuore di Gesù, salvezza di chi spera in te
abbi pietà di noi
Cuore di Gesù, speranza di chi muore in te
abbi pietà di noi
Cuore di Gesù, gioia di tutti i santi
abbi pietà di noi

Agnello di Dio, che togli i peccati del mondo.
Perdonaci, Signore.

Agnello di Dio, che togli i peccati del mondo.
Ascoltaci, Signore.

Agnello di Dio, che togli i peccati del mondo.
Abbi pietà di noi.

Gesù, mite ed umile di cuore.
Rendi il nostro cuore simile al tuo.

Preghiamo:
Dio, Padre buono, nel Cuore di tuo Figlio celebriamo le meraviglie del tuo amore: da questa fonte inesauribile riversa su di noi l'abbondanza dei tuoi doni.
Per Cristo nostro Signore. **Amen.**

SECVND VM·MAT LIBER GENERA TIONIS
INITIV EVANGE LII IESV CHRIST
SECVN DVM LVCAM FVIT· IN·DIE
HERO DIS RE GIS
IN PRIN CIPIO ER AT VERB VM ET VE RBVM ER

Preghiere di adorazione al Santissimo Sacramento

La visita e l'adorazione al Santissimo Sacramento costituiscono uno strumento potentissimo per ottenere le indulgenze sia per sé che per le anime del purgatorio. Infatti, si concede l'indulgenza parziale al fedele che visita il Santissimo Sacramento e l'indulgenza è plenaria per chi resta in adorazione del Santissimo Sacramento almeno per mezz'ora. È anche possibile offrire la recita delle preghiere che seguono per la liberazione delle anime del purgatorio.

PREGHIERA AL SANTISSIMO SACRAMENTO PER LE ANIME DEL PURGATORIO

Adorato Gesù, nostro Dio e Salvatore, dopo averci salvato morendo sulla croce, andasti subito a consolare le anime dei defunti che con vivissimo desiderio aspettavano nel seno di Abramo il sospirato liberatore.

Mi presento oggi al santo tabernacolo per ricordarti, o Redentore delle anime, quei momenti di felicità indicibile, quando cogliesti i frutti di tante tue sofferenze, applicando alle anime del purgatorio i meriti della tua Croce e le liberasti dal luogo dove da tanti secoli ti stavano aspettando.

Come gioisti, Gesù, quando tutte quelle anime belle ti accolsero come loro redentore, con grande felicità ti circondarono, con riconoscenza risposero ai tuoi abbracci e con cantici festosi ti seguirono nella tua ascensione al cielo. Ancora tante anime elette, però, soffrendo e piangendo sospirano il loro Liberatore, attendono te, o Gesù, che col tuo Sangue e con la tua santa Croce hai riaperto il paradiso.

Tu, Liberatore delle anime, sei qui e dal tabernacolo eucaristico t'immoli per tutti. Mio Dio, tu sei qui ed hai operato il grande miracolo di esserti unito a noi così strettamente da renderci una sola cosa con te.

Non solo ti unisci a noi per mezzo della santa comunione, quando ti riceviamo e ti stringiamo vivo, vero e reale al nostro cuore, ma anche quando ci associ nell'infinita tua bontà all'opera della Redenzione delle anime.

Per questi grandi privilegi, o Signore, ti offro tutte le tue sofferenze dall'istante dell'incarnazione fino all'ultimo respiro sulla croce; ti offro il Sangue che per noi hai versato, le perfette riparazioni che hai offerto al Padre per noi, tutti i tuoi meriti, i dolori di Maria, tua Madre, tutte le celebrazioni eucaristiche che si offrono sulla terra, e con questo tesoro di infinito valore, ti domando la liberazione delle anime del purgatorio, specialmente di quelle che più mi stanno a cuore. Per mezzo del tuo Sangue prezioso, o Signore, siano purificate da ogni macchia. Dal tuo santo tabernacolo ora, Gesù, benedicimi, concedimi la grazia di saper amare di più e di vivere in modo da poter morire senza debiti con la tua giustizia.

VISITA A MARIA SANTISSIMA

Nelle loro visite al Santissimo Sacramento i fedeli amano rivolgersi anche a Maria Santissima con la seguente preghiera di Sant'Alfonso Maria de' Liguori.

Santissima Vergine Immacolata e madre mia Maria, io, il più miserabile di tutti i peccatori, ricorro oggi a te, Madre del mio Signore, regina del mondo, avvocata, speranza e rifugio dei peccatori.

Ti venero, grande regina, e ti ringrazio di tutti i doni che mi hai concesso finora, specialmente di avermi liberato dall'inferno che ho tante volte meritato.

Ti amo, Signora amabilissima, e per l'amore che ho per te prometto di volerti sempre servire e di fare quanto posso affinché anche gli altri ti amino.

Ripongo in te tutte le mie speranze, la mia salvezza.

O Madre di Misericordia, accettami come tuo servo, accoglimi sotto il tuo manto e, poiché sei tanto potente in Dio liberami da tutte le tentazioni, oppure ottienimi la forza di vincerle fino alla morte.

A te chiedo il vero amore a Gesù Cristo e da te spero di ottenere l'aiuto necessario per morire santamente.

Madre mia, per il tuo amore a Dio ti prego di aiutarmi sempre, ma particolarmente nell'ultimo momento della mia vita non lasciarmi, finché non mi vedrai salvo in cielo a benedirti, a cantare le tue misericordie per l'eternità.

Amen.

PREGHIERA AL SANTISSIMO SACRAMENTO DI SANT'ALFONSO MARIA DE' LIGUORI

Da recitare all'inizio di ogni visita

Mio Signore Gesù Cristo, ami tanto gli uomini che rimani notte e giorno pieno di tenerezza e d'amore nel Sacramento Eucaristico aspettando, chiamando ed accogliendo tutti coloro che vengono a visitarti.
Io credo che sei presente nell'Eucaristia. Ti adoro dall'abisso del mio niente e ti ringrazio delle grazie che mi hai elargito, specialmente di essere venuto in me, di avermi dato come avvocata la tua santissima madre Maria e di avermi chiamato in questa chiesa.

Oggi voglio venerare il tuo cuore tanto innamorato delle creature per ringraziarti del grande dono eucaristico, per consolarti di tutte le ingiurie che hai ricevuto in questo Sacramento dai tuoi nemici e, come ultimo motivo del mio saluto, con questa visita intendo adorarti in tutti i luoghi della terra dove tu, nelle sembianze del Pane santo, sei meno adorato e più solo.

Gesù mio, ti amo con tutto il cuore e mi pento di aver offeso tante volte, in passato, la tua bontà infinita. Propongo con la tua Grazia di non offenderti più e per ora, miserabile come sono, mi consacro totalmente a te: rinuncio e ti dono tutta la mia volontà, gli affetti, i desideri e quanto possiedo.

Da oggi in poi fa' di me e delle mie cose tutto quello che ti piace; ti chiedo soltanto di concedermi il tuo santo amore, la perseveranza finale e l'obbedienza perfetta alla tua volontà.

Ti raccomando le anime del purgatorio, specialmente le più devote al Santissimo Sacramento e a Maria Santissima. Ti raccomando i poveri peccatori e infine, mio caro Salvatore unisco tutti i miei desideri a quelli del tuo amorevolissimo Cuore e così uniti li offro all'Eterno Padre e lo prego in tuo nome affinché, per tuo amore, li accetti e li esaudisca.

ADORIAMO IL SACRAMENTO

***1.** Si concede l'Indulgenza plenaria al fedele che*

a. visita il Santissimo sacramento e rimane in adorazione almeno per mezz'ora;

b. nel Giovedì santo, durante la solenne reposizione del Santissimo Sacramento dopo la messa nella Cena del Signore, recita devotamente le strofe del Tantum ergo;

c. partecipa devotamente alla processione eucaristica, che riveste grandissima importanza nella solennità del Santissimo Corpo e Sangue di Cristo, sia che si svolga all'interno dell'edificio sacro sia all'esterno;

d. partecipa devotamente al solenne rito, che si suole celebrare a conclusione dei congressi eucaristici.

***2.** Si concede l'indulgenza parziale al fedele che*

a. visita il Santissimo Sacramento;

b. rivolge a Gesù presente nel Santissimo Sacramento dell'Eucarestia una preghiera legittimamente approvata (per esempio l'inno Adoro te devote, o la preghiera O sacrum convivium, o le strofe Tantum ergo).

O sacro convito, in cui Cristo è nostro cibo: si perpetua il memoriale della sua Pasqua, l'anima nostra è colmata di grazia, e ci è dato il pegno della gloria futura.

O sacrum convivium, in quo Christus sumitur, recolitur memoria passionis eius, mens impletur gratia et futurae gloriae nobis pignus datur.

Adoriamo il Sacramento
che Dio Padre ci donò.
Nuovo patto, nuovo rito
nella fede si compì.
Al mistero è fondamento
la parola di Gesù.

Gloria al Padre onnipotente,
gloria al Figlio Redentor,
lode grande, sommo onore
all'eterna Carità.
Gloria immensa, eterno
amore alla santa Trinità.
Amen.

TANTUM ERGO

Tantum ergo
Sacramentum
veneremur cernui:
et antiquum documentum
novo cedat ritui:
praestet fides supplementum
sensuum defectui.

Genitori, Genitoque
laus et iubilatio,
salus, honor, virtus quoque
sit et benedictio:
Procedenti ab utroque
compar sit laudatio.
Amen.

Preghiamo:
Signore Gesù Cristo, che nel mirabile sacramento dell'Eucaristia ci hai lasciato il memoriale della tua Pasqua, fa' che adoriamo con viva fede il santo mistero del tuo Corpo e del tuo Sangue, per sentire sempre in noi i benefici della redenzione. Tu che vivi e regni nei secoli dei secoli. **Amen.**

Rosario eucaristico

Presso l'Editrice Shalom è disponibile un piccolo libro di 32 pagine incentrato tutto sul Rosario Eucaristico; per richiederlo citare il cod. ***8183***

Nel Nome del Padre e del Figlio e dello Spirito Santo. Amen.

O Dio, vieni a salvarmi.

Signore, vieni presto in mio aiuto.

Gloria al Padre

Credo *(vedi pag. 89)*

1° Mistero Eucaristico: si contempla come Gesù Cristo abbia istituito il Santissimo Sacramento per ricordarci la sua passione e morte.

Padre nostro

Sia lodato e ringraziato ogni momento,

Gesù nel Santissimo Sacramento. *(10 volte)*

2° Mistero Eucaristico: si contempla come Gesù Cristo abbia istituito il Santissimo Sacramento per rimanere con noi tutto il tempo della nostra vita.

Padre nostro

Sia lodato e ringraziato ogni momento,

Gesù nel Santissimo Sacramento. *(10 volte)*

3° Mistero Eucaristico: si contempla come Gesù Cristo abbia istituito il Santissimo Sacramento per perpetuare il suo Sacrificio sugli altari per noi, sino alla fine del mondo.

Padre nostro

Sia lodato e ringraziato ogni momento,
Gesù nel Santissimo Sacramento. *(10 volte)*

4° Mistero Eucaristico: si contempla come Gesù Cristo abbia istituito il Santissimo Sacramento per farsi cibo e bevanda dell'anima nostra.

Padre nostro

Sia lodato e ringraziato ogni momento,
Gesù nel Santissimo Sacramento. *(10 volte)*

5° Mistero Eucaristico: si contempla come Gesù Cristo abbia istituito il Santissimo Sacramento per visitarci nel momento della nostra morte e per portarci in paradiso.

Padre nostro

Sia lodato e ringraziato ogni momento,
Gesù nel Santissimo Sacramento. *(10 volte)*

Le Novene

Una pratica relativamente moderna (sec. XVII) è quella delle novene. Potrebbe aver tratto ispirazione dalla preparazione degli apostoli nel Cenacolo alla discesa dello Spirito Santo. Si tratta di una pratica devozionale che consiste nel recitare determinate preghiere, o compiere particolari atti religiosi per nove giorni consecutivi. Per lo più viene premessa a determinate feste liturgiche, come Natale, Pentecoste, Assunzione o Immacolata, o a speciali momenti della vita privata, come nozze, ordinazioni, ecc.

La presente formula potrebbe essere particolarmente indicata per la Commemorazione dei Fedeli Defunti il 2 Novembre.

Novena per le anime del purgatorio

Introduzione

Da recitarsi per nove giorni consecutivi senza interruzione (se, cioè, un giorno ci si dimenticasse di recitarla è necessario rincominciare da capo) a partire dal 24 ottobre, o tutte le volte che si desidera pregare per le anime del purgatorio o si desidera chiedere una grazia al Signore per sua intercessione. *Questa è l'unica condizione richiesta perché la novena sia "valida", secondo l'insegnamento della Chiesa e la pratica tradizionale. Occorre, però, sempre ricordare ciò che la Chiesa insegna circa la vita spirituale, gli esercizi di pietà e le devozioni: questi esercizi sono strettamente legati alla vita sacramentale e sono tanto più efficaci quanto più si corrisponde alla grazia del Signore. È, pertanto, ugualmente "necessario", durante la novena, confessarsi, partecipare quotidianamente alla messa e ricevere la Santissima Eucarestia. In tal modo si fa già l'esperienza di una vita cristiana autentica, si attinge alla fonte prima della grazia di Dio, si pratica la fedeltà e la corrispondenza ad essa si sperimentano i suoi benefici e si ricevono tutte quelle benedizioni e consolazioni che alimentano la vita quotidiana.*

Le novene, infatti, sono molto efficaci per superare periodi di depressione, di angoscia, di rovina morale, di disastri familiari, per essere illuminati nelle scelte più difficili da prendere, per essere guariti, consolati e per chiedere qualsiasi aiuto nelle piccole e grandi difficoltà di ogni giorno.

Nel nome del Padre e del Figlio e dello Spirito Santo. Amen.

O Dio, vieni a salvarmi.
Signore, vieni presto in mio aiuto.

Gloria al Padre
Invocazioni allo Spirito Santo *(vedi da pag. 90)*
Credo *(vedi pag. 89)*

PRIMO GIORNO

Gesù, ti offro per le anime del purgatorio la tua vita santissima, l'amara passione, la morte crudele, il Sangue prezioso che versasti, i tormenti e le ingiurie che sopportasti, e tutto ciò che soffristi per la salvezza e la redenzione del mondo.

Padre nostro
Ave Maria
L'eterno riposo

Gesù, ti offro per le anime del purgatorio il terrore e lo sconforto che provasti quando, nell'Orto degli Ulivi, il tuo Cuore mite, tremando di orrore, previde tutte le sofferenze fisiche e morali che tu, sensibilissima vittima innocente, avresti dovuto sopportare per noi.

Padre nostro
Ave Maria
L'eterno riposo

Gesù, ti offro per le anime del purgatorio la profonda emozione che il timore della morte imminente ti procurò, ma non fu solo l'angoscia della terribile agonia vicina, forse il lamento: *"La mia anima è triste fino alla morte"* era dovuto alla vista di tutti quelli per i quali la tua morte sarebbe stata inutile perché non avrebbero invocato il tuo amore e il tuo perdono.

Padre nostro
Ave Maria
L'eterno riposo

Gesù, ti offro per le anime del purgatorio l'umiltà profonda che dimostrasti quando, inginocchiandoti per pregare, cadesti con la faccia a terra, molto più in segno di obbedienza e sottomissione al Padre che per l'angoscia che ti opprimeva.

Padre nostro
Ave Maria
L'eterno riposo

Gesù, ti offro per le anime del purgatorio l'edificante preghiera che facesti quando chiedesti al Padre di allontanare da te il calice amaro della passione, ma subito dopo, obbedendo al suo volere, soggiungesti umilmente: "Padre, non si faccia la mia volontà, ma la tua".

Padre nostro
Ave Maria
L'eterno riposo

Gesù, ti offro per le anime del purgatorio la carità ardente che, nonostante la grande angoscia, ti fece ricordare dei tuoi discepoli, e ti indusse a recarti da loro per esortarli a vegliare, affinché non li sorprendesse la tentazione.

Padre nostro
Ave Maria
L'eterno riposo

Gesù, ti offro per le anime del purgatorio la tua perseveranza nella preghiera quando più ti angosciavano gli affanni, e la tua perfetta rassegnazione alla volontà del Padre.

Padre nostro
Ave Maria
L'eterno riposo

Litanie per i fedeli defunti

Signore, pietà

Signore, pietà

Cristo, pietà

Cristo, pietà

Signore, pietà

Signore, pietà

O Dio Padre, Creatore del mondo

abbi pietà dei fedeli defunti

O Dio Figlio, Redentore del mondo

libera i fedeli defunti

O Dio Spirito Santo, Santificatore degli eletti

soccorri i fedeli defunti

Santa Trinità, tre persone in un solo Dio

da' pace ai fedeli defunti

Vergine Maria, assunta in cielo in anima e corpo

prega per i fedeli defunti

Angeli beati, che contemplate il volto di Dio
e servite il suo progetto di salvezza

pregate per i fedeli defunti

O santi patriarchi e profeti, che godete la chiara
visione di Dio

pregate per i fedeli defunti

O santi Apostoli, che giudicherete le dodici
tribù d'Israele

pregate per i fedeli defunti

Dalle pene per i peccati da loro commessi
liberali o Signore

Per la tua misericordia che ti ha portato ad avere sempre compassione della fragilità umana
liberali o Signore

Per i meriti della tua morte in croce con la quale hai riconciliato il mondo con il Padre
liberali o Signore

Per la tua risurrezione da morte, con cui apristi il regno dei Cieli ai tuoi credenti
liberali o Signore

Per la tua gloriosa ascensione al Cielo dove promettesti di preparare un posto ai figli di Dio
liberali o Signore

Per la tua venuta gloriosa alla fine dei tempi
liberali o Signore

Noi peccatori,
Ti preghiamo ascoltaci

Degnati di affrettare il giorno della piena comunione con te ai fedeli che stanno purificandosi
noi ti preghiamo ascoltaci

O santi discepoli del Salvatore, che giungeste alla celeste Gerusalemme
pregate per i fedeli defunti

O santi martiri, che con il sacrificio del vostro sangue siete arrivati al pieno possesso dei beni del Regno
pregate per i fedeli defunti

O sante Vergini, che foste pronte alla prima voce dello Sposo

pregate per i fedeli defunti

O santi tutti, che godete la piena comunione con Dio

pregate per i fedeli defunti

Abbi misericordia o Signore

e perdona i loro peccati

Abbi misericordia o Signore

e ascolta le loro preghiere

Dalla loro afflizione dovuta a tante ingratitudini verso Dio

liberali o Signore

Dal loro tormento che subiscono per non aver generosamente amato

liberali o Signore

Per le preghiere della Chiesa e specialmente per i meriti del tuo sacrificio pasquale, degnati di accoglierli nell'eterna gioia

noi ti preghiamo, ascoltaci

La tua visione li conforti e la gloriosa luce della Croce risplenda su di loro

noi ti preghiamo, ascoltaci

I santi Apostoli aprano loro le porte del Regno e la schiera dei Martiri li conduca a te

noi ti preghiamo, ascoltaci

Tutta la Gerusalemme celeste celebri la loro liberazione ed il coro degli angeli canti l'inno di gioia per la loro eterna felicità

noi ti preghiamo, ascoltaci

Figlio di Dio

noi ti preghiamo, ascoltaci

Agnello di Dio, che togli i peccati del mondo.
Perdona loro o Gesù.

Agnello di Dio, che togli i peccati del mondo.
esaudisci loro o Gesù.

Agnello di Dio, che togli i peccati del mondo.
Accorda a questi poveri defunti il riposo eterno.

Preghiamo:
Ascolta, o Dio, la preghiera che la comunità dei credenti innalza a te nella fede del Signore risorto, e conferma in noi la beata speranza che insieme ai nostri fratelli defunti risorgeremo in Cristo a vita nuova. Egli è Dio, e vive e regna con te, nell'unità dello Spirito santo, per tutti i secoli dei secoli.
Amen.

SECONDO GIORNO

Introduzione *(vedi pag. 294)*

Gesù, ti offro per le anime del purgatorio il conforto che ricevesti dall'angelo inviato dal Padre celeste per consolare la tua santissima umanità e prepararti ai momenti ancora più terribili che ci sarebbero stati.

Padre nostro
Ave Maria
L'eterno riposo

Gesù, ti offro per le anime del purgatorio la santa costanza del tuo Cuore, con la quale, vincendo ogni timore e ripugnanza, ti disponesti a morire per la salvezza di tutti.

Padre nostro
Ave Maria
L'eterno riposo

Gesù, ti offro per le anime del purgatorio il Sangue vivo e sacro che sudasti non tanto per le tue sofferenze quanto per gli innumerevoli peccati degli uomini.

Padre nostro
Ave Maria
L'eterno riposo

Gesù, ti offro per le anime del purgatorio, tutti i tormenti che soffristi e che io ignoro. Per i meriti dei tuoi dolori affrontati con amore, ti prego di perdonarmi tutti i peccati che per negligenza o per ignoranza non conosco.

Padre nostro
Ave Maria
L'eterno riposo

Gesù, ti offro per le anime del purgatorio la generosa prontezza con la quale dimostrasti di morire volentieri per nostro amore quando, bagnato del sudore di sangue, fosti tu a prendere l'iniziativa e andasti incontro ai tuoi nemici perfettamente calmo.

Padre nostro
Ave Maria
L'eterno riposo

Gesù, ti offro per le anime del purgatorio il dolore pungente che ti trafisse nel vedere un tuo apostolo, un amico che tanto amavi e che tanto avevi beneficato, divenuto capo dei tuoi persecutori, venire sfacciatamente a tradirti con un bacio sacrilego.

Padre nostro
Ave Maria
L'eterno riposo

Gesù, ti offro per le anime del purgatorio la straordinaria potenza e compassione con cui riattaccasti l'orecchio di Malco, servo del sommo sacerdote colpito con la spada da Pietro.

Padre nostro
Ave Maria
L'eterno riposo
Litanie per i fedeli defunti *(vedi pag. 298)*

Terzo giorno

Introduzione *(vedi pag. 294)*

Gesù, ti offro per le anime del purgatorio la tua meravigliosa pazienza nel tollerare le gravi percosse e le infami ingiurie con cui ti maltrattavano in modo inumano.

Padre nostro
Ave Maria
L'eterno riposo

Gesù, ti offro per le anime del purgatorio le continue ferventi invocazioni con le quali ti tenevi continuamente in contatto con il Padre, pur tra gli insulti e le provocazioni adattandoti al volere divino ed offrendo all'Eterno Padre le tue sofferenze per espiare tutte le nostre colpe.

Padre nostro
Ave Maria
L'eterno riposo

Gesù, ti offro per le anime del purgatorio il dolore che ti ferì profondamente l'anima quando, in quella notte di tradimento, fosti abbandonato da tutti, e specialmente dai tuoi più cari amici, i quali, vedendoti preso, fuggirono vilmente.

Padre nostro
Ave Maria
L'eterno riposo

Gesù, ti offro per le anime del purgatorio gli oltraggi dei soldati mentre ti conducevano dall'Orto degli Ulivi alla casa di Anna percuotendoti e offendendoti rozzamente.

Padre nostro
Ave Maria
L'eterno riposo

Gesù, ti offro per le anime del purgatorio l'incomparabile pazienza, umiltà e mansuetudine che dimostrasti alla presenza del sommo sacerdote Anna, quando ti interrogava con tono superbo come se tu fossi stato un malvivente.

Padre nostro
Ave Maria
L'eterno riposo

Gesù, ti offro per le anime del purgatorio lo schiaffo crudele ed irriverente che una guardia di Anna ti diede. Meraviglioso esempio di amore, misericordia, disponibilità che dobbiamo avere tra noi.

Padre nostro
Ave Maria
L'eterno riposo

Gesù, ti offro per le anime del purgatorio l'inegua-gliabile calma con cui rispondesti al suocero di Caifa. Volevi aprire gli occhi al grande sacerdote, volevi convertirlo affinché la verità gli toccasse il cuore.

Padre nostro
Ave Maria
L'eterno riposo
Litanie per i fedeli defunti *(vedi pag. 298)*

QUARTO GIORNO

Introduzione *(vedi pag. 294)*

Gesù, ti offro per le anime del purgatorio l'amarezza che provasti e l'affronto che subisti quando fosti condotto alla casa di Caifa, sommo sacerdote, dove i tuoi nemici e persecutori, come lupi rabbiosi, erano riuniti per interrogarti.

Padre nostro
Ave Maria
L'eterno riposo

Gesù, ti Offro per le anime del purgatorio la tua insuperabile pazienza davanti alle numerose accuse e alle false testimonianze che quegli uomini, avendo ormai deciso la tua morte, presentarono contro di te volendo negare la tua innocenza.

Padre nostro
Ave Maria
L'eterno riposo

Gesù, ti offro per le anime del purgatorio quel santo e misterioso silenzio che conservasti fra tante calunnie assurde e inconsistenti.

Padre nostro
Ave Maria
L'eterno riposo

Gesù, ti offro per le anime del purgatorio la tua pazienza nel sopportare l'arrogante scongiuro che ti fece il superbo Caifa, domandandoti se eri tu il Figlio di Dio.

O Gesù, per amore e rispetto al Padre tu lo confermasti, soggiungendo che saresti venuto alla fine dei secoli con grande potenza e maestà a giudicare il mondo; abbi pietà di noi, Signore.

Padre nostro
Ave Maria
L'eterno riposo

Gesù, ti offro per le anime del purgatorio l'affronto che subisti quando, udita la tua risposta che rivelava una realtà sublime e straordinariamente grande, invece di adorarti come vero Dio, ti condannarono come bestemmiatore e quindi meritevole di morte.

Padre nostro
Ave Maria
L'eterno riposo

Gesù, ti offro per le anime del purgatorio la mansuetudine con cui sopportasti il furore rabbioso con il quale ti assalirono quegli uomini malvagi che ti avevano rifiutato.

Padre nostro
Ave Maria
L'eterno riposo

Gesù, ti offro per le anime del purgatorio il ribrezzo che provasti quando i Giudei ti resero bersaglio di insulti e sputi.

Padre nostro
Ave Maria
L'eterno riposo
Litanie per i fedeli defunti *(vedi pag. 298)*

QUINTO GIORNO

Introduzione *(vedi pag. 294)*

Gesù, ti offro per le anime del purgatorio la tua grande pazienza nel sopportare gli affronti di coloro che dopo averti bendato gli occhi, gareggiavano nel colpirti. Essi rappresentano i peccatori di ogni epoca, quindi anche noi.

Padre nostro
Ave Maria
L'eterno riposo

Gesù, ti Offro per le anime del purgatorio il grande dispiacere che provasti quando Pietro, tuo amatissimo discepolo, ti rinnegò per ben tre volte e ti offro ancora l'ineffabile carità con cui lo accogliesti, affinché si pentisse e piangesse amaramente il suo peccato.

Padre nostro
Ave Maria
L'eterno riposo

Gesù, ti offro per le anime del purgatorio tutti gli affronti e le sofferenze che patisti ancora quella notte, lasciato in mano a uomini crudeli, i quali ti maltrattarono con bestemmie ed oltraggi.

Padre nostro
Ave Maria
L'eterno riposo

Gesù, ti offro per le anime del purgatorio il tuo ammirevole silenzio davanti a quelle tre false accuse che presentarono contro di te davanti a Pilato. Essi sostenevano che tu eri un seduttore del popolo, che non volevi si pagasse il tributo a Cesare e che dicevi di essere il re dei Giudei.

Padre nostro
Ave Maria
L'eterno riposo

Gesù, ti offro per le anime del purgatorio il disprezzo che tollerasti quando fosti condotto e presentato al re Erode, il quale, dopo averti orgogliosamente interrogato, non ricevendo da te alcuna risposta, ti derise e ti trattò come un pazzo.

Padre nostro
Ave Maria
L'eterno riposo

Gesù, ti offro per le anime del purgatorio l'umiliazione che provasti quando il re stesso ordinò di farti indossare una veste bianca, affinché tutti i ministri della sua Corte ti deridessero come stolto.

Padre nostro
Ave Maria
L'eterno riposo

Gesù, ti offro per le anime del purgatorio la pena e la vergogna che soffristi nell'essere condotto così vestito per le vie di Gerusalemme, fra gli insulti e le grida.

Padre nostro
Ave Maria
L'eterno riposo
Litanie per i fedeli defunti *(vedi pag. 298)*

Sesto giorno

Introduzione *(vedi pag. 294)*

Gesù, ti offro per le anime del purgatorio l'ammirabile pazienza con cui ti lasciasti ricondurre da Pilato, e ti offro pure la grande sofferenza che provasti quando sentisti voci spietate alzarsi tra il popolo che avevi beneficato, pretendendo la tua innocente crocifissione insieme alla liberazione del colpevole Barabba.

Padre nostro
Ave Maria
L'eterno riposo

Gesù, ti offro per le anime del purgatorio l'amarezza che la tua anima provò quando il preside romano, quantunque ti sapesse innocente e giusto, per compiacere i tuoi nemici ti condannò ad essere flagellato.

Padre nostro
Ave Maria
L'eterno riposo

Gesù, ti offro per le anime del purgatorio i passi dolorosi che dovesti fare quando ti condussero come fossi un malfattore nel luogo dove ti avrebbero flagellato; con cuore pronto e volontà ferma, mio Salvatore, andasti incontro ad un supplizio orrendo.

Padre nostro
Ave Maria
L'eterno riposo

Gesù, ti offro per le anime del purgatorio lo sconcerto che provasti quando ti spogliarono ed il dolore che provasti quando ti legarono strettamente ad una colonna.

Padre nostro
Ave Maria
L'eterno riposo

Gesù, ti offro per le anime del purgatorio il dolore dei flagelli con i quali ti battevano con forza e furore per lungo tempo, tanto da lacerare il tuo corpo.

Padre nostro
Ave Maria
L'eterno riposo

Gesù, ti offro per le anime del purgatorio le Piaghe che furono aperte in ogni parte del corpo e il Sangue che da esse sgorgò abbondantemente; ti offro inoltre, mio Signore, la difficoltà e la sofferenza con cui ti rivestisti dopo la lunga e crudele flagellazione.

Padre nostro
Ave Maria
L'eterno riposo

Gesù, ti offro per le anime del purgatorio la pena che ti costò e il Sangue che versasti, tanto che tutto il tragitto fu segnato dal suo rossore, quando fosti ricondotto dai carnefici nel cortile di Pilato tra gli insulti.

Padre nostro
Ave Maria
L'eterno riposo
Litanie per i fedeli defunti *(vedi pag. 298)*

SETTIMO GIORNO

Introduzione *(vedi pag. 294)*

Gesù, ti offro per le anime del purgatorio il terribile dolore che provasti quando quegli uomini privi di umanità, straziarono orribilmente le tue piaghe togliendoti nuovamente di dosso le vesti.

Padre nostro
Ave Maria
L'eterno riposo

Gesù, ti offro per le anime del purgatorio l'atrocissimo scherno con cui i soldati ti derisero quando, per trattarti da re di burla, ti ammantarono di una porpora lacera e sporca, e coronandoti di pungentissime spine, invece di uno scettro reale ti posero tra le mani una canna.

Padre nostro
Ave Maria
L'eterno riposo

Gesù, ti offro per le anime del purgatorio il lacerante dolore che sopportasti quando fosti incoronato di spine grosse e terribilmente appuntite, e quando la corona ti venne calcataa con forza, per trafiggerti più crudelmente.

Padre nostro
Ave Maria
L'eterno riposo

Gesù, ti offro per le anime del purgatorio tutte le dolorose lacerazioni che le spine ti procurarono, e tutto il Sangue che da esse stillò bagnandoti gli occhi e la faccia.

Padre nostro
Ave Maria
L'eterno riposo

Gesù, ti offro per le anime del purgatorio la grande forza d'animo che dimostrasti sopportando pazientemente e in silenzio tutte queste torture fisiche e psichiche.

Padre nostro
Ave Maria
L'eterno riposo

Gesù, ti offro per le anime del purgatorio tutti gli oltraggi che subisti quando ti sputarono in faccia, ti schiaffeggiarono e, inchinandosi beffardi davanti a te, ti schernivano: "Salve, re dei Giudei".

Padre nostro
Ave Maria
L'eterno riposo

Gesù, ti offro per le anime del purgatorio l'ulteriore dolore che i soldati ti procurarono quando ti tolsero il manto provocando la riapertura delle ferite da poco richiuse e appiccicate alla tela, per rivestirti nuovamente con i tuoi abiti.

Padre nostro
Ave Maria
L'eterno riposo
Litanie per i fedeli defunti *(vedi pag. 298)*

OTTAVO GIORNO

Introduzione *(vedi pag. 294)*

Gesù, ti offro per le anime del purgatorio la vergogna che sopportasti, quando tutto coperto di Sangue, di lividi e di piaghe, dall'alto fosti mostrato ai tuoi nemici mentre Pilato diceva: "Ecco l'uomo!".

Padre nostro
Ave Maria
L'eterno riposo

Gesù, ti offro per le anime del purgatorio l'inesprimibile dolore che provasti quando tutto il popolo ebreo, popolo che avevi amato gridava contro di te: "Sia crocifisso, sia crocifisso!".

Padre nostro
Ave Maria
L'eterno riposo

Gesù, ti offro per le anime del purgatorio l'immensa fatica che affrontasti quando, molto debole per la flagellazione subita, fosti caricato della grossa croce e fosti trascinato verso il monte Calvario, per morirvi vittima d'amore fra gli spasmi più atroci e gli insulti più spregevoli.

Padre nostro
Ave Maria
L'eterno riposo

Gesù, ti offro per le anime del purgatorio tutte le ingiurie, gli spintoni e le percosse che patisti, il Sangue che uscì dalle ferite, i sudori, i sospiri e le fatiche che affrontasti tra tanti affanni lungo la via dolorosa del Calvario.

Padre nostro
Ave Maria
L'eterno riposo

Gesù, ti offro per le anime del purgatorio le tre cadute mortali che subisti. Ti offro inoltre, il dolore che provasti sotto i colpi che i soldati ti davano per farti rialzare e riprendere il cammino.

Padre nostro
Ave Maria
L'eterno riposo

Gesù, ti offro per le anime del purgatorio il disonore che subisti ingiustamente quando ti condussero fuori della città come un malfattore in mezzo a due ladri, con la croce sulle spalle.

Padre nostro
Ave Maria
L'eterno riposo

Gesù, ti offro per le anime del purgatorio il profondo sentimento di compassione che provasti quando incontrasti la tua Madre pietosa, pallida e straziata dal tremendo dolore di vederti così sfigurato che non esitò nel venire verso di te ed abbracciarti nonostante la violenta opposizione dei carnefici per separarvi.

Padre nostro
Ave Maria
L'eterno riposo
Litanie per i fedeli defunti *(vedi pag. 298)*

NONO GIORNO

Introduzione *(vedi pag. 294)*

Gesù, ti offro per le anime del purgatorio la stanchezza estrema che ti oppresse lungo la via. Per questo costrinsero un uomo di Cirene a portare la croce. Era un segno per noi: tu ci chiedi di aiutarti, portando con te la nostra croce, per la redenzione del mondo.

Padre nostro
Ave Maria
L'eterno riposo

Gesù, ti offro per le anime del purgatorio il travaglio che il tuo sacro corpo dovette affrontare nella salita al Calvario; ti offro pure, mio Gesù, il rifiuto che opponesti al vino mescolato con fiele che vollero offrirti: un'amara bevanda avevano riservato al re dei re mentre offriva Se stesso per la Redenzione degli uomini.

Padre nostro
Ave Maria
L'eterno riposo

Gesù, ti offro per le anime del purgatorio il tormento che soffristi quando i soldati sul Calvario provocarono nuovamente la riapertura delle tue piaghe, staccando dalla viva carne le vesti già attaccate dal sudore e dal Sangue.

Padre nostro
Ave Maria
L'eterno riposo

Gesù, ti offro per le anime del purgatorio la prontezza di amore e di volontà con la quale ti distendesti sulla croce offrendo le mani ed i piedi ai carnefici perché fossero crudelmente trafitti. Ti offro ancora l'indicibile dolore che sopportasti quando il tuo santissimo Corpo fu trapassato da chiodi ai polsi che dovevano sostenere tutto il peso del tuo Corpo e quando ti furono trapassati i piedi che, come ci rivela lo studio della Sacra Sindone, furono sovrapposti e fissati alla Croce con un chiodo solo!

Padre nostro
Ave Maria
L'eterno riposo

Gesù, ti offro per le anime del purgatorio la santa ed efficace oblazione che presentasti al Padre come vittima e sacerdote sull'altare della croce. Per mezzo della tua purissima offerta il mondo fu riconciliato con Dio, l'uomo fu redento ed il cielo aperto.

Padre nostro
Ave Maria
L'eterno riposo

Gesù, ti offro per le anime del purgatorio tutte le angosce e le pene che sopportasti appeso alla croce, e in particolare la sofferenza che ti provocarono gli occhi pieni di Sangue, la bocca e il palato secchi che, sentivano l'amaro sapore del fiele appena assaggiato, le orecchie che udivano terribili e brutali bestemmie, l'odorato ormai saturo dal fetore del Calvario ed il tatto dalle spine, dai chiodi e dalle mille altre piaghe.

Padre nostro
Ave Maria
L'eterno riposo

Gesù, ti offro per le anime del purgatorio i crudeli spasimi da cui erano percorse tutte le tue membra, il capo trafitto dalle spine, il viso reso irriconoscibile per i colpi subiti, il petto lacerato dai flagelli, le ossa slogate, i nervi disgiunti, le mani ed i piedi inchiodati, e tutto il corpo coperto di piaghe.

Padre nostro
Ave Maria
L'eterno riposo
Litanie per i fedeli defunti *(vedi pag. 298)*

Novena a san Giuseppe per le anime del purgatorio

(da recitarsi tutta intera ogni giorno per nove giorni consecutivi)

Introduzione

Nel nome del Padre e del Figlio e dello Spirito Santo. Amen.

O Dio, vieni a salvarmi.
Signore, vieni presto in mio aiuto.

Gloria al Padre
Invocazioni allo Spirito Santo *(vedi pag. 90)*
Credo *(vedi pag. 89)*

O san Giuseppe, fanciullo obbediente e rispettoso nella tua infanzia, sei stato arricchito dalla Santissima Trinità di grazie e carismi particolari per renderti adatto a svolgere il grande compito che ti aveva riservato. Prega ora per i fanciulli che soffrono in purgatorio e per noi, perché possiamo essere validi educatori per i bambini che ci vivono accanto.

Padre nostro
Ave Maria
L'eterno riposo

O san Giuseppe, durante la tua gioventù trascorsa a Nazaret, sei stato umile e devoto ed hai gelosamente custodito la purezza difendendola dalla concupiscenza della carne, dalle tentazioni del demonio e dalle sollecitudini del mondo con la preghiera, la vigilanza e il digiuno. Prega per i giovani che ora soffrono in purgatorio e per quelli che ci vivono accanto affinché possano comprendere il valore della purezza e rifiutino con fermezza le lusinghe delle tentazioni.

Padre nostro
Ave Maria
L'eterno riposo

O san Giuseppe, sposo tenero e premuroso che hai amato Maria con amore casto e profondo, riflesso di un legame unico e definitivo, prega per gli sposi che soffrono in purgatorio per difetti e carenze del loro amore e prega anche per le coppie che compongono la nostra società affinché sappiano amare come te, nel rispetto e nella purezza.

Padre nostro
Ave Maria
L'eterno riposo

O san Giuseppe, tu sei stato posto a capo della Santa Famiglia, ed hai avuto il grandissimo privilegio di educare e proteggere il Figlio di Dio. Tu che hai adempiuto a questo delicato compito con amore e responsabilità, prega per i padri di famiglia che soffrono in purgatorio per non aver assolto al loro impegno educativo secondo la volontà di Dio, e prega anche per le nostre famiglie perché vi regni sempre la serenità e il dialogo nella quiete e nell'amore.

Padre nostro
Ave Maria
L'eterno riposo

O san Giuseppe, durante la tua vita terrena, ti sei sempre abbandonato con fiducia alla volontà di Dio anche quando hai vissuto situazioni umane incomprensibili e drammatiche come la misteriosa maternità di Maria, la fuga in Egitto, lo smarrimento di Gesù bambino e i silenziosi anni della vita a Nazaret, prega per tutti coloro che soffrono in purgatorio per essersi ribellati alla volontà di Dio durante la loro vita terrena e prega anche per noi perché, nonostante le prove, non disperiamo mai dell'aiuto e dell'amore del Padre.

Padre nostro
Ave Maria
L'eterno riposo

O san Giuseppe, modello di ogni uomo, sposo e padre, uomo giusto agli occhi di Dio che sei vissuto nella fede, nella speranza e nell'amore ed hai coronato la tua santa vita con una morte serena, benedetta da Gesù, che ti chiamava "papà" e ti confortava e sostenuta dal dolce sorriso e dalle tenere cure di Maria, tua sposa, prega per coloro che si sono trovati impreparati al momento della morte. Essi ora soffrono in purgatorio e attendono conforto e sollievo. Caro san Giuseppe, prega per noi, perché anche la nostra morte sia benedetta da Gesù e Maria e possiamo affrontarla come chi si accinge a tornare nella sua vera casa.

Padre nostro
Ave Maria
L'eterno riposo

O san Giuseppe che fosti proclamato patrono della Chiesa Universale perché con amore e sollecitudine, anche a costo di privazioni, incomprensioni e sofferenze proteggesti il piccolo Gesù, prega per i sacerdoti, i religiosi e le religiose che soffrono in purgatorio e prega anche per la Chiesa militante che deve continuamente vigilare per evitare le insidie del maligno; difendila da ogni attacco del male e vigila su di lei affinché sia sempre più pura e santa.

Padre nostro
Ave Maria
L'eterno riposo

Pie suppliche a san Giuseppe

in ricordo della vita nascosta di san Giuseppe con Gesù e Maria

San Giuseppe, prega Gesù
che venga nell'anima mia e la santifichi.

San Giuseppe, prega Gesù
che venga nel mio cuore e lo infiammi di carità.

San Giuseppe, prega Gesù
che venga nella mia intelligenza e la illumini.

San Giuseppe, prega Gesù
che venga nella mia volontà e la fortifichi.

San Giuseppe, prega Gesù
che venga nei miei pensieri e li purifichi.

San Giuseppe, prega Gesù
che venga nei miei affetti e li regoli.

San Giuseppe, prega Gesù
che venga nei miei desideri e li diriga.

San Giuseppe, prega Gesù
che venga nelle mie azioni e le benedica.

San Giuseppe, ottienimi da Gesù
il suo santo amore.

San Giuseppe, ottienimi da Gesù
l'imitazione delle sue virtù.

San Giuseppe, ottienimi da Gesù
la vera umiltà di spirito.

San Giuseppe, ottienimi da Gesù
la mitezza di cuore.
San Giuseppe, ottienimi da Gesù
la pace dell'anima.

San Giuseppe, ottienimi da Gesù
il santo timore di Dio.

San Giuseppe, ottienimi da Gesù
il desiderio della perfezione.

San Giuseppe, ottienimi da Gesù
la dolcezza di carattere.

San Giuseppe, ottienimi da Gesù
un cuore puro e caritatevole.

San Giuseppe, ottienimi da Gesù
**la grazia di sopportare con pazienza
le sofferenze della vita.**

San Giuseppe, ottienimi da Gesù
**la forza per compiere sempre
la volontà del Padre.**

San Giuseppe, ottienimi da Gesù
la perseveranza nell'operare il bene.

San Giuseppe, ottienimi da Gesù
la fortezza nel portare le croci.

San Giuseppe, ottienimi da Gesù
il distacco dai beni di questa terra.

San Giuseppe, ottienimi da Gesù
di camminare per la via stretta del cielo.

San Giuseppe, ottienimi da Gesù
di fuggire ogni occasione di peccato.

San Giuseppe, ottienimi da Gesù
un santo desiderio del paradiso.
San Giuseppe, ottienimi da Gesù
la perseveranza finale.

San Giuseppe,
non mi allontanare da te.

San Giuseppe,
fa' che il mio cuore non cessi mai di amarti e la mia lingua di lodarti.

San Giuseppe,
per l'amore che portasti a Gesù, aiutami ad amarlo.

San Giuseppe,
degnati di accogliermi come tuo devoto.

San Giuseppe,
io mi dono a te: accettami e soccorrimi.

San Giuseppe,
non mi abbandonare nell'ora della morte.

Gesù, Giuseppe e Maria,
vi dono il cuore e l'anima mia.

Rivolgiamoci a san Giuseppe, patrono degli agonizzanti, che nella sua morte fu assistito da Gesù e Maria, perché ci assista nell'ultima lotta. Per far ciò può esserci d'aiuto il libro ***"Preghiere a san Giuseppe"*** *che si può acquistare nelle librerie cattoliche, presso i santuari o si può ordinare e ricevere comodamente a casa propria, telefonando all'Editrice Shalom e citando il* ***codice 8115*** *o visitando il suo sito internet (vedi pag. 4).*

IONAS

Novena per le anime dei defunti

Primo giorno

Introduzione *(vedi pag. 294)*

Come ben sappiamo il motivo per cui tante anime soffrono in purgatorio è nei peccati commessi in vita. La loro sofferenza nasce dalla consapevolezza dell'entità e del numero dei loro peccati.

O Gesù, mio Signore e Salvatore! Con il mio peccato anch'io ho spesso meritato l'inferno e l'idea di essere dannato per l'eternità mi turba profondamente. Ti amo e ti adoro per la tua infinita misericordia. Mi pento e mi dolgo con tutto il cuore di averti ferito ed offeso e propongo di migliorare. Concedimi, o mio Dio, il tuo perdono e la tua grazia. Abbi pietà di me ed abbi pietà dei nostri fratelli del purgatorio.

O Maria Madre di Dio, mediatrice di tutte le grazie, Madre dell'Eterna Pace, vieni in aiuto delle anime del purgatorio mediante la tua potente intercessione. Per mezzo di essa possa Gesù Cristo, tuo amatissimo Figlio e nostro Signore, concedere loro di partecipare alla sua gloria e beatitudine.

Padre nostro
Ave Maria
L'eterno riposo

SECONDO GIORNO

Introduzione *(vedi pag. 294)*

Le anime del purgatorio soffrono pensando al tempo perso in vita e che avrebbero potuto impiegare per guadagnarsi meriti per accedere al paradiso; non è più possibile, infatti, dopo la morte, acquisire ulteriori meriti.

O Dio Onnipotente ed Eterno! Cosa ho mai fatto nella mia vita per meritarmi il premio eterno? Le cose di questo mondo hanno quasi sempre assorbito i miei sensi ed i miei pensieri. Ti ringrazio perché mi concedi altro tempo per riparare al male compiuto e per guadagnarmi meriti per il paradiso. Mi dolgo con tutto il cuore per essermi allontanato da te, o Dio di somma Bontà. O Gesù, tu hai promesso di abitare con noi per sempre: fa' che nulla conti tanto quanto l'amarti ed il servirti. Abbi pietà di me e dei nostri fratelli del purgatorio.

O Maria, Madre di Dio, piena di grazia, vieni in aiuto alle anime del purgatorio con la tua potente intercessione! Per mezzo di essa, possa Gesù Cristo, il tuo amatissimo Figlio e nostro Signore, concedere loro il partecipare alla sua gloria e alla sua beatitudine.

Padre nostro
Ave Maria
L'eterno riposo

Terzo giorno

Introduzione *(vedi pag. 294)*

Grande è l'afflizione delle anime del purgatorio alla vista spaventosa dei propri peccati che dovranno espiare con sommo dolore in questo luogo di purificazione. Da vivi, infatti, non erano sufficientemente consapevoli dell'entità delle loro colpe che in purgatorio emergono molto chiare.

O Eterno Padre, Dio santo ed onnipotente, Dio santo ed Immortale, io ti amo e ti adoro sopra ogni cosa poiché tu sei misericordia infinita e mi dolgo con tutto il cuore di averti offeso. D'ora in poi intendo adoperarmi in tutti i modi per non allontanarmi più da tc. Donami nuovamente, o mio Dio, la tua grazia. Abbi pietà di me ed abbi pietà dei nostri fratelli del purgatorio.

O Maria, Madre di Dio, piena di grazia, vieni in aiuto alle anime del purgatorio con la tua potente intercessione. Per mezzo di essa, possa Gesù Cristo, il tuo amatissimo Figlio e nostro Signore, concedere loro di partecipare alla sua gloria ed alla sua beatitudine.

Padre nostro
Ave Maria
L'eterno riposo

Quarto giorno

Introduzione *(vedi pag. 294)*

Già da questo momento dobbiamo profondamente affliggerci per aver offeso Dio, eterno amore, così frequentemente. I nostri fratelli del purgatorio riconoscono molto più chiaramente di noi l'infinita bontà di Dio e quindi lo amano con tutte le loro forze. Perciò soffrono pene indescrivibili al solo pensiero di aver offeso un Dio così grande nell'amore; queste pene sono più severe di quelle sofferte sulla terra.

O Dio onnipotente ed eterno, io ti amo sopra ogni cosa poiché sei bontà infinita e mi pento e mi dolgo con tutto il cuore di averti offeso. Propongo di non offenderti mai più. Aiutami a perseverare in ciò da questo momento. Abbi pietà di me ed abbi pietà dei nostri fratelli del purgatorio.

O Maria, Madre di Dio, piena di grazia, vieni in aiuto alle anime del purgatorio con la tua potente intercessione! Per mezzo di essa possa Gesù Cristo, il tuo amatissimo Figlio e nostro Signore, concedere loro di partecipare alla sua gloria ed alla sua beatitudine.

Padre nostro
Ave Maria
L'eterno riposo

QUINTO GIORNO

Introduzione *(vedi pag. 294)*

Le anime del purgatorio ignorano quando le loro sofferenze avranno fine. Sono certe, tuttavia, che un giorno ne verranno sollevate. Tuttavia l'incertezza stessa circa questo termine è per loro fonte di grande angustia.

O Dio infinitamente buono, ti amo sopra ogni cosa e mi dolgo e mi pento con tutto il cuore di averti offeso. Propongo seriamente di darti gioia. Fa' che io riposi, o Dio, nella tua pace! Eterno Padre, Dio santo, Dio santo e Forte, Dio santo ed Immortale, abbi pietà di me ed abbi pietà dei nostri fratelli del purgatorio.

O Maria, concepita senza peccato, prega per noi che ricorriamo a te per protezione! Santa Maria, Vergine Immacolata e Madre di Dio, con la tua potente intercessione vieni in nostro soccorso ed in soccorso dei nostri fratelli del purgatorio!

Padre nostro
Ave Maria
L'eterno riposo

Sesto giorno

Introduzione *(vedi pag. 294)*

Di grande conforto per le anime del purgatorio è il pensiero della dolorosa Passione di nostro Signore Gesù Cristo e del Mistero Eucaristico, poiché sentono di essere state redente dal suo Sacrificio e di aver ricevuto, con la santa comunione da vive e di continuare a ricevere, attraverso la comunione della Chiesa militante, tantissime grazie. Altrettanto grande è il loro sconforto al pensiero di essere state così indifferenti in vita di fronte a queste due immense prove dell'amore di Gesù Cristo per ognuna di loro.

O mio Signore e mio Dio tu moristi in croce per me. Quante volte ti donasti a me nell'Ostia consacrata e quante volte ti ricevetti con poca o nessuna gratitudine e come cosa dovutami! Propongo, o mio grande e santo Dio, di non offenderti nuovamente. O mio Salvatore, donami il tuo perdono e il tuo amore. O mio Dio, mio dono immenso, abbi pietà di me e dei miei fratelli che soffrono nella Chiesa purgante.

O Maria, Madre di Dio e di tutti gli uomini, con la tua potente intercessione vieni in aiuto ai nostri fratelli del purgatorio.

Padre nostro
Ave Maria
L'eterno riposo

SETTIMO GIORNO

Introduzione *(vedi pag. 294)*

Il dolore immenso che provano le anime del purgatorio e che noi possiamo alleviare, aumenta allorché esse considerano gli atti misericordiosi di Dio. In vita ebbero genitori cristiani, il dono della fede fin da piccoli, insomma tutto e quanto di meglio per ricevere le grazie di Dio. Tutto ciò, ai loro occhi, rende il loro peccato di ingratitudine ancora più grave.

O Dio Onnipotente, Dio Eterno, fui anch'io creatura ingrata. Tu mi aspettasti con infinita pazienza e rimettesti i miei peccati ripetutamente. Eppure io, dopo reiterate promesse, continuai ad offenderti. O mio Dio, nostro Padre nei cieli, abbi pietà di me! Mi dolgo e mi pento di averti offeso e ti prometto di riparare le mie colpe. Abbi pietà di me e dei miei fratelli in purgatorio. Liberali dalla loro colpa e dalla loro condanna. Liberali presto e concedi loro di divenire intercessori per me e per tutte le mie intenzioni!

O Maria, nostro aiuto e protezione, vieni in soccorso ai nostri fratelli del purgatorio con la tua potente intercessione!

Padre nostro
Ave Maria
L'eterno riposo

OTTAVO GIORNO

Introduzione *(vedi pag. 294)*

Le anime del porgatorio che non sono in grado di poter aiutare sè stesse, soffrono indicibilmente al pensiero che tanti uomini e donne vivono senza sapere ciò che fanno. Essi trascorrono la propria vita senza mai pensare a Dio, all'eternità e quindi al perché esistano e, di conseguenza, non sono in grado di prepararsi sin d'ora all'incontro finale con il loro Creatore.

O Dio onnipotente ed eterno proteggimi da un cuore apatico ed indolente. Aiutami a riconoscere nella mia esistenza i veri valori, a contare i miei giorni e ad avvicinarmi sempre di più a te fino a vederti, adorarti e lodarti nel tuo Regno Eterno.

O Maria, concepita senza peccato, prega per noi che ricorriamo a te per ottenere la tua protezione. Santa Maria, Madre di Dio mediatrice di tutte le grazie, vieni a noi ed a tutte le anime del purgatorio con la tua potente intercessione.

Padre nostro
Ave Maria
L'eterno riposo

NONO GIORNO

Introduzione *(vedi pag. 294)*

I patimenti delle anime del purgatorio sono terribili per i loro peccati e per la lunga purificazione. Ma di gran lunga il dolore più grande per loro è quello di essere separati da Dio e privati della sua vista.

O Dio Onnipotente ed Eterno! Come ho potuto accumulare anni su anni di lontananza dalle tue grazie! Perdonami, mio Signore e mio Dio! Non permettere che io perda nuovamente le grazie che mi hai dato! Ti supplico di concedere le tue grazie e la tua Misericordia ai fratelli del purgatorio. Allevia, ti prego, le loro sofferenze, abbrevia il loro esilio e mostra loro presto la tua beatitudine.

Santa Maria Madre di Dio, prega per noi peccatori ora e nell'ora della nostra morte.
O Maria, Vergine concepita senza peccato e Madre di Dio, mediatrice di tutte le grazie, Regina di tutti i santi, vittoriosa in tutte le battaglie di Dio, vieni in nostro aiuto ed in aiuto ai nostri fratelli del purgatorio con la tua potente intercessione.

Preghiere alla Beata Vergine Maria

Preghiere al Cuore della Santissima Vergine trapassato dalle spade del dolore

• O addolorata vergine Maria, permettimi di ricordarti la spada di dolore che trapassò la tua anima quando Gesù, tuo Figlio amatissimo, congedandosi da te, ti chiese la benedizione materna. Ricorda, o Madre desolata, il dolore del tuo Cuore quando colui che era tutta la tua gioia, ti abbracciò un'ultima volta con inesprimibile amore, e con voce dolcissima e grande tristezza, si allontanò da te. Per questo primo addio di Gesù e per le lacrime amare che versasti, ti supplico di liberare dal purgatorio le anime dei miei parenti, e specialmente *(nome)*.

• Addolorata vergine Maria, lascia che ti ricordi la spada di dolore che trapassò la tua anima quando san Giovanni venne a dirti che Gesù era stato tradito da Giuda, preso dai giudei e condotto davanti al tribunale di Anna e Caifa, dove veniva insultato e schernito, e reso oggetto di ingiurie ed oltraggi di ogni genere. Per questa spada che ti provocò un dolore acutissimo, ti scongiuro, o Maria, di liberare dal purgatorio le anime che furono più devote della passione del tuo Figlio divino, Gesù Cristo; specialmente *(nome)*.

• Afflittissima vergine Maria, permettimi di ricordarti la spada di dolore che trapassò la tua anima quando con i tuoi occhi vedesti Gesù presentato da Pilato al popolo, con il corpo lacerato dalle frustate, insanguinato, coronato di spine, con addosso un drappo rosso, sporco, usato per gli animali. Il tuo Gesù, il più bello tra i figli dell'uomo, era torturato e schernito come re di burla! Ricordati, o Maria, la più afflitta delle madri, ricordati che cosa provò il tuo Cuore quando udisti i Giudei gridare: "Crocifiggilo! Crocifiggillo!". Pensa alla crudele ferita che ricevesti nell'anima quando udisti da Pilato la condanna di tuo Figlio alla morte più ignobile e spietata, pensa alla spada di dolore che penetrò fino in fondo al tuo Cuore quando vedesti i carnefici caricare Gesù della croce e condurlo con indicibile brutalità fino al monte Calvario! Compatisco le tue sofferenze, o addoloratissima tra le madri, e con il sentimento della più profonda umiltà ti supplico di liberare dal purgatorio le anime che durante la loro vita terrena furono più fedeli nel pregarti regina dei martiri, e specialmente *(nome)*.

• O desolata vergine Maria, permettimi di ricordarti la crudele spada di dolore che trapassò la tua anima quando vedesti innalzare in croce il tuo Figlio amatissimo, sospeso con tre chiodi. Com'è possibile che in quei momenti la tua anima non si sia separata dal corpo? Ricordati, o Maria, della tristezza che provasti vedendo il tuo Figlio divino oltraggiato con le bestemmie, assetato e agonizzante, eppure non gli fu dato che fiele e aceto, considerato meno del ladrone e trattato assai più crudelmente di lui. Ricorda altresì la tua indicibile desolazione quando lo vedesti indebolito per l'atrocità del dolore e dell'amore, con il volto pallido, le membra tremanti e gli occhi spenti, oppresso da un dolore inesprimibile, abbandonato da tutti, finché spirò con un forte grido.
Per queste incomparabili sofferenze, per le tue copiose lacrime, ti scongiuro, o afflittissima Madre, di liberare dal purgatorio le anime di coloro che mi fecero del bene, di coloro che mi fecero del male e di tutti coloro che, mentre erano in vita, posso aver offesi e contristati, e specialmente *(nome)*.

• O dolorosissima vergine Maria, permettimi di ricordarti la spada di dolore che trapassò la tua anima quando accogliesti fra le braccia Gesù deposto dalla Croce, e bagnasti con le tue lacrime il suo sacro Corpo. Dimmi, o buona Madre, ciò che provò il tuo Cuore vedendolo con la testa ferita dalle spine, il Costato aperto dalla lancia, le mani ed i piedi trapassati da grossi chiodi, tutto il corpo lacerato dalle ferite, coperto di lividi ed intriso di sangue.
O Madre sconsolata, per tutti i gemiti e i sospiri del tuo Cuore, per tutti i dolori e le piaghe della tua anima, ti supplico di liberare dal purgatorio le anime più afflitte e più abbandonate, le anime di tutti i sacerdoti e di coloro che sacrificarono la loro vita a beneficio dell'umanità, e specialmente *(nome)*.

PREGHIERA A MARIA SANTISSIMA PER LE ANIME DEL PURGATORIO PIÙ DIMENTICATE

O Maria, abbi pietà delle anime che attendono soffrendo la purificazione dalle loro colpe e non hanno alcuno sulla terra che pensi e preghi per loro.

O buona mamma di Gesù e mamma nostra, ispira a molti cristiani caritatevoli il pensiero di pregare per loro e cerca nel tuo Cuore materno i modi per sollevarli.

O Madre del perpetuo soccorso, abbi pietà delle anime più abbandonate del purgatorio.
Misericordioso Gesù, dona loro il riposo eterno.

MAGNIFICAT

(INDULGENZA PARZIALE.)

“L’anima mia magnifica il Signore
e il mio spirito esulta in Dio, mio salvatore,

perché ha guardato l’umiltà della sua serva.
D’ora in poi tutte le generazioni
mi chiameranno beata.

Grandi cose ha fatto in me l’Onnipotente
e santo è il suo nome:

di generazione in generazione la sua misericordia
si stende su quelli che lo temono.

Ha spiegato la potenza del suo braccio,
ha disperso i superbi nei pensieri del loro cuore;

ha rovesciato i potenti dai troni,
ha innalzato gli umili.

Ha ricolmato di beni gli affamati,
ha rimandato i ricchi a mani vuote.

Ha soccorso Israele, suo servo,
ricordandosi della sua misericordia,

come aveva promesso ai nostri padri,
ad Abramo e alla sua discendenza, per sempre”.

Gloria al Padre e al Figlio
e allo Spirito Santo.

Come era nel principio, e ora e sempre
nei secoli dei secoli. **Amen.**

Maria, madre di grazia

(Indulgenza parziale)

Maria, Madre di grazia,
Madre di misericordia,
proteggimi dal nemico,
e accoglimi nell'ora della morte.

Preghiera alla Beatissima Vergine Immacolata per la propria morte

Il Cielo ti lodi, o Maria Madre di Dio, Regina del Cielo, Porta del paradiso, Signora del mondo. Tu sei la Vergine purissima, concepita senza peccato originale, Vergine e Madre di Gesù, nostro Salvatore, Immacolata e preservata da ogni più piccola ombra di peccato. Ti prego, per la tua santità, di farmi vivere nella purezza lontano dal peccato. Intercedi per me presso Gesù, tuo Figlio dilettissimo; portami con te dopo la morte, liberandomi da qualunque male della mente e del corpo, aiuta coloro che si raccomandano alle mie preghiere e fa' che adempia alle opere di misericordia e giunga in paradiso per vivere per sempre nella gioia eterna. **Amen.**

Padre nostro
Ave Maria
Gloria al Padre

SOTTO LA TUA PROTEZIONE

(INDULGENZA PARZIALE)

Sotto la tua protezione cerchiamo rifugio, santa Madre di Dio; non disprezzare le suppliche di noi che siamo nella prova, e liberaci da ogni pericolo, o Vergine gloriosa e benedetta.

RICORDATI, O PIISSIMA VERGINE MARIA

(INDULGENZA PARZIALE.)

Ricordati, o piissima Vergine Maria, non essersi mai udito al mondo che alcuno abbia ricorso al tuo patrocinio, implorato il tuo aiuto, chiesto la tua protezione e sia stato abbandonato.

Animato da tale confidenza, a te ricorro, o Madre, o Vergine delle vergini, a te vengo e, peccatore contrito, innanzi a te mi prostro.

Non volere, o Madre del Verbo, disprezzare le mie preghiere, ma ascoltami propizia ed esaudiscimi.

Amen.

SANTA MARIA, SOCCORRI I MISERI

(INDULGENZA PARZIALE.)

Santa Maria, soccorri i miseri, aiuta i deboli, conforta gli afflitti, prega per il popolo, intervieni per il clero, intercedi per le donne pie, sentano la tua protezione tutti quelli che ti onorano.

PREGHIERA ALLA MADONNA

Maria Santissima, mamma immacolata, ti prego di offrire all'eterno Padre il Sangue preziosissimo di Gesù Cristo per la mia anima, per le anime sante del purgatorio, per i bisogni della santa Chiesa, per la conversione dei peccatori e per tutto il mondo.

3 Gloria al Padre

al Sangue preziosissimo di Gesù Cristo

Ave Maria

a Maria Santissima Addolorata

L'eterno riposo

per le anime sante del purgatorio

Coroncina dell'Immacolata Concezione di Maria Santissima

Questa Coroncina è di grande profitto per chi la recita, di sollievo alle anime sante del purgatorio, molto gradita all'immacolata Vergine Maria, ed è utilizzata da Dio a nostro vantaggio perché, secondo le parole di San Paolo, Egli si definì generoso dispensatore delle sue grazie per tutti coloro che Lo invocano.

La coroncina è costituita da cinque decine e per recitarla si usa una comune corona del rosario

Nel nome del Padre e del Figlio e dello Spirito Santo. Amen.

O Dio, vieni a salvarmi.
Signore, vieni presto in mio aiuto.

Gloria al Padre

Credo *(vedi pag. 89)*

sui grani del Padre nostro si recita:
Padre nostro

sui grani dell'Ave Maria si recita:

Sia benedetta la santa ed Immacolata Concezione della Beata Vergine Maria Madre di Dio.

alla fine della decina:

L'eterno riposo

al termine delle cinque decine:

5 Padre nostro
Ave Maria

Gloria
alle cinque piaghe di Gesù Cristo.

"Allegrezze" di Maria Santissima

in suffragio delle anime sante del purgatorio

Nel nome del Padre e del Figlio e dello Spirito Santo. Amen.

O Dio, vieni a salvarmi.
Signore, vieni presto in mio aiuto.

Gloria al Padre

O Maria, dolcissimo conforto dell'anima, per la grande gioia che provasti quando fosti visitata dall'angelo e ti fu annunciato che saresti divenuta Madre di Dio, ti preghiamo, affinché le anime dei nostri fratelli e sorelle ricevano il lieto annuncio e il conforto nelle pene del purgatorio.

Padre nostro
Ave Maria
L'eterno riposo

O Maria, sicuro rifugio del mondo, per la grande gioia che provasti quando appena giunta da santa Elisabetta ella comprese la tua sublime maternità perché lo Spirito Santo aveva illuminato lei ed il figlio che portava nel grembo, ti preghiamo di portare sollievo e gioia anche alle anime dei nostri fratelli e sorelle che attendono in purgatorio.

Padre nostro
Ave Maria
L'eterno riposo

Dolce Madre Maria, vera gioia e delizia del mondo, per la grande gioia che provasti, quando nella grotta di Betlemme nacque il Salvatore del mondo, vero Dio e vero uomo, ti preghiamo di intervenire affinché le anime dei nostri fratelli e sorelle siano liberate dal purgatorio e nascano alla gloria eterna, entrando in cielo accompagnate dagli angeli.

Padre nostro
Ave Maria
L'eterno riposo

O Maria, madre e splendore del Carmelo, per la grande gioia che provasti quando i Re Magi adorarono il creatore del mondo che tenevi tra le braccia, ti preghiamo affinché le anime dei nostri fratelli e sorelle sentano l'aiuto della tua grazia e gustino la gioia della liberazione dal purgatorio.

Padre nostro
Ave Maria
L'eterno riposo

O Maria, luminosa aurora di un mondo nuovo per la grande gioia che provasti nella risurrezione gloriosa del tuo amato Figlio, quando ti apparve più splendente del sole, ti preghiamo di illuminare le anime dei nostri fratelli e sorelle che soffrono in purgatorio affinché siano liberate da ogni affanno e dolore ed entrino nel regno della gioia.

Padre nostro
Ave Maria
L'eterno riposo

O Maria, Vergine e madre, per la grande gioia che provasti quando vedesti Gesù, il tuo Figlio adorato giunto a prenderti insieme a tutta la corte celeste e fosti assunta al Cielo in anima e corpo, ti preghiamo affinché le anime dei nostri fratelli e sorelle siano liberate dalle fiamme del purgatorio e, accompagnate dagli angeli, siano trasferite nella gloria del paradiso.

Padre nostro
Ave Maria
L'eterno riposo

O Maria, dolce speranza degli afflitti, per la gioia ineffabile che provasti quando, coronata di gloria, dalla Santissima Trinità, sedesti alla destra del Redentore divino e fosti chiamata regina dell'universo, ti preghiamo di intercedere come Madre di Dio, cui il Figlio non nega alcuna cosa, affinché le anime dei nostri fratelli e sorelle siano condotte in paradiso e possano sedere nei posti riservati ai tuoi speciali devoti per gioire e congratularsi in eterno con te per la gloria che il Signore ti ha riservato.

Padre nostro
Ave Maria
L'eterno riposo

Triduo alla Beata Vergine del suffragio

Nel nome del Padre e del Figlio e dello Spirito Santo. Amen.

O Dio, vieni a salvarmi.
Signore, vieni presto in mio aiuto.

Gloria al Padre

O cara Madre Maria che per la tua bontà ci permetti di invocarti come "Aiuto dei Cristiani", soccorrici nel cammino della vita, affinché possiamo evitare, con la pratica delle virtù, le sofferenze del purgatorio. Ti preghiamo ancora, Consolatrice degli afflitti, di liberare, con la tua intercessione, le anime dei nostri parenti che ancora attendono in purgatorio.

Ave Maria
L'eterno riposo

Nostra Signora del Suffragio,
prega per noi e per le anime del purgatorio.

O Vergine del Suffragio, t'invochiamo fin d'ora per il momento della nostra morte: in quell'istante ottienici un sincero dolore dei nostri peccati ed un perfetto atto di carità, affinché possiamo avere, prima di morire, la remissione di tutta la pena da noi dovuta alla giustizia divina. Ti preghiamo ancora, per il tuo amore a Gesù, che vengano liberate dal purgatorio le anime dei nostri amici e conoscenti e di quelli che in quel luogo soffrono a causa nostra.

Ave Maria
L'eterno riposo

Nostra Signora del Suffragio,
prega per noi e per le anime del purgatorio.

Nostra Signora del Suffragio, anche noi forse fra breve, giunti in quel luogo di purificazione, avremo bisogno del tuo aiuto e delle preghiere dei fratelli ancora in vita. Ti preghiamo di esserci sempre Madre; sii anche in quella situazione la nostra consolatrice e la nostra liberatrice e fa' che presto giungiamo a vederti in Cielo. Ti raccomandiamo ancora le anime abbandonate e quante patiscono maggiori pene; per il tuo purissimo Cuore salvale e conducile con te in paradiso.

Ave Maria
L'eterno riposo

Nostra Signora del Suffragio,
prega per noi e per le anime del purgatorio.

Preghiera a Nostra Signora del Suffragio

Vergine Santissima del Suffragio, tu che sei la Consolatrice degli afflitti e la Madre universale dei credenti, volgi uno sguardo pietoso alle anime del purgatorio che sono anch'esse figlie tue e bisognose di pietà. Interponi, vergine santissima, presso il trono della Divina Misericordia tutta la potenza della tua mediazione ed offri in espiazione dei loro peccati la vita, la passione e la morte del tuo Figlio divino insieme ai meriti tuoi e a quelli di tutti i santi del Cielo e dei giusti della terra.

Ricordati Nostra Signora del Suffragio

Ricordati, o pietosissima vergine Maria, gloria del Libano, onore del Carmelo, della consolante promessa che saresti discesa a liberare dalle pene del purgatorio le anime dei tuoi devoti.

Incoraggiati da questa tua promessa, ti supplichiamo, Vergine Consolatrice, di aiutare le care anime del purgatorio, e specialmente *(nome)*.

O Madre dolce e pietosa, rivolgiti al Dio d'amore e di misericordia con tutta la potenza della tua mediazione; offri il Sangue prezioso del tuo santissimo Figlio insieme ai tuoi meriti ed alle tue sofferenze; avvalora le nostre preghiere e quelle della Chiesa tutta, e libera le anime del purgatorio. **Amen.**

3 Ave Maria

3 L'eterno riposo

PREGHIERE AL CUORE ADDOLORATO DI MARIA IN SUFFRAGIO DELLE ANIME DEL PURGATORIO

Provo pietà, Madre addolorata, per l'afflizione che il tuo tenero Cuore patì alla profezia del santo Simeone. Cara madre, per il tuo Cuore afflitto, ti prego che le anime dei miei cari defunti ricevano il lieto annuncio e il conforto nelle pene del purgatorio.

Padre nostro
Ave Maria
L'eterno riposo

Provo pietà, Madre addolorata, per le sofferenze che il tuo sensibilissimo Cuore provò nella fuga e nel periodo in cui dimorasti in Egitto. Cara madre, per il tuo Cuore tanto angustiato, ti prego affinché le anime dei miei fratelli e sorelle trovino sollievo dai patimenti del purgatorio.

Padre nostro
Ave Maria
L'eterno riposo

Provo pietà, Madre addolorata, per la preoccupazione che il tuo Cuore materno provò nei tre giorni in cui cercasti il tuo caro Gesù a Gerusalemme. Cara madre, per il tuo Cuore stretto dall'affanno per la ricerca del Fanciullo, ti prego che le anime dei miei cari defunti siano liberate dal purgatorio e nascano alla gloria eterna del cielo accompagnate dagli angeli.

Padre nostro
Ave Maria
L'eterno riposo

Provo pietà, Maria addolorata, per la costernazione che il tuo materno Cuore provò nell'incontrare Gesù che portava la Croce. Cara madre, per il tuo Cuore così travagliato, ti prego che le anime dei miei defunti sentano l'aiuto della tua potente grazia, per essere liberate dalle pene del purgatorio.

Padre nostro
Ave Maria
L'eterno riposo

Provo pietà, Maria addolorata, per il martirio che il tuo Cuore generoso sostenne nell'assistere Gesù agonizzante. Cara madre, per il tuo Cuore stretto da una terribile morsa di dolore, ti prego che le anime sante del purgatorio siano liberate da ogni affanno e dolore, ed entrino felici nella nuova vita di gioia.

Padre nostro
Ave Maria
L'eterno riposo

Provo pietà, Maria Addolorata, per le ferite che furono aperte nel tuo Cuore pietoso quando il soldato colpì con la lancia il costato di Gesù e aprì il suo Cuore. Cara madre, in quel momento anche il tuo Cuore fu trafitto; per questo atroce dolore ti prego di intervenire affinché le anime di tutti i miei cari defunti siano liberate dal purgatorio e trasportate dagli angeli in paradiso.

Padre nostro
Ave Maria
L'eterno riposo

Provo pietà, Maria Addolorata, per la desolazione che il tuo Cuore provò nella sepoltura di Gesù. Cara madre, per questo tuo grande dolore, ti prego, come madre di Dio a cui il Figlio non può negare cosa alcuna, di intervenire, affinché le anime dei miei cari defunti escano dal purgatorio e giungano presto nella pace dell'eternità beata.

Padre nostro
Ave Maria
L'eterno riposo

Salve Regina

Prega per noi, Vergine dei dolori.
E saremo degni delle promesse di Cristo.

De profundis *(vedi pag. 126)*

Rosario dei sette dolori della Santissima Vergine

*Per la recita si usa la **"Corona dell'Addolorata"** che si può ordinare e ricevere comodamente a casa propria, telefonando all'Editrice Shalom e citando il **codice 4431** o visitando il suo sito internet (vedi pag.4).*

La Madonna disse a Marie Claire, una delle veggenti di Kibeho prescelta per propagandare la diffusione di questa coroncina: "Ciò che vi chiedo è il pentimento. Se reciterete questa coroncina meditando, allora avrete la forza di pentirvi. Oggigiorno molti non sanno più chieder perdono. Essi mettono di nuovo il Figlio di Dio sulla croce. Per questo ho voluto venire a ricordarvelo, soprattutto qui in Ruanda, perché qui ci sono ancora persone umili che non sono attaccate alla ricchezza e ai soldi" (31-5-1982).
"Ti chiedo di insegnarla al mondo intero..., pur restando qui, perché la mia grazia è onnipotente" (15-8-1982).
Il 9 agosto 1982, la Madonna piange ed i veggenti piangono con lei, perché manifestava loro inquietanti immagini del futuro: terribili battaglie, fiumi di sangue, cadaveri abbandonati, un abisso spalancato. Queste apparizioni sono state ufficialmente riconosciute dalla Chiesa il 29.6.2001.

Nel nome del Padre e del Figlio e dello Spirito Santo. Amen.

O Dio, vieni a salvarmi.
Signore, vieni presto in mio aiuto.

Gloria al Padre

Mio Dio, ti offro questa coroncina dei dolori per la tua maggior gloria, in onore della tua santa Madre. Mediterò e condividerò la sua sofferenza.

O Maria, ti supplico, per le lacrime che hai versato in quei momenti, ottieni a me e a tutti i peccatori il pentimento delle nostre colpe.

Atto di dolore *(vedi pag. 140)*

oppure:

Recitiamo la coroncina pregandoti per tutto il bene che ci hai fatto donandoci il Redentore, che noi, purtroppo, continuiamo a crocifiggere ogni giorno.

Sappiamo che se qualcuno è stato ingrato verso un altro che gli ha fatto del bene e lo vuole ringraziare, la prima cosa che fa è riconciliarsi con lui; per questo recitiamo la coroncina pensando alla morte di Gesù per i nostri peccati e chiedendogli perdono.

Credo *(vedi pag. 89)*

Sui tre grani a forma di rosa:
A me peccatore e a tutti i peccatori
concedi la contrizione perfetta dei nostri peccati.

PRIMO DOLORE

IL VECCHIO SIMEONE ANNUNCIA A MARIA CHE UN SPADA DI DOLORE LE TRAPASSERÀ L'ANIMA

Il padre e la madre di Gesù si stupivano delle cose che si dicevano di lui. Simeone li benedisse e parlò a Maria, sua madre: "Egli è qui per la rovina e la risurrezione di molti in Israele, segno di contraddizione perché siano svelati i pensieri di molti cuori. E anche a te un spada trafiggerà l'anima".

(Per una migliore comprensione leggere tutto Lc 2,22-35).

Padre nostro
7 Ave Maria

Madre piena di misericordia,
ricorda al nostro cuore,
le sofferenze di Gesù durante la sua Passione.

Preghiamo:
O Maria, umile figlia di Sion, che udendo la voce profetica di Simeone, hai ricevuto nel profondo del cuore, come spada tagliente la rivelazione della via dolorosa del tuo Figlio e hai provato l'immensa pena a motivo del rifiuto di molti, ti preghiamo: ottienici il dono di capire il sacrificio di Cristo, di seguire, come discepoli, il suo esempio, di accogliere la sua salvezza. **Amen.**

Canto
*(Vedere libro dei canti **"Preghiamo cantando"** si può richiedere all'Editrice Shalom **cod. 8108**)*

SECONDO DOLORE

LA FUGA IN EGITTO

I Magi erano appena partiti, quando un angelo del Signore apparve in sogno a Giuseppe e gli disse: "Alzati, prendi con te il bambino e sua madre e fuggi in Egitto, e resta là finché non ti avvertirò, perché Erode sta cercando il bambino per ucciderlo".
Giuseppe, destatosi, prese con sé il bambino e sua madre, e nella notte fuggì in Egitto, dove rimase fino alla morte di Erode perché si adempisse ciò che era stato detto dal Signore per mezzo del profeta: "Dall'Egitto ho chiamato il mio figlio. *(Mt 2,13-15)*

Padre nostro
7 Ave Maria

Madre piena di misericordia,
ricorda al nostro cuore,
le sofferenze di Gesù durante la sua Passione.

Preghiamo:
O Maria, giovane vergine d'Israele, che hai portato la fatica di tutte le madri nella difesa della vita da ogni insidia, concedi a tutti coloro che come te, sono attenti e solleciti alla nascita e alla crescita delle future generazioni, il dono della speranza e della fortezza, quali custodi del disegno di Dio sul futuro del mondo.
Amen.

Canto

TERZO DOLORE

LO SMARRIMENTO DI GESÙ

Al vederlo restarono stupiti e sua madre gli disse: "Figlio, perché ci hai fatto così? Ecco, tuo padre e io, angosciati, ti cercavamo".

(Per una migliore comprensione leggere tutto Lc 2,41-52).

Padre nostro
7 Ave Maria

Madre piena di misericordia,
ricorda al nostro cuore,
le sofferenze di Gesù durante la sua Passione.

Preghiamo:
O Maria, donna fedele, che hai gioito per la presenza intensa del Figlio tuo, alla preghiera pasquale del tuo popolo e hai sofferto per la sua improvvisa "distanza", concedi il dono di una costante ricerca del Figlio tuo nella fede a quanti sono nell'inquietudine del dubbio, e a noi, la gioia di essere ritrovati nei nostri smarrimenti. **Amen.**

Canto

QUARTO DOLORE

MARIA INCONTRA SUO FIGLIO CARICO DELLA CROCE

Lo seguiva una gran folla di popolo e di donne che si battevano il petto e facevano lamenti su di lui.

(Lc 23,27)

Padre nostro
7 Ave Maria

Madre piena di misericordia,
ricorda al nostro cuore,
le sofferenze di Gesù durante la sua Passione.

Preghiamo:
O Maria, umile ancella del Signore, che ti sei lasciata afferrare dalla beatitudine promessa dal Figlio tuo a quanti compiono la volontà del Padre, aiutaci ad essere docili al volere di Dio su di noi e ad accogliere sulla nostra strada la croce con lo stesso amore con cui l'hai accolta e portata.
Amen.

Canto

QUINTO DOLORE

MARIA AI PIEDI DELLA CROCE

Stavano presso la croce di Gesù sua madre, la sorella di sua madre, Maria di Cleofa e Maria di Magdala. Gesù, allora, vedendo la madre e lì accanto a lei il discepolo chi egli amava, disse alla madre: "Donna ecco il tuo figlio!". Poi disse al discepolo: "Ecco la tua madre!". E da quel momento il discepolo la prese nella sua casa.

(Gv 19,25-27)

Padre nostro
7 Ave Maria

Madre piena di misericordia,
ricorda al nostro cuore,
le sofferenze di Gesù durante la sua Passione.

Preghiamo:
O Maria, addolorata Madre del Signore, che ci hai dato un tale esempio di amore e di fortezza presso la croce, insegnaci la carità di una presenza generosa presso tutti i nostri fratelli sofferenti e fa' che ti accogliamo nella nostra casa come Madre, affinché, per mezzo tuo, apprendiamo un nuovo modo di accettare l'immancabile dolore della vita. **Amen.**

Canto

SESTO DOLORE

MARIA RICEVE IL CORPO INANIMATO DI SUO FIGLIO

Giuseppe d'Arimatea, che era discepolo di Gesù, ma di nascosto per timore dei Giudei, chiese a Pilato di prendere il corpo di Gesù. Pilato lo concesse. Allora egli andò e prese il corpo di Gesù. Vi andò anche Nicodemo, quello che in precedenza era andato da lui di notte, e portò una mistura di mirra e di aloe di circa cento libbre. Essi presero allora il corpo di Gesù e lo avvolsero in bende insieme con oli aromatici, com'è usanza di seppellire per i Giudei.

(Gv 19,38-40)

Padre nostro
7 Ave Maria

Madre piena di misericordia,
ricorda al nostro cuore,
le sofferenze di Gesù durante la sua Passione.

Preghiamo:
O Maria, donna dell'invincibile speranza, che hai creduto nell'annuncio della gloriosa immortalità, fatto dal Figlio tuo al mondo, guidaci nell'ora della nostra morte sulla strada che conduce alla certezza e alla gioia della vita senza fine. **Amen.**

Canto

SETTIMO DOLORE

MARIA ALLA TOMBA DI GESÙ.

Ora, nel luogo dov'era stato crocifisso, vi era un giardino e nel giardino un sepolcro nuovo, nel quale nessuno era stato ancora deposto. Là dunque deposero Gesù, a motivo della Parasceve dei Giudei, poiché quel sepolcro era vicino.

(Gv 19,41-42)

Breve meditazione personale

Padre nostro
7 Ave Maria

Madre piena di misericordia,
ricorda al nostro cuore,
le sofferenze di Gesù durante la sua Passione.

Preghiamo:
O Maria, testimone fedele della risurrezione, anche tu sei andata al sepolcro fra le lacrime, portando un seme eterno di fecondità, e "alla prima luce del giorno dopo il Sabato" hai appreso il gioioso annuncio del risorto, fa' che anche noi camminiamo sempre con te portando lietamente i frutti di una vita buona.
Amen.

Canto

Per finire ripetere tre volte le seguenti preghiere:

Ave Maria
Padre nostro

Madre piena di misericordia.
Tieni vivo nel nostro cuore il tuo dolore.

oppure

Madre piena di misericordia.
Ricordaci ogni giorno la Passione di Gesù.

Ave Maria, piena di dolori,
Gesù Crocifisso è con te;
tu sei degna di compassione fra tutte le donne
e degno di compassione
è il frutto del tuo seno, Gesù.

Santa Maria, madre di Gesù Crocifisso,
ottieni a noi,
crocifissori del Figlio tuo,
lacrime di sincero pentimento,
adesso e nell'ora della morte nostra.
Amen.

Litanie dell'Addolorata

Signore, pietà

Signore, pietà

Cristo, pietà

Cristo, pietà

Signore, pietà

Signore, pietà

Cristo, ascoltaci

Cristo, ascoltaci

Cristo, esaudiscici

Cristo, esaudiscici

Padre del cielo, che sei Dio

abbi pietà di noi

Figlio, redentore del mondo, che sei Dio

abbi pietà di noi

Spirito Santo Paraclito, che sei Dio

abbi pietà di noi

Santa Trinità, unico Dio

abbi pietà di noi

Santa Maria

prega per noi

Madre addolorata

prega per noi

Madre ai piedi della croce

prega per noi

Madre priva del tuo Figlio

prega per noi

Madre trafitta dalla spada del dolore

prega per noi

Madre crocifissa nel cuore

prega per noi

Madre testimone della risurrezione

prega per noi

Vergine obbediente

prega per noi

Vergine penitente

prega per noi

Vergine fedele

prega per noi

Vergine del silenzio

prega per noi

Vergine del perdono

prega per noi

Vergine dell'attesa

prega per noi

Donna esule

prega per noi

Donna paziente

prega per noi

Donna coraggiosa

prega per noi

Donna del dolore

prega per noi

Donna della Nuova Alleanza

prega per noi

Donna della speranza

prega per noi

Novella Eva

prega per noi

Strumento di redenzione

prega per noi

Serva della riconciliazione

prega per noi

Difesa degli innocenti

prega per noi

Coraggio dei perseguitati

prega per noi

Fortezza degli oppressi

prega per noi

Speranza dei peccatori

prega per noi

Consolazione degli afflitti

prega per noi

Rifugio dei miseri

prega per noi

Conforto degli esuli

prega per noi

Sostegno dei deboli

prega per noi

Sollievo degli infermi

prega per noi

Regina dei martiri

prega per noi

Gloria della Chiesa

prega per noi

Vergine della Pasqua

prega per noi

Agnello di Dio, che togli i peccati del mondo.
Perdonaci, Signore.

Agnello di Dio, che togli i peccati del mondo.
Ascoltaci, Signore.

Agnello di Dio, che togli i peccati del mondo.
Abbi pietà di noi.

Prega per noi, santa Vergine Addolorata.
E saremo degni delle promesse di Cristo.

Preghiamo:
O Dio, tu che hai voluto che la vita della Vergine fosse segnata dal mistero del dolore; concedici, ti preghiamo, di camminare con lei sulla via della fede e di unire le nostre sofferenze alla Passione di Cristo, perché diventino occasione di grazia e strumento di salvezza. Per Cristo nostro Signore.
Amen.

Il Rosario Mariano

(Rosarii marialis recitatio)

(dal Manuale delle indulgenze, libreria Editrice Vaticana, 1999)

1. *Si concede l'**indulgenza plenaria** al fedele che*

a. *recita devotamente il Rosario mariano in chiesa od oratorio, oppure in famiglia, in una Comunità religiosa, in una associazione di fedeli e in modo generale quando più fedeli si riuniscono per un fine onesto;*

b. *si unisce devotamente alla recita di questa preghiera, mentre viene fatta dal Sommo Pontefice, e trasmessa per mezzo della televisione o della radio.*

*Nelle altre circostanze invece l'**indulgenza** è **parziale**.*

Il Rosario è una pratica di pietà nella quale alla recita di quindici decadi di Ave Maria, intercalate dal Padre nostro, si unisce rispettivamente la pia meditazione di altrettanti misteri della nostra redenzione.

Per l'indulgenza plenaria annessa alla recita del Rosario mariano si stabiliscono queste norme:

1. *è sufficiente la recita della sola terza parte; ma le cinque decadi devono recitarsi senza interruzione;*

2. *alla preghiera vocale si deve aggiungere la pia meditazione dei misteri;*

3. *nella recita pubblica i misteri devono essere enunziati secondo l'approvata consuetudine vigente nel luogo; invece in quella privata è sufficiente che il fedele aggiunga alla preghiera vocale la meditazione dei misteri.*

Nel nome del Padre e del Figlio e dello Spirito Santo. Amen.

O Dio, vieni a salvarmi.
Signore, vieni presto in mio aiuto.

Gloria al Padre
Invocazioni allo Spirito Santo *(vedi pag. 90)*
Credo *(vedi pag. 89)*

PRIMO MISTERO DELLA GIOIA

Nel primo mistero gaudioso contempliamo:
L'ANNUNCIAZIONE DELL'ANGELO GABRIELE A MARIA VERGINE

L'angelo le disse: "Non temere, Maria, perché hai trovato grazia presso Dio. Ecco concepirai un figlio, lo darai alla luce e lo chiamerai Gesù. Sarà grande e chiamato Figlio dell'Altissimo; il Signore Dio gli darà il trono di Davide suo padre e regnerà per sempre sulla casa di Giacobbe e il suo regno non avrà fine".

(Lc 1,30-33)

Dio diventa uomo

La seconda persona della Trinità santa è approdata in un paesino sconosciuto ad una vergine sconosciuta. *"Lo Spirito Santo scenderà su di te"*, la docilità di Maria la rende sposa dello Spirito Santo. È il mistero dell'incarnazione: origine di tutti i misteri. La docilità di Maria alla sua vocazione.

Come accogliamo Gesù che viene in noi? Preghiamo lo Spirito Santo perché riempia il nostro cuore con il suo amore? Crediamo alla nostra vocazione? Il nostro FIAT è doloroso, grande, come quello di Maria?

Padre nostro
10 Ave Maria
Gloria al Padre

"Gesù, perdona le nostre colpe, preservaci dal fuoco dell'inferno, porta in cielo tutte le anime, specialmente le più bisognose della tua misericordia".

Vergine Maria, per l'amore con il quale hai accolto e donato al mondo l'Emmanuele, intercedi per la liberazione di tutte le anime del purgatorio.
Apri loro le porte del paradiso.

L'eterno riposo

SECONDO MISTERO DELLA GIOIA

Nel secondo mistero gaudioso contempliamo:
LA VISITA DI MARIA SANTISSIMA A SANTA ELISABETTA

Appena Elisabetta ebbe udito il saluto di Maria, il bambino le sussultò nel grembo. Elisabetta fu piena di Spirito Santo ed esclamò a gran voce: "Benedetta tu fra le donne, e benedetto il frutto del tuo grembo!
A che debbo che la madre del mio Signore venga a

me? Ecco, appena la voce del tuo saluto è giunta ai miei orecchi, il bambino ha esultato di gioia nel mio grembo.

E beata colei che ha creduto nell'adempimento delle parole del Signore".

(Lc 1,41-45)

La visita

L'amore di Dio che vive in lei spinge Maria alla carità. È lo Spirito Santo che la guida ad Ankarem.

La carità è il vero frutto dello Spirito Santo in noi: è un segno inconfondibile della presenza dello Spirito Santo.

L'esempio di Maria è il servizio, così è degna madre di colui che dirà *"Sono venuto per servire e non per farmi servire".*

Noi abbiamo capito che il vero stile cristiano è il servizio? Abbiamo la carità della lingua, delle belle parole ma non quella dei fatti e delle opere? Ci viene l'infarto quando apriamo il portafoglio per un gesto di carità? Gesù ci accoglierà in paradiso per la nostra bontà?

Padre nostro
10 Ave Maria
Gloria al Padre
Gesù perdona le nostre colpe *(vedi pag. 375)*

Vergine Maria, per l'amore che ti spinse a servire la parente Elisabetta, pur essendo anche tu in stato di gravidanza, intercedi per la liberazione di tutte le anime del purgatorio. Apri loro le porte del paradiso.

L'eterno riposo

TERZO MISTERO DELLA GIOIA

Nel terzo mistero gaudioso contempliamo:
LA NASCITA DI GESÙ
NELLA GROTTA DI BETLEMME

In quei giorni un decreto di Cesare Augusto ordinò che si facesse il censimento di tutta la terra. (...) Andavano tutti a farsi registrare, ciascuno nella sua città. Anche Giuseppe, che era della casa e della famiglia di Davide, dalla città di Nazaret e dalla Galilea salì in Giudea alla città di Davide, chiamata Betlemme, per farsi registrare insieme con Maria sua sposa, che era incinta.

Ora, mentre si trovavano in quel luogo, si compirono per lei i giorni del parto. Diede alla luce il suo figlio primogenito, lo avvolse in fasce e lo depose in una mangiatoia, perché non c'era posto per loro nell'albergo.

(Lc 2,1-7)

LA NASCITA

Lo Spirito Santo fa vivere un'altra dote del Messia: la povertà.

L'unica vita di gioia: il coro degli angeli!

Lei accoglie con gioia lo splendido regalo della gloria paterna e tra le braccia ha questo bel bambino che è Dio e il giudice del mondo. Ogni mamma capisce ciò che ha provato Maria in quel momento tanto più che quel bambino uscì senza far soffrire sua madre, la grande sofferenza la Madonna la proverà tutta sul Calvario.

Noi adoriamo il Dio trino o il dio quattrino? Come giudichiamo chi fa la scelta della povertà? I nostri desideri profondi stanno tutti nel fare vincite favolose? Crediamo di più all'enalotto o alla provvidenza di Dio?

Padre nostro
10 Ave Maria
Gloria al Padre
Gesù perdona le nostre colpe *(vedi pag. 375)*

Vergine Maria, per la gioia che provasti nello stringere tra le tue braccia il piccolo Gesù, intercedi per la liberazione di tutte le anime del purgatorio. Apri loro le porte del paradiso.

L'eterno riposo

QUARTO MISTERO DELLA GIOIA

Nel quarto mistero gaudioso contempliamo:
GESÙ VIENE PRESENTATO AL TEMPIO DA MARIA E GIUSEPPE

Quando venne il tempo della loro purificazione secondo la Legge di Mosè, portarono il bambino a Gerusalemme per offrirlo al Signore (...). Ora a Gerusalemme c'era un uomo di nome Simeone, uomo giusto e timorato di Dio, che aspettava il conforto d'Israele; lo Spirito Santo che era sopra di lui, gli aveva preannunziato che non avrebbe visto la morte senza prima aver veduto il Messia del Signore.

Mosso dunque dallo Spirito, si recò al Tempio, e mentre i genitori vi portavano il bambino Gesù per adempiere la Legge, lo prese tra le braccia e benedisse Dio (...). C'era anche una profetessa, Anna (...). Sopraggiunta in quel momento si mise anche lei a lodare Dio e parlava del bambino a quanti aspettavano la redenzione di Gerusalemme. *(Lc 2,22-38)*

La presentazione

Lo Spirito Santo fa della Madonna un grande esempio di fedeltà alla legge. Tutto ciò che è scritto nella parola di Dio va osservato con scrupolo. L'obbedienza di Maria è un grande esempio per noi. "Deus non irridetur" (non si può prendere in giro il Signore), ciò avviene quando non teniamo in conto la sua parola, ma i comandamenti del Signore sono sacri.

Crediamo veramente nella santità della legge di Dio? Che stima abbiamo del sesto (non commettere atti impuri) e del settimo (non rubare) comandamento? Pensiamo che sono passati i tempi che bisogna divertirci e diventare un po' furbi? E il terzo comandamento (santificare la domenica)?

Padre nostro
10 Ave Maria
Gloria al Padre
Gesù perdona le nostre colpe *(vedi pag. 375)*

Vergine Maria, per l'atto di fede e di amore con il quale, insieme al tuo sposo Giuseppe, hai offerto il bambino Gesù a Dio Padre, intercedi per la liberazione di tutte le anime del purgatorio. Apri loro le porte del paradiso.

L'eterno riposo

QUINTO MISTERO DELLA GIOIA

Nel quinto mistero gaudioso contempliamo:
IL RITROVAMENTO DI GESÙ FRA I DOTTORI DEL TEMPIO

I suoi genitori si recavano tutti gli anni a Gerusalemme per la festa di Pasqua.

Quando egli ebbe dodici anni, vi salirono di nuovo secondo l'usanza, ma trascorsi i giorni della festa, mentre riprendevano la via del ritorno, il fanciullo Gesù rimase a Gerusalemme, senza che i genitori se ne accorgessero.

Credendolo nella carovana, fecero una giornata di viaggio e poi si misero a cercarlo tra i parenti e i conoscenti; non avendolo trovato, tornarono in cerca di lui a Gerusalemme.

Dopo tre giorni lo trovarono nel tempio, seduto in mezzo ai dottori, mentre li ascoltava e li interrogava. E tutti quelli che l'udivano erano pieni di stupore per la sua intelligenza e le sue risposte (...).

(Lc 2,41-50)

IL RITROVAMENTO

Lo Spirito Santo fa fare a Gesù un'esperienza messianica, ascolta e risponde a quei dottori sulla parola di Dio. Il Padre lo vuole testimone della parola e lo dice anche ai suoi genitori. La parola di Dio è la sua guida e per onorarla realizzerà tutte le profezie.

Noi invece, abbiamo perso un po' il contatto con la parola di Dio?

Amiamo la Parola di Dio, la leggiamo e meditiamo come Maria, oppure non sappiamo neppure che esiste il Vangelo? Preghiamo la Parola di Dio come costantemente ci insegna il Papa? Il Vangelo è per noi un sacramento o una noia?

Padre nostro
10 Ave Maria
Gloria al padre
Gesù perdona le nostre colpe *(vedi pag. 375)*

Vergine Maria, per il dolore provato nei tre giorni di lontananza da Gesù e per la gioia avuta nel ritrovarlo tra i dottori del tempio, intercedi per la liberazione di tutte le anime del purgatorio. Apri loro le porte del paradiso.

L'eterno riposo

Primo mistero della luce

Nel primo mistero luminoso contempliamo:
Il battesimo di Gesù nelle acque del fiume Giordano

In quel tempo Gesù dalla Galilea andò al Giordano da Giovanni per farsi battezzare da lui. Giovanni però voleva impedirglielo, dicendo: "Io ho bisogno di essere battezzato da te e tu vieni da me? ". Ma Gesù gli disse: "Lascia fare per ora, poiché conviene che così adempiamo ogni giustizia". Allora Giovanni acconsentì. Appena battezzato, Gesù uscì dall'acqua: ed ecco, si aprirono i cieli ed egli vide lo Spirito di Dio scendere come una colomba e venire su di lui. Ed ecco una voce dal cielo che disse: "Questi è il Figlio mio prediletto, nel quale mi sono compiaciuto".

(Mt 3,13-17)

Il Battesimo

Gesù è proclamato Figlio di Dio dal Padre, è confermato Messia dallo Spirito Santo. È Dio Trinità che si rivela in relazione a Gesù Cristo. La piccola camera di Maria a Nazaret, al momento dell'annunciazione, è teatro di una scena molto simile a quella che ora contempliamo sulle rive del Giordano. La voce del Padre è portata e proclamata con le parole dell'arcangelo Gabriele.

Dopo il "sì", lo Spirito scende su Maria, e Gesù viene immerso nelle acque benedette del Suo seno da dove dopo nove mesi uscirà per annunciare a tutti la liberazione dal peccato e la salvezza.

O Maria, tu sai quante volte pecchiamo contro il Tuo Figlio che sempre ci ha amati e per noi si è umiliato facendosi battezzare da Giovanni come uno di tanti peccatori. Ti preghiamo di concederci un vivo pentimento dei nostri peccati e di non offendere più il Signore con tanta facilità, ricordandoci il prezzo della misericordia usata con noi.

Padre nostro
10 Ave Maria
Gloria al Padre
Gesù perdona le nostre colpe *(vedi pag. 375)*

Signore Gesù, per la luce con cui la manifestazione trinitaria ha illuminato tutto e tutti al Giordano e continui a farlo anche con noi oggi, abbi pietà di tutte le anime del purgatorio. Apri loro le porte del paradiso.

L'eterno riposo

SECONDO MISTERO DELLA LUCE

Nel secondo mistero luminoso contempliamo:
GESÙ MANIFESTA LA SUA GLORIA ALLE NOZZE DI CANA RISPONDENDO ALLA PREGHIERA DI MARIA

Tre giorni dopo, ci fu uno sposalizio a Cana di Galilea e c'era la madre di Gesù. Fu invitato alle nozze anche Gesù con i suoi discepoli. Nel frattempo, venuto a mancare il vino, la madre di Gesù gli disse: "Non hanno più vino". E Gesù rispose: "Che ho da fare con te, o donna? Non è ancora giunta la mia ora". La madre dice ai servi: "Fate quello che vi dirà". Vi erano là sei giare di pietra per la purificazione dei Giudei, contenenti ciascuna due o tre barili. E Gesù disse loro: "Riempite d'acqua le giare"; e le riempirono fino all'orlo. Disse loro di nuovo: "Ora attingete e portatene al maestro di tavola". Ed essi gliene portarono. E come ebbe assaggiato l'acqua diventata vino, il maestro di tavola, che non sapeva di dove venisse (ma lo sapevano i servi che avevano attinto l'acqua), chiamò lo sposo e gli disse: "Tutti servono da principio il vino buono e, quando sono un po' brilli, quello meno buono; tu invece hai conservato fino ad ora il vino buono". Così Gesù diede inizio ai suoi miracoli in Cana di Galilea, manifestò la sua gloria e i suoi discepoli credettero in lui. *(Gv 2,1-8)*

Le nozze di Cana

"... e c'era la madre di Gesù ...". Maria è al centro di tutto lo sposalizio.

Maria è Colei che nota le mancanze, le carenze della nostra vita per additarci, e allo stesso tempo donarci, il Salvatore, Colui che solo può ridestare in noi speranza e consolazione. In quel momento è il Padre a parlare in lei anticipando "l'ascoltatelo" del monte Tabor. Una piccola trasfigurazione di Gesù, infatti, avviene agli occhi dei discepoli che lo riconoscono Messia. In Maria, la gioia del miracolo è mista alla sofferenza per la consapevolezza che con questo gesto inizia la cammino doloroso del Figlio che lo porterà alla croce. O Maria, resta accanto a noi per indicaci la volontà di Gesù tuo Figlio perché nella gioia di ascoltarti possiamo dare gloria a Dio e così santificarci.

Padre nostro
10 Ave Maria
Gloria al Padre
Gesù perdona le nostre colpe *(vedi pag. 375)*

Signore Gesù, per la luce che hai effuso a Cana accogliendo la richiesta di tua madre, ascolta la nostra richiesta: abbi pietà di tutte le anime del purgatorio. Apri loro le porte del paradiso.

L'eterno riposo

TERZO MISTERO DELLA LUCE

Nel terzo mistero luminoso contempliamo:
GESÙ ANNUNCIA CHE IL REGNO DI DIO SI È FATTO VICINO E INVITA ALLA CONVERSIONE DEL CUORE

Dopo che Giovanni fu arrestato, Gesù si recò nella Galilea predicando il vangelo di Dio e diceva: "Il tempo è compiuto e il regno di Dio è vicino; convertitevi e credete al vangelo". *(Mc 1,14-15)*

L'annuncio del regno e l'invito alla conversione

Gesù voleva instaurare il Regno di Dio in questo mondo. Il Regno di Dio è quel rapporto d'amore unico, indivisibile che c'è nella Trinità e che Dio ha voluto estendere alle sue creature. Questa divina realtà è stata distrutta dagli uomini con il peccato. Solo il perdono di Dio può ricostruirla, e solo una continua conversione ci permette di non infrangerla più. O Maria, tu che hai trovato in Gesù il regno di Dio, tu che hai trovato nel Verbo fatto carne la chiave di dialogo con l'Eterno Padre, chiedi per noi lo Spirito Santo che ci rafforzi e ispiri giorno per giorno nella ricerca del regno sulla terra.

Padre nostro • 10 Ave Maria • Gloria al Padre
Gesù perdona le nostre colpe *(vedi pag. 375)*

Signore Gesù, per la luce che hai effuso predicando l'avvento del regno e invitando alla conversione, ascolta la nostra richiesta: abbi pietà di tutte le anime del purgatorio. Apri loro le porte del paradiso.

L'eterno riposo

QUARTO MISTERO DELLA LUCE

Nel quarto mistero luminoso contempliamo:
GESÙ, SUL MONTE TABOR, SI MANIFESTA AGLI APOSTOLI NELLO SPLENDORE DELLA DIVINITÀ

Dopo che Giovanni fu arrestato, Gesù si recò nella Galilea predicando il vangelo di Dio e diceva: "Il tempo è compiuto e il regno di Dio è vicino; convertitevi e credete al vangelo". *(Mc 1,14-15)*

La Trasfigurazione

Mentre Gesù va verso il Calvario, assicura gli apostoli che la sua passione non è una sconfitta, ma è la piena manifestazione dell'amore di Dio. La croce, infatti, non è la vittoria della cattiveria degli uomini, ma la vittoria di Dio sulla cattiveria umana, anche la nostra! O Maria, insegnaci ad essere docili e a saper accogliere da Dio la beatitudine del Tabor quanto l'ascesa al Calvario. Riempici di umiltà e mansuetudine.

Padre nostro
10 Ave Maria
Gloria al Padre
Gesù perdona le nostre colpe *(vedi pag. 375)*

Signore Gesù, per la luce che hai effuso trasfigurandoti davanti agli apostoli sul Tabor, ascolta la nostra richiesta: abbi pietà di tutte le anime del purgatorio. Apri loro le porte del paradiso.

L'eterno riposo

QUINTO MISTERO DELLA LUCE

Nel quinto mistero luminoso contempliamo:
GESÙ, DONA L'EUCARISTIA ALLA CHIESA COME TESTAMENTO D'AMORE

Ora, mentre essi mangiavano, Gesù prese il pane e, pronunziata la benedizione, lo spezzò e lo diede ai discepoli dicendo: "Prendete e mangiate; questo è il mio corpo". Poi prese il calice e, dopo aver reso grazie, lo diede loro, dicendo: "Bevetene tutti, perché questo è il mio sangue dell'alleanza, versato per molti, in remissione dei peccati". *(Mt 26,26-28)*

L'istituzione dell'Eucaristia

Quante volte i discepoli avranno cenato con Gesù? Ma questa sera è diverso. Questa cena è speciale. Gesù si fa briciola di pane, si fa goccia di vino. Tutto noi riceviamo da questa briciola di pane in cui si è trasformato Gesù. In funzione di questo pane e questo vino esiste la chiamata sacerdotale. O Maria, donaci di scoprire Gesù vivo nella Santissima Eucaristia. Donaci santi sacerdoti che ci aiutino ad amarlo, adorarlo e onorarlo con il santo timore a lui dovuto.

Padre nostro • 10 Ave Maria • Gloria al Padre
Gesù perdona le nostre colpe *(vedi pag. 375)*

Signore Gesù, per la luce che continuamente effondi donandoti a noi sella santa comunione, ascolta la nostra richiesta: abbi pietà di tutte le anime del purgatorio. Apri loro le porte del paradiso.

L'eterno riposo

PRIMO MISTERO DEL DOLORE

Nel primo mistero doloroso contempliamo:
L'AGONIA DI GESÙ NEL GETSEMANI

Uscito se ne andò, come al solito, al monte degli Ulivi, anche i discepoli lo seguirono. Giunto sul luogo, disse loro: "Pregate, per non entrare in tentazione". Poi si allontanò da loro quasi un tiro di sasso e inginocchiatosi, pregava. "Padre, se vuoi, allontana da me questo calice! Tuttavia non sia fatta la mia, ma la tua volontà".

Gli apparve allora un angelo del cielo a confortarlo. In preda all'angoscia, pregava più intensamente, e il suo sudore diventò come gocce di sangue che cadevano a terra. Poi, rialzatosi dalla preghiera, andò dai discepoli e li trovò che dormivano per la tristezza. E disse loro: "Perché dormite? Alzatevi e pregate, per non entrare in tentazione".

(Lc 22,39-46)

L'AGONIA

La passione è il modo più grande col quale Dio dimostra il suo amore per noi. È il capolavoro dello Spirito Santo. Gesù che prega per tutta l'umanità peccatrice, Gesù che ripara tutti i peccati del mondo. Maria che a distanza sente il dolore di suo Figlio: è anche la sua agonia e il Padre gradisce questo atto di amore.

Gesù ha agonizzato anche per i miei peccati!

Crediamo nella realtà del peccato oppure pensiamo che sono cose sorpassate?

Diciamo "fanno tutti così!" "Dobbiamo aggiornarci!" "L'amore ha le sue esigenze!" "E poi in fondo che cosa ho fatto?" Gesù ha agonizzato nell'orto degli ulivi per niente?

Padre nostro
10 Ave Maria
Gloria al Padre
Gesù perdona le nostre colpe *(vedi pag. 375)*

Signore Gesù, per la tremenda angoscia sofferta in Cuore mentre pregavi nel Getsemani, abbi pietà di tutte le anime del purgatorio. Apri loro le porte del paradiso.

L'eterno riposo

SECONDO MISTERO DEL DOLORE

Nel secondo mistero doloroso contempliamo:
LA FLAGELLAZIONE DI GESÙ ALLA COLONNA

Allora Pilato fece prendere Gesù e lo fece flagellare.
(Gv 19,1)

Frattanto gli uomini che avevano in custodia Gesù lo schernivano e lo percuotevano, lo bendavano e gli dicevano: "Indovina chi ti ha colpito?". E molti altri insulti dicevano contro di lui. *(Lc 22, 63-65)*

La flagellazione

Il corpo è capolavoro di Dio, ma è stato profanato dal peccato. Nella flagellazione Gesù riporta al Padre un corpo coperto di sangue, quel sangue che lava i peccati, il corpo è tempio dello Spirito Santo e perché lo ridiventi deve essere purificato.

È il dolore che purifica la nostra anima.

Pensiamo di riparare i danni del corpo? I peccati della lingua? I peccati degli occhi? I peccati del sesso? Abbiamo ancora nel nostro vocabolario la parola mortificazione, sacrificio, rinuncia? Mormorazioni, vendette, calunnie, ecco la pericolosità della lingua come dice San Giacomo nella sua lettera: lo pensiamo? Il nostro corpo ci porta in paradiso o all'inferno?

Padre nostro
10 Ave Maria
Gloria al Padre
Gesù perdona le nostre colpe *(vedi pag. 375)*

Signore Gesù, per il dolore provato e il Sangue sparso durante la flagellazione, abbi pietà di tutte le anime del purgatorio. Apri loro le porte del paradiso.

L'eterno riposo

TERZO MISTERO DEL DOLORE

Nel terzo mistero doloroso contempliamo:
GESÙ È CORONATO E CONDANNATO A MORTE

Pilato, volendo dar soddisfazione alla moltitudine, rilasciò loro Barabba e, dopo aver fatto flagellare Gesù, lo consegnò perché fosse crocifisso.

Allora i soldati lo condussero dentro il cortile, cioè nel pretorio, e convocarono tutta la corte.

Lo rivestirono di porpora e, dopo aver intrecciato una corona di spine, la misero sul suo capo.

Cominciarono poi a salutarlo: "Salve, re dei Giudei!". E gli percuotevano il capo con una canna, gli sputavano addosso e, piegando le ginocchia, si prostravano a lui. Dopo averlo schernito, lo spogliarono della porpora e gli rimisero le sue vesti, poi lo condussero fuori per crocifiggerlo. *(Mc 15,15-20)*

L'INCORONAZIONE DI SPINE

Gesù è schernito come re da burla, il manto regale, la canna come scettro, la corona di spine: un dolore fisico atroce ma più ancora un dolore morale.

L'uomo si fa burla del proprio Dio, è una cosa terribile. Ma lo Spirito Santo lo spinge anche a questo grande atto di umiltà: la sua vita tutta umiltà è siglata da questo supremo gesto.

"Ecce Homo" dirà Pilato: guardiamolo anche noi.

Quanto è comune quel terribile peccato che è la bestemmia!

Rispetto il nome di Dio o lo bestemmio?

Rispetto la presenza di Gesù in Chiesa? So di essere alla sua presenza? Sono in chiesa come un pilastro o col cuore?

Padre nostro
10 Ave Maria
Gloria al Padre
Gesù perdona le nostre colpe *(vedi pag. 375)*

Signore Gesù, per il dolore provato quando ti hanno conficcato nel capo una corona di spine, e per il Sangue sparso abbi pietà di tutte le anime del purgatorio. Apri loro le porte del paradiso.

L'eterno riposo

QUARTO MISTERO DOLOROSO

Nel quarto mistero doloroso contempliamo:
LA SALITA DI GESÙ AL CALVARIO SOTTO IL PESANTE LEGNO DELLA CROCE

Mentre lo conducevano via, presero un certo Simone di Cirene che veniva dalla campagna e gli misero addosso la croce da portare dietro a Gesù.

Lo seguiva una gran folla di popolo e di donne che si battevano il petto e facevano lamenti su di lui (...).

Venivano condotti insieme con lui anche due malfattori per essere giustiziati. *(Lc 23,26-32)*

Gesù porta la croce

La grande umiliazione di essere mandato alla croce con due ladri. Lo Spirito Santo ha voluto che fosse per noi esempio e conforto. Portar la croce è necessario (alle donne venute a compiangerlo) ma è faticoso: il nostro carattere, i nostri difetti e le persone che sono con noi.

Le croci della nostra vita quotidiana: fastidi, dolori, lacrime, porto la croce o la faccio portare agli altri? Mi faccio compassionare e mi lamento sempre?

Sono paziente nel sopportare i caratteri difficili? So capire i bambini e i vecchi? Sono convinto che portare la croce è la strada del paradiso?

Padre nostro

10 Ave Maria

Gloria al Padre

Gesù perdona le nostre colpe *(vedi pag. 375)*

Signore Gesù, per quanto hai sofferto mentre ti avvicinavi al luogo della tua crocifissione, abbi pietà di tutte le anime del purgatorio. Apri loro le porte del paradiso.

L'eterno riposo

QUINTO MISTERO DOLOROSO

Nel quinto mistero doloroso contempliamo:
LA CROCIFISSIONE DI GESÙ
DOPO TRE ORE DI AGONIA

Quando giunsero al luogo detto Cranio, là crocifissero lui e i due malfattori, uno a destra e l'altro, a sinistra.

Gesù diceva: "Padre, perdonali, perché non sanno quello che fanno". Dopo essersi poi divise le sue vesti, le tirarono a sorte. (...)

Era verso mezzogiorno, quando il sole si eclissò e si fece buio su tutta la terra fino alle tre del pomeriggio. Il velo del tempio si squarciò nel mezzo. Gesù, gridando a gran voce, disse: "Padre, nelle tue mani consegno il mio spirito". Detto questo spirò. *(Lc 23,33-45)*

GESÙ MUORE IN CROCE

È il grande capolavoro dell'amore di Dio. Lo Spirito Santo spinge l'umanità sacrosanta del Cristo alla suprema prova dell'amore *"dare la vita per gli amici"*. Un'amore è grande quando perdona e Gesù trova la scusa più divina *"non sanno quello che fanno"*.

L'amore dona sempre e Gesù ci dona anche la madre. Muore solo e nella preghiera amorosa al Padre egli restituisce lo Spirito. Dio ci ha amato di un amore infinito.

Il perdono è il fiore della carità: sono capace di perdonare? Tengo il rancore, faccio delle vendette, nego il saluto ai fratelli?

Padre nostro
10 Ave Maria
Gloria al Padre
Gesù perdona le nostre colpe *(vedi pag. 375)*

Signore Gesù, per l'agonia affrontata in croce e per la morte offerta al Padre, abbi pietà di tutte le anime del purgatorio. Apri loro le porte del paradiso.

L'eterno riposo

PRIMO MISTERO DELLA GLORIA

Nel primo mistero glorioso contempliamo:
LA RISURREZIONE DI GESÙ DAI MORTI

Il primo giorno dopo il sabato, di buon mattino, si recarono alla tomba, portando con sé gli aromi che avevano preparati.

Trovarono la pietra rotolata via dal sepolcro, ma, entrate, non trovarono il corpo del Signore Gesù. Mentre erano ancora incerte, ecco due uomini apparire vicino a loro in vesti sfolgoranti. Essendosi le donne impaurite e avendo chinato il volto a terra, essi dissero loro "Perché cercate tra i morti colui che è vivo? Non è qui, è risuscitato". *(Lc 24,1-8)*

Mentre essi parlavano di queste cose, Gesù in persona apparve in mezzo a loro e disse: "Pace a voi!".
(Lc 24,36)

La risurrezione

Ora lo Spirito Santo manifesta nel trionfo di Cristo il suo dono più bello: la speranza.

Il suo corpo è trasfigurato, i segni della passione sono il documento del suo amore.

Lo Spirito Santo che dona agli apostoli nel Cenacolo è lo Spirito di perdono.

Cristo risorto è liberazione dalla morte e dal peccato, causa prima della morte.

Gesù nelle sue apparizioni fa leva sulla prova di amore che ha dato nella sua morte.

Anche la Madonna partecipa alla grande scuola della Pasqua.

Credo alla risurrezione della carne? Il culto dei morti è solo una corsetta al cimitero o un vero atto di fede?

Padre nostro
10 Ave Maria
Gloria al Padre
Gesù perdona le nostre colpe *(vedi pag. 375)*

Signore Gesù, per la gloria e la gioia della tua Risurrezione, abbi pietà di tutte le anime del purgatorio. Apri loro le porte del paradiso.

L'eterno riposo

SECONDO MISTERO DELLA GLORIA

Nel secondo mistero glorioso contempliamo:
L'ASCENSIONE DI GESÙ AL CIELO

Poi li condusse verso Betania e, alzate le mani, li benedisse. Mentre li benediceva, si staccò da loro e fu portato verso il cielo,

Ed essi, dopo averlo adorato, tornarono a Gerusalemme con grande gioia, e stavano sempre nel tempio lodando Dio. *(Lc 24,50-53)*

L'ASCENSIONE

Gesù è salito al Padre nella sua Risurrezione portando in cielo i santi dell'Antico e Nuovo Testamento, però ha voluto essere vicino ai suoi apostoli con apparizioni quasi a rendere meno duro il distacco, l'amore per i dodici è veramente divino.

Ricordiamo l'ultima apparizione prima del distacco definitivo, ma ha promesso di essere sempre con noi: tanto è grande il suo amore per gli uomini che ha portato in cielo la nostra fragile natura umana.

L'uomo sta davanti al Padre a cantare le sue misericordie. La nostra amicizia è sincera o solo interessata? In tutto prevale solo il nostro egoismo o siamo capaci di far spazio gli altri?

Padre nostro
10 Ave Maria
Gloria al Padre
Gesù perdona le nostre colpe *(vedi pag. 375)*

Signore Gesù, per la tua gloriosa ascensione al Cielo, abbi pietà di tutte le anime del purgatorio. Apri loro le porte del paradiso.

L'eterno riposo

TERZO MISTERO DELLA GLORIA

Nel terzo mistero glorioso contempliamo:
LA DISCESA DELLO SPIRITO SANTO SU MARIA SANTISSIMA E GLI APOSTOLI

Allora ritornarono a Gerusalemme dal monte detto degli Ulivi (...). Entrati in città salirono al piano superiore dove abitavano.

C'erano Pietro e Giovanni, Giacomo e Andrea, Filippo e Tommaso, Bartolomeo e Matteo, Giacomo di Alfeo e Simone lo Zelòta e Giuda di Giacomo.

Tutti questi erano assidui e concordi nella preghiera, insieme con alcune donne e con Maria, la madre di Gesù (...). Mentre il giorno di Pentecoste stava per finire, si trovavano tutti insieme nello stesso luogo. Venne all'improvviso dal cielo un rombo, come di vento che si abbatte gagliardo, e riempì tutta la casa dove si trovavano.

Apparvero loro lingue come di fuoco che si dividevano e si posarono su ciascuno di loro, ed essi furono tutti pieni di Spirito Santo e cominciarono a parlare in altre lingue come lo Spirito dava loro il potere d'esprimersi.

(Atti degli Apostoli 1,12-14.2,1-4)

Lo spirito santo

Con la Chiesa che nasce nel Cenacolo inizia il tempo dello Spirito Santo. Il fuoco investe, trasforma, infiamma gli apostoli. I dodici uomini spaventati diventano i dodici uomini coraggiosi testimoni del Risorto e la loro testimonianza è convincente.

Lo Spirito Santo anima della Chiesa, Spirito d'amore che suscita i santi (e Dio benedica il Papa che ce ne propone tanti!) che suscita la carità di tante anime consacrate. È lo Spirito Santo che mette nel nostro cuore la gioia di amare Gesù e la sua santissima madre.

Preghiamo lo Spirito Santo?

Giudichiamo la Chiesa secondo il metro della politica o la fede nello Spirito Santo? Siamo gente che critica o che lavora?

Padre nostro
10 Ave Maria
Gloria al Padre
Gesù perdona le nostre colpe *(vedi pag. 375)*

Santa Trinità, unico Dio, per l'amore con il quale sono stati offerti agli apostoli riuniti con Maria nel Cenacolo i dono dello Spirito, abbi pietà di tutte le anime del purgatorio. Apri loro le porte dl paradiso.

L'eterno riposo

QUARTO MISTERO DELLA GLORIA

Nel quarto mistero glorioso contempliamo:
L'ASSUNZIONE DI MARIA SANTISSIMA AL CIELO

Allora Maria disse: "L'anima mia magnifica il Signore e il mio spirito esulta in Dio, mio salvatore, perché ha guardato la bassezza della sua serva. Da ora in poi tutte le generazioni mi chiameranno beata. Grandi cose ha fatto in me l'Onnipotente (...)".

(Lc 1,46-49)

L'ASSUNTA

Lo Spirito Santo completa il suo capolavoro, porterà in cielo quel santissimo corpo che ha adombrato a Nazareth, che ha ospitato l'umanità sacrosanta di Gesù, che ha sofferto con lui sul Calvario. La Chiesa guarda con gioia la Vergine membro eletto della comunità che sola ha raggiunto la gloria. Maria è la garanzia del nostro paradiso, lei è senza peccato, ma noi, anche se poveri peccatori siamo stati redenti dall'amore di Cristo e abbiamo la certezza di raggiungerla in cielo.

Credo nel paradiso? Faccio sacrifici per giungere in paradiso? Penso che il mio corpo seguirà la sorte dell'anima?

Padre nostro
10 Ave Maria
Gloria al Padre
Gesù perdona le nostre colpe *(vedi pag. 375)*

Vergine Maria, per l'amore con il quale, Assunta in Cielo, continui a seguire i tuoi figli in esodo, intercedi per la liberazione di tutte le anime del purgatorio. Apri loro le porte del paradiso.

L'eterno riposo

QUINTO MISTERO GLORIOSO

Nel quinto mistero glorioso contempliamo:
L'INCORONAZIONE DI MARIA SANTISSIMA REGINA DEL CIELO E DELLA TERRA

Nel cielo apparve poi un segno grandioso una donna vestita di sole, con la luna sono i suoi piedi e sul capo una corona di dodici stelle.

(Apocalisse 12,1)

LA GLORIA DI MARIA

Il mio pensiero va alla Chiesa superiore della Basilica dell'Annunciazione di Nazaret. Tutte le nazioni hanno voluto essere presenti alla glorificazione di Maria nel suo Santuario più importante.

I nostri occhi si riempiono della visione di questi altari che cantano la gloria di Maria *"da questo momento tutte le generazioni mi chiameranno beata"*.

Regina degli angeli e dei santi in cielo, madre e aiuto degli uomini in terra, in cielo cantano la sua bontà ed il suo aiuto.

La sollecita preoccupazione che ha per tutti noi specialmente i figli che soffrono nell'anima e nel corpo.

La Madonna fa bene la mamma! Ascoltiamo la Madonna? Cerchiamo di imitare la sua umiltà, disponibilità e santità?

Padre nostro
10 Ave Maria
Gloria al Padre
Gesù perdona le nostre colpe *(vedi pag. 375)*

Vergine Maria, Regina degli angeli e dei santi, intercedi per la liberazione di tutte le anime del purgatorio. Apri loro le porte del paradiso.

L'eterno riposo
Salve Regina *(vedi pag. 82)*

Litanie Lauretane

(Indulgenza parziale)

Sono state definite "un capolavoro della pietà popolare mariana". Cominciarono a diffondersi nella prima metà del sec. XVI. Approvate dal papa Sisto V nel 1587, furono le uniche riconosciute e autorizzate con Decreto del Santo Ufficio nel 1601 per la recitazione e il canto in tutta la Chiesa.
Dopo le recenti aggiunte (ultimi i titoli "Madre della Chiesa" e "Regina della Famiglia") il formulario è stato pubblicato in una versione italiana ufficiale nel 1982 dalla Conferenza Episcopale Italiana nel "Rito per l'incoronazione dell'immagine della Beata Vergine Maria".
È costituito da 60 invocazioni: le dieci iniziali derivano dalle litanie dei santi, tredici si svolgono intorno al titolo "Madre", sette intorno al titolo "Vergine", tredici invocano Maria con simboli biblici e patristici, quattro come soccorritrice e tredici con il titolo "Regina".

Signore, pietà

Signore, pietà

Cristo, pietà

Cristo, pietà

Signore, pietà

Signore, pietà

Cristo, ascoltaci

Cristo, ascoltaci

Cristo, esaudiscici

Cristo, esaudiscici

Padre, del cielo che sei Dio

abbi pietà di noi

Figlio, redentore del mondo, che sei Dio

abbi pietà di noi

Spirito Santo, che sei Dio

abbi pietà di noi

Santa Trinità, unico Dio

abbi pietà di noi

Santa Maria

Prega per noi

Santa Madre di Dio

Prega per noi

Santa Vergine delle vergini

Prega per noi

Santa Sposa del giusto Giuseppe

Prega per noi

Madre di Cristo

Prega per noi

Madre della Chiesa

Prega per noi

Madre della divina grazia

Prega per noi

Madre purissima

Prega per noi

Madre castissima

Prega per noi

Madre sempre vergine

Prega per noi

Madre Immacolata

Prega per noi

Madre degna d'amore

Prega per noi

Madre ammirabile

Prega per noi

Madre del buon consiglio

Prega per noi

Madre del Creatore
Prega per noi

Madre del Salvatore
Prega per noi

Vergine prudente
Prega per noi

Vergine degna di onore
Prega per noi

Vergine degna di lode
Prega per noi

Vergine potente
Prega per noi

Vergine clemente
Prega per noi

Vergine fedele
Prega per noi

Specchio di perfezione
Prega per noi

Sede della Sapienza
Prega per noi

Fonte della nostra gioia
Prega per noi

Tempio dello Spirito Santo
Prega per noi

Tabernacolo dell'eterna gloria
Prega per noi

Dimora consacrata di Dio
Prega per noi

Rosa mistica
Prega per noi

Torre della santa città di Davide
Prega per noi

Fortezza inespugnabile

Prega per noi

Santuario della divina presenza

Prega per noi

Arca dell'alleanza

Prega per noi

Porta del cielo

Prega per noi

Stella del mattino

Prega per noi

Salute degli infermi

Prega per noi

Rifugio dei peccatori

Prega per noi

Consolatrice degli afflitti

Prega per noi

Aiuto dei cristiani

Prega per noi

Regina degli angeli

Prega per noi

Regina dei Patriarchi

Prega per noi

Regina dei Profeti

Prega per noi

Regina degli Apostoli

Prega per noi

Regina dei Martiri

Prega per noi

Regina dei Confessori della fede

Prega per noi

Regina delle Vergini

Prega per noi

Regina di tutti i santi

Prega per noi

Regina concepita senza peccato

Prega per noi

Regina assunta in cielo

Prega per noi

Regina del Rosario

Prega per noi

Regina della famiglia

Prega per noi

Regina della pace

Prega per noi

Agnello di Dio, che togli i peccati del mondo.
Perdonaci, Signore.

Agnello di Dio, che togli i peccati del mondo.
Ascoltaci, Signore.

Agnello di Dio, che togli i peccati del mondo.
Abbi pietà di noi.

Prega per noi, santa Madre di Dio.
Perché siamo resi degni delle promesse di Cristo.

Preghiamo:
O Dio, il tuo unico Figlio ci ha procurato i beni della salvezza eterna con la sua vita, morte e Risurrezione: a noi che, con il santo Rosario della beata Vergine Maria, abbiamo meditato questi misteri, concedi di imitare ciò che essi contengono e di raggiungere ciò che essi promettono. Per Cristo nostro Signore. **Amen.**

Festa della Beata Vergine Maria del Monte Carmelo

(16 luglio)

Domenica 17 Febbraio 1980, Papa Giovanni Paolo II si recò in visita pastorale alla parrocchia romana di S. Martino ai Monti, affidata ai carmelitani dal 1299.

Durante l'incontro con il Consiglio Pastorale, il Papa prese in mano lo Scapolare della priora del Terz'Ordine Carmelitano, poi, con letizia e compiacenza che trasparivano dal volto, si portò le mani sul petto ed esclamò: "Qui sotto, lo porto anch'io da molto tempo!" dando particolare tono di voce alle ultime parole "Da molto tempo!".

Durante l'incontro con i religiosi carmelitani, il superiore della comunità che rivolgeva al Papa un breve indirizzo di omaggio e di ringraziamento, concludeva con le seguenti parole: "Maria del Carmelo, che sappiamo tanto amata anche da Sua Santità, possa sorreggere i Suoi passi nel guidare la Chiesa in questi tempi". Il Papa subito soggiungeva: "E Maria del Carmelo è capace di guidare i passi non solo in questa vita, ma anche nell'altra, in purgatorio".

LO SCAPOLARE DELLA MADONNA DEL CARMINE

Lo Scapolare della Madonna del Carmine è l'abito dei carmelitani. Indossarlo significa appartenere alla Famiglia del Carmelo.

Lo Scapolare è chiamato anche "Abitino", piccolo abito, perché riproduce in piccole dimensioni l'abito dell'Ordine. Portare lo Scapolare del Carmine, o abitino, è una delle devozioni più amate tra il popolo di Dio.

Rivestire l'"abitino" significa consacrarsi a Maria, essere riconosciuti da Lei come figli prediletti. Rispondendo all'amore della Vergine Maria, i suoi devoti vivono sicuri della sua protezione nei pericoli della vita, nell'ora della morte, certi che anche dopo la morte interverrà per loro "Colei che con la sua materna carità si prende cura dei fratelli del Figlio suo... fino a che non siano condotti nella patria beata" (LG 62).

L'aggregazione alla Famiglia Carmelitana e la familiarità con Maria, assume un carattere fondamentalmente comunitario ed ecclesiale, perché Maria "aiuta tutti i suoi figli, dovunque e comunque essi vivano, a trovare in Cristo la via verso la casa del Padre" (RM 47).

Lo Scapolare è il piccolo "segno" del grande ideale del Carmelo: l'amicizia, l'intimità con Dio.

Lo Scapolare è formato da due pezzi di stoffa marrone collegati fra loro da un'esile fettuccia o cordoncino.

Normalmente va portato attorno al collo. Nella confezione degli scapolari si ama unire sulla stoffa marrone l'immagine di Maria ed alcuni aggiungono anche quella del Sacro Cuore.

SCAPOLARE E IMPEGNO CRISTIANO

Ricevere lo Scapolare, che è la sintesi dell'abito carmelitano, equivale ad entrare a far parte della famiglia carmelitana e goderne i benefici, in particolare la spiritualità carmelitana, tipicamente mariana, e la protezione di Maria, in vita, nell'ora della morte e dopo la morte.

Nella vita quotidiana significa:

Vivere da "fratelli" o "sorelle" di Maria in comunione con il Carmelo, cercando di approfondirne la vita e gli ideali.

Dare a Maria sempre più spazio nella propria vita, cercando di vivere nel proprio ambiente la fedeltà a Cristo con lo spirito di Maria.

Imitare la "Vergine orante" che "custodiva la parola di Dio nel suo cuore" (Lc 2, 19.51), dedicando qualche tempo all'incontro con Dio nella preghiera.

Vivere la castità dell'anima e del corpo, del cuore e dei sensi secondo il proprio stato e le esigenze evangeliche di ogni vocazione.

Maria è invocata come la "bellezza del Carmelo". Per la via della bellezza tutta la natura, valorizzata e rispettata, canta così con gioia le lodi del suo Creatore, e la devozione a Maria si rivela ancora una volta "un aiuto potente per l'uomo in cammino verso la conquista della sua pienezza" (MC, 56).

Suggerimenti pratici

La benedizione e consegna dello Scapolare può essere fatta da tutti i sacerdoti e diaconi del Carmelo e da ogni sacerdote e diacono che ne abbia ricevuto la facoltà dai Superiori dell'Ordine.

Lo Scapolare può essere sostituito con la "Medaglia - Scapolare", recante da una parte l'immagine del Sacro Cuore e dall'altra quella della Madonna. Sia la Medaglia che lo Scapolare possono essere cambiati senza che intervenga una nuova benedizione.

Persevera nella devozione a Maria con una valida testimonianza di vita cristiana.
Dedica ogni giorno qualche tempo all'incontro con Dio. Se ti è possibile, accostati all'Eucaristia frequentemente. Ti suggeriamo alcune pratiche possibili, a scelta:

recita quotidiana di qualche parte dell'Ufficio Divino;

oppure:
recita della terza parte del Rosario;

oppure:
un breve tempo di “Lectio Divina”;

oppure:
recita di 7 Pater nostro, Ave Maria, Gloria al Padre.

Il giorno di Sabato è dedicato a Maria, ricorda di pregarla in modo particolare.

Il 16 luglio è la solenne Festa annuale della Madonna del Carmine.

Prima di coricarti recita, tutte le sere, una di queste preghiere a Maria:

Fior del Carmelo,
o vite in fiore,
splendore del cielo,
Tu solamente sei Vergine e Madre.
Madre dolcissima, sempre illibata:
ai tuoi devoti dà protezione,
Stella del Mare.

oppure:
Sotto la tua protezione cerchiamo rifugio,
santa Madre di Dio:
non disprezzare le suppliche di
noi che siamo nella prova,
e liberaci da ogni pericolo,
o Vergine gloriosa e benedetta.

RITO PER LA BENEDIZIONE E CONSEGNA DELLO SCAPOLARE DEL CARMINE

Nel nome del Padre e del Figlio e dello Spirito Santo. Amen.

Il Sacerdote, rivestito della cotta e stola bianca dice:
Dimostraci, Signore, la tua misericordia,
e donaci la tua salvezza.

Signore, ascolta la mia preghiera,
e il mio grido giunga a te.

Il Signore sia con voi.
E con il tuo spirito.

Preghiamo:
Signore, Gesù Cristo, Salvatore del genere umano, benedici con la tua destra questo abito, che il/la tuo/a figlio/a si appresta ad indossare devotamente a prova dell'amore per Te e per la tua Madre, la Beata Vergine Maria del Monte Carmelo; e per la intercessione della stessa tua Madre, difeso/a dal potere del maligno, perseveri nella Tua grazia fino alla morte.
Tu che vivi e regni nei secoli dei secoli.
Amen.

Il sacerdote asperge poi lo Scapolare con l'acqua benedetta e lo consegna al devoto dicendo:

Prendi questo abito e prega la Vergine Santissima che per i suoi meriti ti conceda di portarlo senza macchia; ti difenda da ogni avversità e ti conduca alla vita eterna.
Amen.

E prosegue:

Per le facoltà che mi sono state concesse, ti rendo partecipe di tutti i beni spirituali, che per la misericordia di Gesù Cristo sono compiuti dai religiosi carmelitani: nel nome del Padre, del Figlio e dello Spirito Santo.
Amen.

Sei consacrato a Maria,
ricordati ogni giorno di lei.

Novena alla Madonna del Carmine

(Dal 7 al 15 luglio)

Nel nome del Padre e del Figlio e dello Spirito Santo. Amen.

O Dio, vieni a salvarmi.
Signore, vieni presto in mio aiuto.

Gloria al Padre

Credo *(vedi pag. 89)*

Vergine Maria, che in mille modi dimostri la tua missione di mediatrice di ogni grazia, e che nel santo Scapolare ti compiaci di manifestare ai tuoi devoti una speciale protezione materna, fa' che portando questo segno di predilezione ci dimostriamo veri tuoi figli.

Ave Maria

Regina del Carmelo, che nel santo Scapolare col segno di protezione ci dai un richiamo alla modestia, alla mortificazione, alla preghiera, alla consacrazione al tuo Cuore Immacolato, fa' che sappiamo comprendere questo linguaggio, così da essere di esempio ai nostri fratelli e sperimentare il tuo potente aiuto.

Ave Maria

Madre del Carmelo, che a quanti portano pienamente il santo Scapolare hai promesso aiuto nei pericoli e salvezza dall'inferno e una sollecita liberazione dal purgatorio, fa' che anche noi siamo tra coloro che meritano tali favori e grazie, così da venire a lodarti e ringraziarti in Cielo.

Ave Maria

Preghiera:

Vergine Maria, Madre e Regina del Carmelo, unita mirabilmente al mistero della Redenzione, tu hai accolto e custodito nel cuore la Parola di Dio e hai perseverato con gli Apostoli in preghiera nell'attesa dello Spirito Santo.

In te, come in una perfetta immagine, noi vediamo realizzato quello che desideriamo e speriamo di essere nella Chiesa.

O Vergine Maria, mistica stella del Monte Carmelo, illuminaci e guidaci sulla via della perfetta carità; attiraci nella contemplazione del volto del Signore.

Veglia con amore su noi tuoi figli rivestiti del tuo santo Scapolare, segno della tua protezione e risplendi sul nostro cammino, perché giungiamo alla vetta del monte che è Cristo Gesù, tuo Figlio e nostro Signore.

Salve Regina

Ufficio dei defunti

(Defenctorum officium)

Si concede l'indulgenza parziale al fedele che devotamente recita le Lodi o i Vespri dell'Ufficio dei defunti.

Invitatorio

L'Invitatorio si recita all'inizio della Liturgia delle Ore, si premette quindi o all'Ufficio delle letture o alle Lodi mattutine, secondo che si inizi con l'una o con l'altra azione liturgica.
Segue, in forma responsoriale, il salmo 94 con la sua antifona, che viene enunziata, subito ripetuta e poi ripresa dopo ogni strofa.
Nella recita individuale non è necessario ripetere ogni volta l'antifona, basta dirla all'inizio del salmo o cantico.

Si traccia un segno di croce sulle proprie labbra, dicendo:

℣. **Signore, apri le mie labbra**
℟. **e la mia bocca proclami la tua lode.**

Antifona **Venite, adoriamo il Signore: per lui tutti vivono.**

SALMO 94 Invito a lodare Dio

Esortatevi a vicenda ogni giorno, finché dura «quest'oggi» (Eb 3,13)

1 Venite, applaudiamo al Signore, *
acclamiamo alla roccia della nostra salvezza.
2 Accostiamoci a lui per rendergli grazie, *
a lui acclamiamo con canti di gioia *(Ant.)*.

3 Poiché grande Dio è il Signore, *
grande re sopra tutti gli dèi.
4 Nella sua mano sono gli abissi della terra, *
sono sue le vette dei monti.
5 Suo è il mare, egli l'ha fatto, *
le sue mani hanno plasmato la terra *(Ant.)*.

6 Venite, prostràti adoriamo, *
in ginocchio davanti al Signore che ci ha creati.
7 Egli è il nostro Dio, e noi il popolo del suo pascolo, *
il gregge che egli conduce *(Ant.)*.

8 Ascoltate oggi la sua voce: «Non indurite il cuore, *
come a Merìba, come nel giorno di Massa nel deserto,
9 dove mi tentarono i vostri padri: †
mi misero alla prova, *
pur avendo visto le mie opere *(Ant.)*.

10 Per quarant'anni mi disgustai di quella generazione †
e dissi: Sono un popolo dal cuore traviato, *
non conoscono le mie vie;
11 perciò ho giurato nel mio sdegno: *
Non entreranno nel luogo del mio riposo» *(Ant.)*.

Gloria al Padre *(Ant.)*.

UFFICIO DELLE LETTURE

INNO

**O Cristo, che piangesti
per la morte di Lazzaro,
e vivo lo rendesti
a Marta ed a Maria,**

**tu implorasti il perdono
per i tuoi uccisori,
e al ladrone pentito
promettesti il tuo regno.**

**Tu che in croce affidasti
a Giovanni la Madre,
fa' che ella ci assista
nell'ora della morte.**

**Concedi, o buon Pastore,
ai fratelli defunti
di vedere il tuo volto
nella gloria dei cieli.**

**A te sia gloria, o Cristo,
speranza delle genti,
al Padre e al Santo Spirito
nei secoli dei secoli. Amen.**

Oppure un altro inno o canto adatto approvato dall'autorità ecclesiastica.

1 antifona **Mi hai formato dalla terra,
mi hai rivestito di carne:
Dio, mio redentore,
fammi risorgere nell'ultimo giorno.**

Salmo 39, 2-14. 17-18

Ringraziamento e domanda di aiuto

Entrando nel mondo Cristo dice: Tu non hai voluto né sacrificio, né offerta, un corpo invece mi hai preparato (Eb 10, 5)

I (2-9)

2 Ho sperato: ho sperato nel Signore †
ed egli su di me si è chinato, *
ha dato ascolto al mio grido.

3 Mi ha tratto dalla fossa della morte, *
dal fango della palude;
i miei piedi ha stabilito sulla roccia, *
ha reso sicuri i miei passi.

4 Mi ha messo sulla bocca un canto nuovo, *
lode al nostro Dio.

Molti vedranno e avranno timore *
e confideranno nel Signore.

5 Beato l'uomo che spera nel Signore †
e non si mette dalla parte dei superbi, *
né si volge a chi segue la menzogna.

6 Quanti prodigi hai fatto, Signore Dio mio, †
quali disegni in nostro favore! *
Nessuno a te si può paragonare.

Se li voglio annunziare e proclamare *
sono troppi per essere contati.

7 Sacrificio e offerta non gradisci, *
gli orecchi mi hai aperto.
Non hai chiesto olocausto e vittima per la colpa. *
8 Allora ho detto: «Ecco, io vengo.

Sul rotolo del libro, di me è scritto *
9 di compiere il tuo volere.
Mio Dio, questo io desidero, *
la tua legge è nel profondo del mio cuore».

Gloria al Padre

1 antifona **Mi hai formato dalla terra,**
mi hai rivestito di carne:
Dio, mio redentore,
fammi risorgere nell'ultimo giorno.

2 antifona **Dio, vieni a liberarmi;**
Signore, vieni presto in mio aiuto.

II (10-14. 17-18)

10 Ho annunziato la tua giustizia
nella grande assemblea; *
vedi, non tengo chiuse le labbra, Signore, tu lo sai.

11 Non ho nascosto la tua giustizia in fondo al cuore, *
la tua fedeltà e la tua salvezza ho proclamato.

Non ho nascosto la tua grazia *
e la tua fedeltà alla grande assemblea.

12 Non rifiutarmi, Signore, la tua misericordia, *
la tua fedeltà e la tua grazia
mi proteggano sempre,

13 poiché mi circondano mali senza numero, †
le mie colpe mi opprimono *
e non posso più vedere.

Sono più dei capelli del mio capo, *
il mio cuore viene meno.

14 Dègnati, Signore, di liberarmi; *
accorri, Signore, in mio aiuto.

17 Esultino e gioiscano in te quanti ti cercano, †
dicano sempre: «Il Signore è grande» *
quelli che bramano la tua salvezza.

18 Io sono povero e infelice; *
di me ha cura il Signore.
Tu, mio aiuto e mia liberazione, *
mio Dio, non tardare.

Gloria al Padre

2 antifona **Dio, vieni a liberarmi;**
Signore, vieni presto in mio aiuto.

3 antifona **L'anima mia ha sete del Dio vivente:**
quando vedrò il suo volto?

SALMO 41 Desiderio del Signore e del suo tempio

Chi ha sete venga: chi vuole attinga gratuitamente l'acqua della vita (Ap 22, 17)

2 Come la cerva anela ai corsi d'acqua, *
così l'anima mia anela a te, o Dio.
3 L'anima mia ha sete di Dio, del Dio vivente: *
quando verrò e vedrò il volto di Dio?

4 Le lacrime sono mio pane giorno e notte, *
mentre mi dicono sempre: «Dov'è il tuo Dio?».

5 Questo io ricordo, e il mio cuore si strugge: †
attraverso la folla avanzavo tra i primi *
fino alla casa di Dio,

in mezzo ai canti di gioia *
di una moltitudine in festa.

6 Perché ti rattristi, anima mia, *
perché su di me gemi?
Spera in Dio: ancora potrò lodarlo, *
lui, salvezza del mio volto e mio Dio.

7 In me si abbatte l'anima mia; †
perciò di te mi ricordo *
dal paese del Giordano e dell'Ermon,
dal monte Mizar.

8 Un abisso chiama l'abisso
al fragore delle tue cascate; *
tutti i tuoi flutti e le tue onde
sopra di me sono passati.

9 Di giorno il Signore mi dona la sua grazia, †
di notte per lui innalzo il mio canto: *
la mia preghiera al Dio vivente.

10 Dirò a Dio, mia difesa: †
«Perché mi hai dimenticato? *
Perché triste me ne vado, oppresso dal nemico?».

11 Per l'insulto dei miei avversari
sono infrante le mie ossa; *
essi dicono a me tutto il giorno:
«Dov'è il tuo Dio?».

12 Perché ti rattristi, anima mia, *
perché su di me gemi?
Spera in Dio: ancora potrò lodarlo, *
lui, salvezza del mio volto e mio Dio.

Gloria al Padre

3 antifona **L'anima mia ha sete del Dio vivente: quando vedrò il suo volto?**

℣. **Grande è la tua misericordia, Signore:**
℟. **secondo la tua parola fammi vivere.**

PRIMA LETTURA

Dalla prima lettera ai Corinzi di san Paolo apostolo
15,12-34

Cristo risorto è la speranza dei credenti

Fratelli, [12]se si predica che Cristo è risuscitato dai
morti, come possono dire alcuni tra voi che non esiste
risurrezione dei morti? [13]Se non esiste risurrezione dai
morti, neanche Cristo è risuscitato! [14]Ma se Cristo non
è risuscitato, allora è vana la nostra predicazione ed è
vana anche la vostra fede. [15]Noi, poi, risultiamo falsi
testimoni di Dio, perché contro Dio abbiamo testimo-
niato che egli ha risuscitato Cristo, mentre non lo ha
risuscitato, se è vero che i morti non risorgono. [16]Se
infatti i morti non risorgono, neanche Cristo è risorto;
[17]ma se Cristo non è risorto, è vana la vostra fede e voi
siete ancora nei vostri peccati. [18]E anche quelli che
sono morti in Cristo sono perduti. [19]Se poi noi abbiamo
avuto speranza in Cristo soltanto in questa vita, siamo
da compiangere più di tutti gli uomini.

[20]Ora, invece, Cristo è risuscitato dai morti, primizia
di coloro che sono morti. [21]Poiché se a causa di un
uomo venne la morte, a causa di un uomo verrà anche
la risurrezione dei morti; [22]e come tutti muoiono in
Adamo, così tutti riceveranno la vita in Cristo.
[23]Ciascuno però nel suo ordine: prima Cristo, che è la
primizia; poi, alla sua venuta, quelli che sono di Cristo;
[24]poi sarà la fine, quando egli consegnerà il regno a Dio
Padre, dopo aver ridotto al nulla ogni principato e ogni
potestà e potenza. [25]Bisogna infatti che egli regni fin-

ché non abbia posto tutti i nemici sotto i suoi piedi.
[26]L'ultimo nemico ad essere annientato sarà la morte,
[27]perché ogni cosa ha posto sotto i suoi piedi *(Sal 8, 7)*.
Però quando dice che ogni cosa è stata sottoposta, è
chiaro che si deve eccettuare colui che gli ha sottomes-
so ogni cosa. [28]E quando tutto gli sarà stato sottomesso,
anche lui, il Figlio, sarà sottomesso a colui che gli ha
sottomesso ogni cosa, perché Dio sia tutto in tutti.

[29]Altrimenti, che cosa farebbero quelli che vengono
battezzati per i morti? Se davvero i morti non risorgo-
no, perché si fanno battezzare per loro? [30]E perché noi ci
esponiamo al pericolo continuamente? [31]Ogni giorno io
affronto la morte, come è vero che voi siete il mio
vanto, fratelli, in Cristo Gesù nostro Signore! [32]Se sol-
tanto per ragioni umane io avessi combattuto a Efeso
contro le belve, a che mi gioverebbe? Se i morti non
risorgono, mangiamo e beviamo, perché domani mori-
remo *(At 19, 23)*. [33]Non lasciatevi ingannare: *«Le catti-
ve compagnie corrompono i buoni costumi»*.
[34]Ritornate in voi, come conviene, e non peccate!
Alcuni infatti dimostrano di non conoscere Dio; ve lo
dico a vostra vergogna.

RESPONSORIO *1Cor 15, 25-26; cfr. Ap 20, 13. 14*

℟. **Cristo deve regnare finché tutti i suoi nemici siano vinti; * e per ultima sarà distrutta la morte.**

℣. **La morte e gli inferi restituiranno i loro morti, poi saranno gettati nel mare di fuoco:**

℟. **e per ultima sarà distrutta la morte.**

Oppure:

Dalla prima lettera ai Corinzi di san Paolo apostolo
15, 35-57

La risurrezione dei morti e la venuta del Signore

Fratelli, [35]qualcuno dirà: *«Come risuscitano i morti?
Con quale corpo verranno?».* [36]Stolto! Ciò che tu semi-
ni non prende vita, se prima non muore; [37]e quello che
semini non è il corpo che nascerà, ma un semplice
chicco, di grano per esempio o di altro genere. [38]E Dio
gli dà un corpo come ha stabilito, e a ciascun seme il
proprio corpo. [39]Non ogni carne è la medesima carne;
altra è la carne di uomini e altra quella di animali; altra
quella di uccelli e altra quella di pesci. [40]Vi sono corpi
celesti e corpi terrestri, ma altro è lo splendore dei
corpi celesti, e altro quello dei corpi terrestri. [41]Altro è
lo splendore del sole, altro lo splendore della luna e
altro lo splendore delle stelle: ogni stella infatti differi-
sce da un'altra nello splendore. [42]Cosi anche la risurre-
zione dei morti: si semina corruttibile e risorge incor-
ruttibile; [43]si semina ignobile e risorge glorioso, si
semina debole e risorge pieno di forza; [44]si semina un
corpo animale, risorge un corpo spirituale.

Se c'è un corpo animale, vi è anche un corpo spiri-
tuale, poiché sta scritto che [45]il primo uomo, Adamo,
divenne un essere vivente *(Gn 2,7),* ma l'ultimo Adamo
divenne spirito datore di vita. [46]Non vi fu prima il corpo
spirituale, ma quello animale, e poi lo spirituale. [47]Il
primo uomo tratto dalla terra è di terra, il secondo
uomo viene dal cielo. [48]Quale è l'uomo fatto di terra,
cosi sono quelli di terra; ma quale il celeste, cosi anche
i celesti. [49]E come abbiamo portato l'immagine del-
l'uomo di terra, cosi porteremo l'immagine dell'uomo

celeste. [50]Questo vi dico, o fratelli: la carne e il sangue
non possono ereditare il regno di Dio, né ciò che è cor-
ruttibile può ereditare l'incorruttibilità.
[51]Ecco io vi annunzio un mistero: non tutti, certo,
moriremo, ma tutti saremo trasformati, [52]in un istante,
in un batter d'occhio, al suono dell'ultima tromba; suo-
nerà infatti la tromba e i morti risorgeranno incorrotti e
noi saremo trasformati. [53]È necessario infatti che que-
sto corpo corruttibile si vesta di incorruttibilità e que-
sto corpo mortale si vesta di immortalità. [54]Quando poi
questo corpo corruttibile si sarà vestito d'incorruttibi-
lità e questo corpo mortale d'immortalità, si compirà la
parola della Scrittura:

La morte è stata ingoiata per la vittoria.
[55] Dov'è, o morte, la tua vittoria?
Dov'è, o morte, il tuo pungiglione? *(Is 25, 8; Os 13, 14).*

[56]Il pungiglione della morte è il peccato e la forza del
peccato è la legge. [57]Siano rese grazie a Dio che ci dà
la vittoria per mezzo del Signore nostro Gesù Cristo!

Responsorio *Cfr. Gb 19, 25. 26. 27*

℟. **Io credo: il mio redentore vive, e alla fine dei tempi risorgerò dalla polvere, * nella mia carne vedrò Dio, mio salvatore.**

℣. **Io, proprio io, lo vedrò, e i miei occhi lo contempleranno:**

℟. **nella mia carne vedrò Dio, mio salvatore.**

Oppure:

Dalla seconda lettera ai Corinzi di san Paolo apostolo
4, 16 - 5, 10

Dopo la morte riceveremo da Dio una dimora eterna, nei cieli

Fratelli, [16]non ci scoraggiamo, ma se anche il nostro uomo esteriore si va disfacendo, quello interiore si rinnova di giorno in giorno. [17]Infatti il momentaneo, leggero peso della nostra tribolazione, ci procura una quantità smisurata ed eterna di gloria, [18]perché noi non fissiamo lo sguardo sulle cose visibili, ma su quelle invisibili. Le cose visibili sono d'un momento, quelle invisibili sono eterne.

[5,1]Sappiamo infatti che quando verrà disfatto questo corpo, nostra abitazione sulla terra, riceveremo un'abitazione da Dio, una dimora eterna, non costruita da mani di uomo, nei cieli. [2]Perciò sospiriamo in questo nostro stato, desiderosi di rivestirci del nostro corpo celeste: [3]a condizione però di esser trovati già vestiti, non nudi. [4]In realtà quanti siamo in questo corpo, sospiriamo come sotto un peso, non volendo venire spogliati ma sopravvestiti, perché ciò che è mortale venga assorbito dalla vita. [5]È Dio che ci ha fatti per questo e ci ha dato la caparra dello Spirito.

[6]Cosi, dunque, siamo sempre pieni di fiducia e sapendo che finché abitiamo nel corpo siamo in esilio lontano dal Signore, [7]camminiamo nella fede e non ancora in visione. [8]Siamo pieni di fiducia e preferiamo andare in esilio dal corpo ed abitare presso il Signore. [9]Perciò ci sforziamo, sia dimorando nel corpo sia esulando da esso, di essere a lui graditi. [10]Tutti infatti dob-

biamo comparire davanti al tribunale di Cristo, ciascuno per ricevere la ricompensa delle opere compiute finché era nel corpo, sia in bene che in male.

RESPONSORIO *Cfr. Sal 50, 4*

℟. **Non giudicarmi, o Dio, secondo le mie azioni: davanti a te nulla ho fatto di bene. Supplico la tua maestà: * nel tuo amore cancella ogni mio peccato.**

℣. **Lavami da tutte le mie colpe, mondami dalla mia ingiustizia,**

℟. **nel tuo amore cancella ogni mio peccato.**

SECONDA LETTURA

Lettura del 2 novembre nella «Commemorazione di tutti i fedeli defunti».

Dal libro «Sulla morte del fratello Satiro» di sant'Ambrogio, vescovo

(Lib. 2,40.41.46.47.132.133; CSEL 73,270-274,323-324)

Moriamo insieme a Cristo, per vivere con lui

Dobbiamo riconoscere che anche la morte può essere un guadagno e la vita un castigo. Perciò anche san Paolo dice: «Per me il vivere è Cristo e il morire un guadagno» *(Fil 1, 21)*. E come ci si può trasformare completamente nel Cristo, che è spirito e vita, se non dopo la morte corporale?

Esercitiamoci, perciò, quotidianamente a morire e alimentiamo in noi una sincera disponibilità alla morte. Sarà per l'anima un utile allenamento alla liberazione dalle cupidigie sensuali, sarà un librarsi verso posizioni inaccessibili alle basse voglie animalesche, che tendono sempre a invischiare lo spirito. Così accettando di esprimere già ora nella nostra vita il simbolo della morte, non subiremo poi la morte quale castigo. Infatti la legge della carne lotta contro la legge dello spirito e consegna l'anima stessa alla legge del peccato. Ma quale sarà il rimedio? Lo domandava già san Paolo, dandone anche la risposta: «Chi mi libererà da questo corpo votato alla morte?» *(Rm 7, 24)*. La grazia di Dio per mezzo di Gesù Cristo nostro Signore *(cfr. Rm 7, 25 ss.)*.

Abbiamo il medico, accettiamo la medicina. La nostra medicina è la grazia di Cristo, e il corpo mortale è il corpo nostro. Dunque andiamo esuli dal corpo per non andare esuli dal Cristo. Anche se siamo nel corpo cerchiamo di non seguire le voglie del corpo.

Non dobbiamo, è vero, rinnegare i legittimi diritti della natura, ma dobbiamo però dar sempre la preferenza ai doni della grazia.

Il mondo è stato redento con la morte di uno solo. Se Cristo non avesse voluto morire, poteva farlo. Invece egli non ritenne di dover fuggire la morte quasi fosse una debolezza, né ci avrebbe salvati meglio che con la morte. Pertanto la sua morte è la vita di tutti. Noi portiamo il sigillo della sua morte; quando preghiamo la annunziamo; offrendo il sacrificio la proclamiamo; la sua morte è vittoria, la sua morte è sacramento, la sua morte è l'annuale solennità del mondo.

E che cosa dire ancora della sua morte, mentre possiamo dimostrare con l'esempio divino che la morte sola ha conseguito l'immortalità e che la morte stessa si è redenta da sé? La morte allora, causa di salvezza universale, non è da piangere. La morte che il Figlio di Dio non disdegnò e non fuggì, non è da schivare.

A dire il vero, la morte non era insita nella natura, ma divenne connaturale solo dopo. Dio infatti non ha stabilito la morte da principio, ma la diede come rimedio.

Fu per la condanna del primo peccato che cominciò la condizione miseranda del genere umano nella fatica continua, fra dolori e avversità. Ma si doveva porre fine a questi mali perché la morte restituisse quello che la vita aveva perduto altrimenti, senza la grazia, l'immortalità sarebbe stata più di peso che di vantaggio.

L'anima nostra dovrà uscire dalle strettezze di questa vita, liberarsi delle pesantezze della materia e muovere verso le assemblee eterne.

Arrivarvi è proprio dei santi. Là canteremo a Dio quella lode che, come ci dice la natura profetica, cantano i celesti sonatori d'arpa: «Grandi e mirabili sono le tue opere, o Signore Dio onnipotente; giuste e veraci le tue vie, o Re delle genti. Chi non temerà, o Signore, e non glorificherà il tuo nome? Poiché tu solo sei santo. Tutte le genti verranno e si prostreranno dinanzi a te» *(Ap 15, 3-4)*.

L'anima dovrà uscire anche per contemplare le tue nozze, o Gesù, nelle quali, al canto gioioso di tutti, la sposa è accompagnata dalla terra al cielo, non più soggetta al mondo, ma unita allo spirito: «A te viene ogni mortale» *(Sal 64, 3)*.

Davide santo sospirò, più di ogni altro, di contemplare e vedere questo giorno. Infatti disse: «Una cosa ho chiesto al Signore, questa sola io cerco: abitare nella casa del Signore tutti i giorni della mia vita, per gustare la dolcezza del Signore» *(Sal 26, 4)*.

RESPONSORIO *Cfr. 2Mac 12, 45; Mt 13,43*

℟. **Coloro che si addormentano nella morte con la fede dei padri * avranno una magnifica ricompensa.**

℣. **Allora i giusti splenderanno come il sole nel regno del Padre loro:**
℟. **avranno una magnifica ricompensa.**

Oppure:

Dai «Discorsi» di sant'Anastàsio, vescovo di Antiòchia
(Disc. 5 sulla risurrezione di Cristo, 6-7. 9; PG 89, 1358-59. 1361-1362)

Cristo trasfigurerà il nostro misero corpo

«Per questo Cristo è morto ed è ritornato alla vita: per essere il Signore dei morti e dei vivi» *(Rm 14, 9)*. Ma Dio non è Dio dei morti, bensì dei vivi *(cfr. Mt 22, 32)*. Perciò i morti sui quali domina colui che è risorto, non sono più morti, ma viventi; e domina su di loro la vita proprio perché vivano, senza temere più la morte, come *«Cristo, risuscitato dai morti, non muore più» (Rm 6, 9)*.

Così risuscitati e liberati dalla corruzione, non vedranno più la morte, ma parteciperanno alla risurrezione di Cristo, come Cristo fu partecipe della loro morte.

Non per altro motivo infatti egli discese sulla terra, incatenata da antiche catene, se non per infrangere le porte di bronzo e spezzare le sbarre di ferro *(cfr. Is 45, 2; Sal 106, 16)* della morte e per trarre a sé dalla corruzione la nostra vita, donandoci la libertà al posto della schiavitù.

Se non appare ancora ultimata l'opera di questo disegno divino (gli uomini infatti continuano a morire e i corpi si dissolvono nella morte), il fatto non deve certo per questo diventare motivo di diffidenza. Già in anticipo infatti abbiamo acquisito un pegno di tutti i beni futuri mediante le primizie con le quali siamo già stati innalzati al cielo e ci siamo seduti con colui che ci ha portati in alto con sé, come dice Paolo: *«Con lui ci ha risuscitati e ci ha fatti sedere nei cieli, in Cristo Gesù» (Ef 2, 6)*.

Raggiungeremo il completamento quando verrà il tempo prestabilito dal Padre, quando avremo lasciato l'infanzia e arriveremo allo stato di uomo perfetto. Così parve bene al Padre dei secoli, perché fosse stabile il dono concesso e non divenisse nuovamente precario per le infantili follie del nostro cuore.

Sul fatto poi che il corpo del Signore sia risorto spirituale, cosa dobbiamo dire, quando Paolo dei corpi risuscitati afferma che *«si semina un corpo animale, risorge un corpo spirituale» (1 Cor 15, 44)*, cioè corpi trasfigurati ad immagine della gloriosa trasfigurazione di Cristo, che precede come guida?

L'Apostolo inoltre dice che questo fatto, a lui ben noto, si sarebbe avverato per tutto il genere umano per mezzo di Cristo *«il quale trasfigurerà il nostro misero corpo per conformarlo al suo corpo glorioso» (Fil 31, 21)*.

Se dunque la trasfigurazione è il cambiamento in un corpo spirituale e questo è conforme al corpo glorioso di Cristo, Cristo è certo risorto con un corpo spirituale; esso non è altro che il corpo seminato ignobile *(cfr. 1 Cor 15, 43)*, ma mutato poi in glorioso.

Egli avendo portato al Padre le primizie della nostra natura, gli condurrà pure tutto l'universo; lo ha promesso quando ha detto: *«Quando sarò elevato da terra, attirerò tutti a me» (Gv 12,32)*.

RESPONSORIO *Gv 5, 28-29; 1 Cor 15, 52*

℟. **Tutti quelli che dormono nelle tombe udranno la voce del Figlio di Dio; chi ha fatto il male, risorgerà per la condanna; * e chi ha fatto il bene, risorgerà per la vita.**

℣. **In un istante, in un batter d'occhio, al suono dell'ultima tromba, i morti risorgeranno:**

℟. **e chi ha fatto il bene, risorgerà per la vita.**

Oppure:

Dalle «Lettere» di san Braulione, vescovo di Saragozza
(Lett. 19; PL 80, 655-666)

Cristo risorto speranza di tutti i credenti

La speranza di tutti i credenti, Cristo, chiama i trapassati *«dormienti»*, non *«morti»*; dice infatti: *«Il nostro amico Lazzaro si è addormentato» (Gv 11, 11).*

Ma anche il santo Apostolo non vuole che ci rattristiamo su quelli che si sono addormentati *(cfr. 1 Ts 4, 12)* e quindi se teniamo per fede che tutti i credenti in Cristo, come dice il Vangelo, non moriranno per sempre, sappiamo ancora per fede che neanche lui è morto per sempre e nemmeno noi moriremo per sempre. Perché il Signore stesso, a un ordine, alla voce dell'arcangelo e al suono della tromba di Dio discenderà dal cielo e i morti in lui risorgeranno.

Ci animi dunque la speranza della risurrezione, perché coloro che ora perdiamo, li rivedremo; basta che crediamo fermamente in lui, obbedendo ai suoi precetti. Egli è l'onnipotente e per questo è più facile a lui risuscitare i morti che a noi svegliare quelli che dormono. Tuttavia ecco che, mentre da una parte facciamo queste affermazioni, dall'altra, portati da non so quale sentimento, ci sfoghiamo in lacrime. Certe nostre nostalgie e certi stati d'animo poi tendono a intaccare la nostra fede. È questo purtroppo il prezzo che dobbiamo pagare alla miseria della nostra condizione umana. Ma nulla ci smuova. Sappiamo infatti che senza Cristo tutto quello che esiste e tutta la nostra vita non è che vanità.

O morte, tu che separi i congiunti e, dura e crudele quale sei, dividi coloro che sono uniti dall'amicizia, sappi che è già infranto il tuo dominio. È già spezzato il tuo giogo da colui che ti minacciava con il grido di Osea: *«O morte, sarò la tua morte» (Os 13, 14 volg.)*. Perciò con l'Apostolo ti scherniamo: *«Dov'è, o morte, la tua vittoria? Dov'è, o morte, il tuo pungiglione?» (1 Cor 15, 55)*. Quello stesso che ti ha vinto ci ha redento. Egli ha consegnato la sua vita preziosa nelle mani degli empi, per cambiare gli empi in amici diletti. Lunghe sarebbero e numerose le citazioni che si potrebbero trarre dalle divine Scritture a comune conforto. Ma ci basti la speranza della risurrezione e volgere lo sguardo alla gloria del nostro Redentore, nel quale noi riteniamo per fede di essere già risorti, secondo la parola dell'Apostolo: *«Se siamo morti con Cristo, crediamo che anche vivremo con lui» (Rm 6, 8)*.

Non apparteniamo a noi stessi, ma a colui che ci ha redenti, dalla cui volontà deve sempre dipendere la nostra; perciò diciamo nella preghiera: *«Sia fatta la tua volontà» (Mt 6, 10)*. È quindi necessario che dinanzi alla morte diciamo con Giobbe: *«Il Signore ha dato, il Signore ha tolto, sia benedetto il nome del Signore!» (Gb 1, 21)*. Diciamo queste parole con Giobbe nella nostra condizione di pellegrini, in questo mondo, per poter assomigliare a lui, già in questo mondo, ma poi soprattutto nell'altro.

RESPONSORIO *1 Ts 4, 13-14; Ger 22, 10*

℞ **Per quelli che sono morti, non contristatevi come chi non ha speranza: * Gesù, che è morto e risuscitato, radunerà tutti i defunti insieme con lui.**

℣ **Non piangete sul morto e non fate lamenti disperati:**

℞ **Gesù, che è morto e risuscitato, radunerà tutti i defunti insieme con lui.**

Orazione come alle Lodi mattutine (vedi pag. 450).

Si conclude, almeno nella celebrazione comune, con l'acclamazione:

Benediciamo il Signore.

℞ **Rendiamo grazie a Dio.**

Lodi mattutine

INTRODUZIONE

Mentre si fa il segno della croce si dice:

℣. **O Dio, vieni a salvarmi.**
℟. **Signore, vieni presto in mio aiuto.**

Gloria al Padre. Alleluia.

INNO

O re d'immensa gloria,
fatto uomo per noi,
tu vincesti la morte.

Nell'esodo pasquale
affrontasti il nemico,
per liberare gli uomini.

O Cristo redentore,
guida da morte a vita
chi spera nel tuo nome.

Quando verrai per le nozze,
fa' che ognuno ti attenda
con la lampada accesa.

Accogli i tuoi fratelli
nel regno dei beati
per la gloria del Padre.

A te, Gesù, sia lode,
al Padre ed allo Spirito
nei secoli dei secoli. Amen.

Oppure un altro inno o canto adatto approvato dall'autorità ecclesiastica.

1 antifona **Esulteranno nel Signore**
i corpi umiliati nella morte.

Salmo 50 Pietà di me, o Signore

Rinnovatevi nello spirito della vostra mente e rivestite l'uomo nuovo (cfr. Ef 4, 23-24)

3 Pietà di me, o Dio,
secondo la tua misericordia; *
nel tuo grande amore
cancella il mio peccato.

4 Lavami da tutte le mie colpe, *
mondami dal mio peccato.
5 Riconosco la mia colpa, *
il mio peccato mi sta sempre dinanzi.

6 Contro di te, contro te solo ho peccato, *
quello che è male ai tuoi occhi, io l'ho fatto;
perciò sei giusto quando parli, *
retto nel tuo giudizio.

7 Ecco, nella colpa sono stato generato, *
nel peccato mi ha concepito mia madre.
8 Ma tu vuoi la sincerità del cuore *
e nell'intimo m'insegni la sapienza.

9 Purificami con issopo e sarò mondato; *
lavami e sarò più bianco della neve.
10 Fammi sentire gioia e letizia, *
esulteranno le ossa che hai spezzato.

11 Distogli lo sguardo dai miei peccati, *
cancella tutte le mie colpe.
12 Crea in me, o Dio, un cuore puro, *
rinnova in me uno spirito saldo.

13 Non respingermi dalla tua presenza *
e non privarmi del tuo santo spirito.
14 Rendimi la gioia di essere salvato, *
sostieni in me un animo generoso.

15 Insegnerò agli erranti le tue vie *
e i peccatori a te ritorneranno.
16 Liberami dal sangue, Dio, Dio mia salvezza, *
la mia lingua esalterà la tua giustizia.

17 Signore, apri le mie labbra *
e la mia bocca proclami la tua lode;
18 poiché non gradisci il sacrificio *
e, se offro olocausti, non li accetti.

19 Uno spirito contrito *
è sacrificio a Dio,
un cuore affranto e umiliato *
tu, o Dio, non disprezzi.

20 Nel tuo amore
fa' grazia a Sion, *
rialza le mura
di Gerusalemme.

21 Allora gradirai i sacrifici prescritti, †
l'olocausto e l'intera oblazione, *
allora immoleranno vittime
sopra il tuo altare.

Gloria al Padre

1 antifona **Esulteranno nel Signore**
i corpi umiliati nella morte.

2 antifona **Dal potere delle tenebre,**
salva, Signore, la mia anima.

CANTICO Is 38, 10-14. 17b-20

Angosce di un moribondo, gioia di un risanato

Io ero morto, ma ora vivo... e ho potere sopra la morte (Ap 1, 18)

10 Io dicevo: «A metà della mia vita †
me ne vado alle porte degli inferi; *
sono privato del resto dei miei anni».

11 Dicevo: « Non vedrò più il Signore *
sulla terra dei viventi,
non vedrò più nessuno *
fra gli abitanti di questo mondo.

12 La mia tenda è stata divelta e gettata lontano, *
come una tenda di pastori.

Come un tessitore hai arrotolato la mia vita, †
mi recidi dall'ordito. *
In un giorno e una notte mi conduci alla fine».

13 Io ho gridato fino al mattino. *
Come un leone, così egli stritola tutte le mie ossa.
14 Come una rondine io pigolo, *
gemo come una colomba.

Sono stanchi i miei occhi *
di guardare in alto.

17b Tu hai preservato la mia vita
dalla fossa della distruzione, *
perché ti sei gettato dietro le spalle
tutti i miei peccati.

18 Poiché non ti lodano gli inferi, *
né la morte ti canta inni;
quanti scendono nella fossa *
nella tua fedeltà non sperano.

19 Il vivente, il vivente ti rende grazie *
come io faccio quest'oggi.
Il padre farà conoscere ai figli *
la fedeltà del tuo amore.

20 Il Signore si è degnato di aiutarmi; †
per questo canteremo sulle cetre
tutti i giorni della nostra vita, *
canteremo nel tempio del Signore.

Gloria al Padre

2 antifona **Dal potere delle tenebre,
salva, Signore, la mia anima.**

3 antifona **Per tutta la vita loderò il mio Dio.**

Salmo 145 Beato chi spera nel Signore

Andate e riferite a Giovanni ciò che udite e vedete: i ciechi ricuperano la vista, gli storpi camminano, i lebbrosi sono guariti, i sordi riacquistano l'udito, i morti risuscitano, ai poveri è predicata la buona novella (Mt 11, 4-5)

1 Loda il Signore, anima mia: †
2 loderò il Signore per tutta la mia vita, *
finché vivo canterò inni al mio Dio.

3 Non confidate nei potenti, *
in un uomo che non può salvare.
4 Esala lo spirito e ritorna alla terra; *
in quel giorno svaniscono tutti i suoi disegni.

5 Beato chi ha per aiuto il Dio di Giacobbe, *
chi spera nel Signore suo Dio,
6 creatore del cielo e della terra, *
del mare e di quanto contiene.

Egli è fedele per sempre, †
7 rende giustizia agli oppressi, *
dà il pane agli affamati.

Il Signore libera i prigionieri, *
8 il Signore ridona la vista ai ciechi,
il Signore rialza chi è caduto, *
il Signore ama i giusti,

9 il Signore protegge lo straniero, †
egli sostiene l'orfano e la vedova, *
ma sconvolge le vie degli empi.

10 Il Signore regna per sempre, *
il tuo Dio, o Sion, per ogni generazione.

Gloria al Padre

3 antifona **Per tutta la vita loderò il mio Dio.**

Oppure:

3 antifona **Tutti i viventi, lodate il Signore!**

SALMO 150 Ogni vivente dia lode al Signore

A Dio la gloria, nella Chiesa e in Cristo Gesù (cfr. Ef 3, 21)

1 Lodate il Signore nel suo santuario, *
lodatelo nel firmamento della sua potenza.
2 Lodatelo per i suoi prodigi, *
lodatelo per la sua immensa grandezza.

3 Lodatelo con squilli di tromba, *
lodatelo con arpa e cetra;
4 lodatelo con timpani e danze, *
lodatelo sulle corde e sui flauti.

5 Lodatelo con cembali sonori, †
lodatelo con cembali squillanti; *
ogni vivente
dia lode al Signore.

Gloria al Padre

3 antifona **Tutti i viventi, lodate il Signore!**

LETTURA BREVE *1Ts 4, 14*

14 Noi crediamo che Gesù è morto e risuscitato; così anche quelli che sono morti, Dio li radunerà per mezzo di Gesù insieme con lui.

RESPONSORIO BREVE

℟. Ti esalto, Signore, * tu mi hai liberato.
Ti esalto, Signore, tu mi hai liberato.
℣. Hai cambiato il mio lamento in canto di gioia,
tu mi hai liberato.
Gloria al Padre e al Figlio e allo Spirito Santo.
Ti esalto, Signore, tu mi hai liberato.

Ant. al Benedictus **Io sono la risurrezione e la vita: chi crede in me anche se muore, vivrà; e chiunque vive e crede in me non morirà in eterno.**

Nel Tempo di Pasqua **Cristo risorto ha illuminato il suo popolo, redento dal suo sangue, alleluia.**

Cantico di Zaccaria *Lc 1, 68-79*

Il Messia e il suo precursore

68 Benedetto il Signore Dio d'Israele, *
perché ha visitato e redento il suo popolo,

69 e ha suscitato per noi una salvezza potente *
nella casa di Davide, suo servo,

70 come aveva promesso *
per bocca dei suoi santi profeti d'un tempo:

71 salvezza dai nostri nemici, *
e dalle mani di quanti ci odiano.

72 Così egli ha concesso misericordia ai nostri padri *
e si è ricordato della sua santa alleanza,

73 del giuramento fatto ad Abramo, nostro padre, *
74 di concederci, liberàti dalle mani dei nemici,

di servirlo senza timore, 75 in santità e giustizia *
al suo cospetto, per tutti i nostri giorni.

76 E tu, bambino, sarai chiamato profeta dell'Altissimo *
perché andrai innanzi al Signore
a preparargli le strade,

77 per dare al suo popolo la conoscenza della salvezza *
nella remissione dei suoi peccati,

78 grazie alla bontà misericordiosa del nostro Dio, *
per cui verrà a visitarci dall'alto un sole che sorge,

79 per rischiarare quelli che stanno nelle tenebre *
e nell'ombra della morte

e dirigere i nostri passi *
sulla via della pace.

Gloria al Padre

Ant. al Benedictus **Io sono la risurrezione e la vita: chi crede in me anche se muore, vivrà; e chiunque vive e crede in me non morirà in eterno.**

Nel Tempo di Pasqua **Cristo risorto ha illuminato il suo popolo, redento dal suo sangue, alleluia.**

Invocazioni

Dio Padre onnipotente, che ha risuscitato Gesù dai morti, ridonerà la vita anche ai nostri corpi mortali per mezzo del suo Spirito. Illuminati da questa speranza diciamo insieme:

Signore, donaci la vita in Cristo.

Padre santo, che mediante il battesimo ci hai sepolti nella morte del tuo Figlio e ci hai reso partecipi della sua risurrezione, fa' che camminiamo sempre in novità di vita,
• perché al di là della morte, viviamo sempre con Cristo.

Padre buono, che ci nutri con il pane vivo disceso dal cielo,
• fa' che, comunicando alla mensa eucaristica, riceviamo il pegno della risurrezione.

Padre santo, che per mezzo del tuo angelo hai confortato il tuo Figlio nell'agonia del Getsemani,
• consolaci nell'ora della nostra morte.

Tu, che hai liberato i tre fanciulli dalla fornace ardente,
• purifica i fedeli defunti dai loro peccati e liberali da ogni pena.

Dio dei vivi e dei morti, rendi partecipi della gloria del Cristo risorto i nostri fratelli defunti,
• accoglici un giorno nell'assemblea festosa dei tuoi santi.

Padre nostro

Orazione

Per un defunto:
Ascolta, o Dio, la preghiera che la comunità dei credenti innalza a te nella fede del Signore risorto, e conferma in noi la beata speranza che insieme al nostro fratello *(nome)* risorgeremo in Cristo a vita nuova. Per il nostro Signore... **Amen.**

Oppure:
O Dio, gloria dei credenti e vita dei giusti, che ci hai salvati con la morte e risurrezione del tuo Figlio, sii misericordioso con il nostro fratello *(nome)*; quando era in mezzo a noi egli ha professato la fede nella risurrezione, e tu donagli la beatitudine senza fine. Per il nostro Signore... **Amen.**

Nel Tempo di Pasqua.
Padre misericordioso, per amore del tuo Figlio, che si è offerto in riscatto dell'umanità, concedi al nostro fratello *(nome)* di partecipare al glorioso trionfo della sua risurrezione. Per il nostro Signore... **Amen.**

Per più defunti:
O Dio, il cui unico Figlio nel mistero della Pasqua è passato da questo mondo alla gloria del tuo regno, concedi ai nostri fratelli defunti *(nome)* e *(nome)* di condividere il suo trionfo sulla morte e di contemplare in eterno te, Padre, che li hai creati e redenti. Per il nostro Signore... **Amen.**

Per i fratelli, parenti e benefattori:
O Dio, fonte di perdono e di salvezza, per l'intercessione della Vergine Maria e di tutti i santi, concedi ai nostri fratelli, parenti e benefattori, che sono passati da questo mondo a te, di godere la gioia perfetta nella patria celeste. Per il nostro Signore... **Amen.**

Il 2 novembre.
Ascolta, o Dio, la preghiera che la comunità dei credenti innalza a te nella fede del Signore risorto, e conferma in noi la beata speranza che insieme ai nostri fratelli defunti risorgeremo in Cristo a vita nuova. Egli è Dio, e vive e regna con te, nell'unità dello Spirito Santo, per tutti i secoli dei secoli. **Amen.**

Nella celebrazione individuale o quando non presieda un sacerdote o un diacono si conclude con la formula:

Il Signore ci benedica, ci preservi da ogni male e ci conduca alla vita eterna.
℟. **Amen.**

Ora media

Introduzione

Mentre si fa il segno della croce si dice:

℣. O Dio, vieni a salvarmi.
℟. Signore, vieni presto in mio aiuto.

Gloria al Padre. Alleluia.

Inno

O Cristo, che piangesti
per la morte di Lazzaro,
e vivo lo rendesti
a Marta ed a Maria,

tu implorasti il perdono
per i tuoi uccisori,
e al ladrone pentito
promettesti il tuo regno.

Tu che in croce affidasti
a Giovanni la Madre,
fa’ che ella ci assista
nell’ora della morte.

**Concedi, o buon pastore,
ai fratelli defunti
di vedere il tuo volto
nella gloria dei cieli.**

**A te sia gloria, o Cristo,
speranza delle genti,
al Padre e al Santo Spirito
nei secoli dei secoli. Amen.**

Oppure un altro inno o canto adatto approvato dall'autorità ecclesiastica.

Terza

Antifona **Volgiti a me, Signore, vieni a liberarmi.**

Sesta

Antifona **Guariscimi, Signore:
ho peccato contro di te.**

Nona

Antifona **Salvami, o Dio, nel tuo nome:
con la tua forza vieni a liberarmi.**

Salmo 69 O Dio, vieni a salvarmi

Salvaci, Signore, siamo perduti (Mt 8, 25)

2 Vieni a salvarmi, o Dio, *
vieni presto, Signore, in mio aiuto.
3 Siano confusi e arrossiscano *
quanti attentano alla mia vita.

Retrocedano e siano svergognati *
quanti vogliono la mia rovina.
4 Per la vergogna si volgano indietro *
quelli che mi deridono.

5 Gioia e allegrezza grande per quelli che ti cercano; †
dicano sempre: «Dio è grande» *
quelli che amano la tua salvezza.

6 Ma io sono povero e infelice, *
vieni presto, mio Dio;
tu sei mio aiuto e mio salvatore; *
Signore, non tardare.

Gloria al Padre

SALMO 84 La nostra salvezza è vicina

Cristo Gesù è diventato per noi sapienza, giustizia, santificazione e redenzione (1Cor 1, 30)

2 Signore, sei stato buono con la tua terra, *
hai ricondotto i deportati di Giacobbe.
3 Hai perdonato l'iniquità del tuo popolo, *
hai cancellato tutti i suoi peccati.

4 Hai deposto tutto il tuo sdegno *
e messo fine alla tua grande ira.

5 Rialzaci, Dio, nostra salvezza, *
e placa il tuo sdegno verso di noi.
6 Forse per sempre sarai adirato con noi, *
di età in età estenderai il tuo sdegno?

7 Non tornerai tu forse a darci vita, *
perché in te gioisca il tuo popolo?
8 Mostraci, Signore, la tua misericordia *
e donaci la tua salvezza.

9 Ascolterò che cosa dice Dio, il Signore: †
egli annunzia la pace
per il suo popolo, per i suoi fedeli, *
per chi ritorna a lui con tutto il cuore.

10 La sua salvezza è vicina a chi lo teme *
e la sua gloria abiterà la nostra terra.

11 Misericordia e verità s'incontreranno, *
giustizia e pace si baceranno.
12 La verità germoglierà dalla terra *
e la giustizia si affaccerà dal cielo.

13 Quando il Signore elargirà il suo bene, *
la nostra terra darà il suo frutto.
14 Davanti a lui camminerà la giustizia *
e sulla via dei suoi passi la salvezza.

Gloria al Padre

Salmo 85 Preghiera a Dio nell'afflizione

Sia benedetto Dio, il quale ci consola in ogni tribolazione
(2Cor 1, 3. 4)

1 Signore, tendi l'orecchio, rispondimi, *
perché io sono povero e infelice.
2 Custodiscimi perché sono fedele; *
tu, Dio mio, salva il tuo servo, che in te spera.

3 Pietà di me, Signore, *
a te grido tutto il giorno.
4 Rallegra la vita del tuo servo, *
perché a te, Signore, innalzo l'anima mia.

5 Tu sei buono, Signore, e perdoni, *
sei pieno di misericordia con chi ti invoca.
6 Porgi l'orecchio, Signore, alla mia preghiera *
e sii attento alla voce della mia supplica.

7 Nel giorno dell'angoscia alzo a te il mio grido *
e tu mi esaudirai.

8 Fra gli dèi nessuno è come te, Signore, *
e non c'è nulla che uguagli le tue opere.

9 Tutti i popoli che hai creato verranno †
e si prostreranno davanti a te, o Signore, *
per dare gloria al tuo nome;

10 grande tu sei e compi meraviglie: *
tu solo sei Dio.

11 Mostrami, Signore, la tua via, *
perché nella tua verità io cammini;
donami un cuore semplice *
che tema il tuo nome.

12 Ti loderò, Signore, Dio mio, con tutto il cuore *
e darò gloria al tuo nome sempre,
13 perché grande con me è la tua misericordia: *
dal profondo degli inferi mi hai strappato.

14 Mio Dio, mi assalgono gli arroganti, †
una schiera di violenti attenta alla mia vita, *
non pongono te davanti ai loro occhi.

15 Ma tu, Signore, Dio di pietà, compassionevole, *
lento all'ira e pieno di amore, Dio fedele,

16 volgiti a me e abbi misericordia: †
dona al tuo servo la tua forza, *
salva il figlio della tua ancella.

17 Dammi un segno di benevolenza; †
vedano e siano confusi i miei nemici, *
perché tu, Signore, mi hai soccorso e consolato.

Gloria al Padre

Terza

Antifona **Volgiti a me, Signore, vieni a liberarmi.**

Lettura breve *Gb 19, 25-26*

[25]Io lo so che il mio Redentore è vivo e che, ultimo, si ergerà sulla polvere! [26]Dopo che questa mia pelle sarà distrutta, senza la mia carne, vedrò Dio.

℣ **Perché sei triste, anima mia, e ti agiti in me?**
℟ **Spera in Dio: e un giorno lo potrai lodare.**

Sesta

Antifona **Guariscimi, Signore:**
ho peccato contro di te.

Lettura breve *Sap 1, 13-15*

[13]Dio non ha creato la morte e non gode per la rovina dei viventi. [14]Egli infatti ha creato tutto per l'esistenza, le creature del mondo sono sane, in esse non c'è veleno di morte, né gli inferi regnano sulla terra, [15]perché la giustizia è immortale.

℣ **Nell'ombra della morte non avrò paura,**
℟ **perché tu sei con me, Signore.**

Nona

Antifona **Salvami, o Dio, nel tuo nome:**
con la tua forza vieni a liberarmi.

LETTURA BREVE *Is 25, 8*

8Dio eliminerà la morte per sempre; il Signore Dio asciugherà le lacrime su ogni volto; farà scomparire da tutto il paese la condizione disonorevole del suo popolo, poiché il Signore ha parlato.

℣. **Ascolta, Signore, la mia preghiera:**

℟. **a te ritorna ogni mortale.**

Orazione come alle Lodi mattutine *(vedi pag. 450).*

Si conclude, almeno nella celebrazione comune, con l'acclamazione:

Benediciamo il Signore.

℟. **Rendiamo grazie a Dio.**

Vespri

INTRODUZIONE

Mentre si fa il segno della croce si dice:

℣. **O Dio, vieni a salvarmi.**
℟. **Signore, vieni presto in mio aiuto.**

Gloria al Padre. Alleluia.

INNO

O re d'immensa gloria,
fatto uomo per noi,
tu vincesti la morte.

Nell'esodo pasquale
affrontasti il nemico,
per liberare gli uomini.

O Cristo redentore,
guida da morte a vita
chi spera nel tuo nome.

Quando verrai per le nozze,
fa' che ognuno ti attenda
con la lampada accesa.

Accogli i tuoi fratelli
nel regno dei beati
per la gloria del Padre.

A te, Gesù, sia lode,
al Padre ed allo Spirito
nei secoli dei secoli. Amen.

Oppure un altro inno o canto adatto approvato dall'autorità ecclesiastica.

1 antifona **Il Signore ti custodisce da ogni male,**
protegge la tua vita.

SALMO 120 Il custode di Israele

Non avranno più fame, né avranno più sete, né li colpirà il sole, né arsura di sorta (Ap 7, 16)

1 Alzo gli occhi verso i monti: *
da dove mi verrà l'aiuto?
2 Il mio aiuto viene dal Signore, *
che ha fatto cielo e terra.

3 Non lascerà vacillare il tuo piede, *
non si addormenterà il tuo custode.
4 Non si addormenta, non prende sonno, *
il custode d'Israele.

5 Il Signore è il tuo custode, †
il Signore è come ombra che ti copre, *
e sta alla tua destra.

6 Di giorno non ti colpirà il sole, *
né la luna di notte.
7 Il Signore ti proteggerà da ogni male, *
egli proteggerà la tua vita.

8 Il Signore veglierà su di te,
quando esci e quando entri, *
da ora e per sempre.

Gloria al Padre

1 antifona **Il Signore ti custodisce da ogni male, protegge la tua vita.**

2 antifona **Se tu guardi le colpe, o Signore, chi resisterà?**

SALMO 129 Dal profondo a te grido

Egli salverà il suo popolo dai suoi peccati (Mt 1, 21)

1 Dal profondo a te grido, o Signore; *
2 Signore, ascolta la mia voce.
Siano i tuoi orecchi attenti *
alla voce della mia preghiera.

3 Se consideri le colpe, Signore, *
Signore, chi potrà sussistere?
4 Ma presso di te è il perdono, *
perciò avremo il tuo timore.

5 Io spero nel Signore, *
l'anima mia spera nella sua parola.
6 L'anima mia attende il Signore *
più che le sentinelle l'aurora.

7 Israele attenda il Signore, *
perché presso il Signore è la misericordia,
grande è presso di lui la redenzione; *
8 egli redimerà Israele da tutte le sue colpe.

Gloria al Padre

2 antifona **Se tu guardi le colpe, o Signore, chi resisterà?**

3 antifona **Come il Padre risuscita e dà la vita, anche il Figlio dà la vita a quelli che ama.**

CANTICO Fil 2, 6-11 Cristo, servo di Dio

6 Cristo Gesù, pur essendo di natura divina, *
non considerò un tesoro geloso
la sua uguaglianza con Dio;

7 ma spogliò se stesso, †
assumendo la condizione di servo *
e divenendo simile agli uomini;

apparso in forma umana, 8 umiliò se stesso †
facendosi obbediente fino alla morte *
e alla morte di croce.

9 Per questo Dio l'ha esaltato *
e gli ha dato il nome
che è al di sopra di ogni altro nome;

10 perché nel nome di Gesù ogni ginocchio si pieghi †
nei cieli, sulla terra *
e sotto terra;

11 e ogni lingua proclami
che Gesù Cristo è il Signore, *
a gloria di Dio Padre.

Gloria al Padre

3 antifona **Come il Padre risuscita e dà la vita, anche il Figlio dà la vita a quelli che ama.**

LETTURA BREVE *1Cor 15, 55-57*

55 Dov'è, o morte, la tua vittoria? Dov'è, o morte, il tuo
pungiglione? 56 Il pungiglione della morte è il peccato e
la forza del peccato è la legge. 57 Siano rese grazie a Dio

che ci dà la vittoria per mezzo del Signore nostro Gesù Cristo!

RESPONSORIO BREVE

℟. **In te, Signore, ho sperato, * non sarò mai deluso.**
In te, Signore, ho sperato, non sarò mai deluso.
℣. **Esulterò di gioia per la tua grazia,**
non sarò mai deluso.
Gloria al Padre e al Figlio e allo Spirito Santo.
In te, Signore, ho sperato, non sarò mai deluso.

Oppure:

℟. **Nella tua misericordia, Signore, * dona loro la pace.**
Nella tua misericordia, Signore, dona loro la pace.
℣. **Tu che verrai a giudicare i vivi e i morti:**
dona loro la pace.
Gloria al Padre e al Figlio e allo Spirito Santo.
Nella tua misericordia, Signore, dona loro la pace.

Ant. al Magnificat **Quelli che il Padre mi ha dati, verranno a me; e chi viene a me non lo respingerò.**

Nel Tempo di Pasqua **Colui che fu crocifisso è risorto dai morti; egli ci ha liberato, alleluia.**

CANTICO DELLA BEATA VERGINE *Lc 1, 46-55*

Esultanza dell'anima nel Signore

46 L'anima mia magnifica il Signore *
47 e il mio spirito esulta in Dio, mio salvatore,

48 perché ha guardato l'umiltà della sua serva. *
D'ora in poi tutte le generazioni
mi chiameranno beata.

49 Grandi cose ha fatto in me l'Onnipotente *
e Santo è il suo nome:

50 di generazione in generazione la sua misericordia *
si stende su quelli che lo temono.

51 Ha spiegato la potenza del suo braccio, *
ha disperso i superbi nei pensieri del loro cuore;

52 ha rovesciato i potenti dai troni, *
ha innalzato gli umili;

53 ha ricolmato di beni gli affamati, *
ha rimandato i ricchi a mani vuote.

54 Ha soccorso Israele, suo servo, *
ricordandosi della sua misericordia,

55 come aveva promesso ai nostri padri, *
ad Abramo e alla sua discendenza, per sempre.

Gloria al Padre

Ant. al Magnificat **Quelli che il Padre mi ha dati, verranno a me; e chi viene a me non lo respingerò.**

Nel Tempo di Pasqua **Colui che fu crocifisso è risorto dai morti; egli ci ha liberato, alleluia.**

INTERCESSIONI

Il Cristo Signore trasfigurerà il nostro misero corpo a immagine del suo corpo glorioso. A lui rivolgiamo la nostra lode:

Tu sei la vita e la risurrezione nostra, Signore.

Cristo, Figlio del Dio vivente, che hai risuscitato dai morti il tuo amico Lazzaro,
• risuscita alla vita e alla gloria eterna i defunti, che hai redento a prezzo del tuo sangue.

Cristo, che hai consolato le sorelle di Lazzaro e i familiari del ragazzo e della fanciulla morta,
• conforta coloro che piangono per la morte dei loro cari.

Cristo Salvatore, libera il nostro corpo mortale dal dominio del peccato,
• donaci il premio della vita eterna.

Cristo redentore, guarda con bontà coloro che vivono senza speranza, perché non ti conoscono,
• dona loro la fede nella risurrezione e nella vita futura.

Tu, che aprendo gli occhi al cieco, ti sei rivelato allo stupore del suo sguardo,
• rivela il tuo volto ai defunti, che sono ancora privi della tua visione gloriosa.

O Signore, quando sarà disfatta la nostra tenda in questo mondo,
• preparaci una casa eterna non costruita da mani d'uomo, nella pace della santa Gerusalemme.

Padre nostro

Orazione come alle Lodi mattutine *(vedi pag. 450).*

Nella celebrazione individuale o quando non presieda un sacerdote o un diacono si conclude con la formula:

Il Signore ci benedica, ci preservi da ogni male e ci conduca alla vita eterna.
℟. **Amen.**

Il mese di novembre

Meditazioni e preghiere

Novembre è il mese in cui i nostri pensieri vanno con maggior frequenza ai defunti. Forse ci siamo organizzati da tempo per assicurarci almeno una visita al cimitero.

Più di uno parte da lontano per far visita ai propri cari defunti e portare loro un fiore fresco a testimonianza dell'affetto del ricordo immutato nel tempo.

Ma sappiamo che l'omaggio migliore è la preghiera e le opere di carità, insieme ad una riflessione salutare che porti a riconsiderare la propria vita in termini di maggiore verità e saggezza.

Per questo le pagine che seguono dovrebbero aiutarci ad approfondire la conoscenza del purgatorio, a suffragare le anime che lì soffrono e a cercare di essere più vicini al Signore, dedicando a loro, e a noi stessi, tutto il mese.

1 NOVEMBRE

"Suor Maria dell'Eucaristia voleva accendere i ceri per una processione; non aveva fiammiferi, ma vedendo la fiammella che ardeva davanti alle reliquie, si avvicinò. Ahimè, la trovò semispenta...Eppure riuscì ad accendere il suo cero e con esso furono accesi tutti i ceri della Comunità. Una fiammella semispenta produsse fiamme belle...Lo stesso è della comunione dei santi: spesso riceviamo grazie e luci da anime nascoste, perché il Signore vuole che i santi si comunichino reciprocamente la grazia per mezzo della preghiera".

(Santa Teresina di Lisieux)

L'eterno riposo

Degnati, Signore, di ricompensare con la vita eterna tutti quelli che ci fanno del bene per amore tuo.

Suffragio: Mi impegnerò ad ottenere un'indulgenza per un'anima del purgatorio.

2 NOVEMBRE

"Era la sera dei morti, stavo pregando, quando il demonio si mise sopra il libro per impedirmi di continuare, venne e se ne andò per tre volte, fino a che non lo aspersi con acqua benedetta. Vidi allora uscire subito dal purgatorio alcune anime a cui il demonio avrebbe voluto ritardare la liberazione". (Santa Teresa d'Avila)

L'eterno riposo

Degnati, Signore... *(vedi sopra)*

Suffragio: Visiterò il cimitero e reciterò le mie preghiere applicandone le indulgenze a tutti i defunti.

3 NOVEMBRE

"Ho provveduto alle anime che sono in purgatorio per mezzo di voi che ora siete nella vita mortale e avete il tempo per loro; e, mediante le elemosine e l'ufficio divino che fate dire ai miei ministri, insieme ai digiuni e alle preghiere fatte in stato di grazia, potete abbreviare loro il tempo della pena, confidando nella mia misericordia". *(Gesù a santa Caterina da Siena)*

L'eterno riposo

Degnati, Signore… *(vedi pag. 468)*

Suffragio: Reciterò più volte al giorno la giaculatoria: *"Gesù, Giuseppe e Maria, vi dono il cuore e l'anima mia"* per liberare l'anima che mi è più cara.

4 NOVEMBRE

"Le anime del purgatorio non possono pregare per se stesse. Ma possiamo farlo noi in loro favore. Se a loro non è permesso aiutarsi, a noi è imposto di soccorrerle. È un dovere, è un obbligo di carità. Le anime del purgatorio sono nostro prossimo non meno di quanto erano in questa terra, per cui dobbiamo interessarci del loro stato e sollevarle".

(Beato Annibale Maria di Francia)

L'eterno riposo

Degnati, Signore… *(vedi pag. 468)*

Suffragio: Al tramonto reciterò il De profundis *(vedi pag. 126)* applicandone le indulgenze ai miei parenti defunti.

5 NOVEMBRE

"Immagina di entrare in una sala d'ospedale, dove giacciono infermi colpiti dalle più terribili malattie; immagina di avere la potenza o l'arte di guarirli; non saresti l'uomo più crudele del mondo se non lo facessi? Tale sei tu, anzi di più, quando lasci in abbandono le anime del purgatorio senza soccorrerle nelle loro pene". *(Beato Annibale Maria di Francia)*

L'eterno riposo

Degnati, Signore… *(vedi pag. 468)*

Suffragio: Ripeterò per tre volte L'eterno riposo per le anime dimenticate dai loro cari.

6 NOVEMBRE

"Non sono pochi i vantaggi che a noi provengono dal suffragare le anime del purgatorio. Vuole dire attirarsi la protezione e la misericordia di Dio. Quando noi con le nostre preghiere solleviamo le anime del purgatorio, sono esse che impetrano misericordia per noi al divino cospetto". *(Beato Annibale M. di Francia)*

L'eterno riposo

Degnati, Signore… *(vedi pag. 468)*

Suffragio: Farò elemosine applicandone le indulgenze ai miei defunti più cari.

7 NOVEMBRE

"Gesù ha detto: 'Con la misura con la quale misurate gli altri, sarete misurati anche voi'(Mt 7,2). Se oggi noi chiudiamo il cuore alla pietà, se oggi lasciamo in abbandono tante anime che aspettano i nostri suffragi, Dio, che è giusto, permetterà che anche noi siamo dimenticati". *(Beato Annibale Maria di Francia)*

L'eterno riposo

Degnati, Signore… *(vedi pag. 468)*

Suffragio: Baciando le piaghe del crocifisso ripeterò più volte: *"Piaghe sante di Gesù, pietà delle anime che devono rimanere in purgatorio".*

8 NOVEMBRE

"Gli angeli incaricati di custodire gli uomini, non li abbandonano mai. Se le anime loro affidate, dopo la morte, vanno in purgatorio, gli angeli custodi spesso le visitano e le confortano, le accompagnano fino alla loro entrata nella gloria dei beati".

(Camilla Battista da Varano)

L'eterno riposo

Degnati, Signore… *(vedi pag. 468)*

Suffragio: Reciterò una corona di 100 Requiem *(vedi pag. 214)* per chi fa il purgatorio in casa mia.

9 NOVEMBRE

"Tra le pene infernali e quelle del purgatorio c'è solo questa differenza: quelle sono eterne, queste temporanee; inoltre in purgatorio le anime soffrono volentieri con gioia e pace rendendo grazie a me, somma giustizia". *(Gesù a Camilla Battista da Varano)*

L'eterno riposo

Degnati, Signore… *(vedi pag. 468)*

Suffragio: Reciterò un salmo per l'anime più dimenticata dai loro cari.

10 NOVEMBRE

"La messa apporta grande refrigerio alle anime sante del purgatorio. Si legge che san Gregorio con una sola messa le liberò una volta per tutte. Ed è certo che ad ogni messa una gran numero di quelle anime se ne salgono in cielo".

(Beato Annibale M. di Francia)

L'eterno riposo

Degnati, Signore… *(vedi pag. 468)*

Suffragio: Oggi farò dei fioretti e li offrirò al Signore in suffragio di tutti i defunti che ho conosciuto.

11 NOVEMBRE

"Le anime del purgatorio sono tormentate da gravi dubbi relativi al momento in cui potranno uscire da quel luogo e sulla fine della loro pene. Se è vero che hanno abitualmente le tre virtù teologali, fede, speranza e carità, tuttavia, il sentimento attuale delle pene e della privazione da Dio impedisce loro di godere del bene presente e del conforto di queste virtù".

(San Giovanni della Croce)

L'eterno riposo

Degnati, Signore… *(vedi pag. 468)*

Suffragio: Reciterò più volte al giorno l'invocazione: "O Signore Gesù Cristo, concedi loro l'eterno riposo" applicandone l'indulgenza a favore di coloro che in terra dissero male del papa e dei suoi ministri.

12 NOVEMBRE

"Un secondo mezzo per suffragare le anime del purgatorio è la recita del Rosario. Quando lo recitiamo per qualche anima, quella sente smorzare le ardenti fiamme che la circondano e prova un refrigerio di paradiso. Affrettiamoci, dunque, a suffragare queste anime specialmente le più abbandonate, potrebbero essere quelle dei nostri cari".

(Beato Annibale M. di Francia)

L'eterno riposo

Degnati, Signore… *(vedi pag. 468)*

Suffragio: Oggi reciterò una corona del rosario in suffragio delle anime del purgatorio.

13 NOVEMBRE

"Possiamo dedurre il modo di soffrire delle anime del purgatorio. Il fuoco da cui sono avvolte non avrebbe alcun potere su di esse, se non avessero alcuna imperfezione in cui patire. Queste costituiscono la materia su cui agisce il fuoco, finita questa materia non c'è altro da bruciare, allora, anche la sofferenza dell'anima cessa e rimane solo la gioia".

(San Giovanni della Croce)

L'eterno riposo

Degnati, Signore… *(vedi pag. 468)*

Suffragio: Diciamo una Salve Regina per le anime del purgatorio che in terra hanno offeso la Madre di Dio.

14 NOVEMBRE

"Desideri conoscere il potere della grazia di Dio? Guarda il buon ladrone. Donde comprendiamo che nessuno deve disperare della propria salvezza, vedendo come costui si adoperasse perché la sovrabbondanza dei tormenti inflittigli per pena, si trasformasse in purgatorio e potesse entrare così, appena morto, nel gaudio del suo Signore". *(San Roberto Bellarmino)*

L'eterno riposo

Degnati, Signore… *(vedi pag. 468)*

Suffragio: Oggi cercherò di evitare il peccato in suffragio di un'anima particolare del purgatorio.

15 NOVEMBRE

"La santità di Giustizia si imprime in maniera tanto terribile nell'anima, che questa preferirebbe buttarsi in tutte le pene possibili e immaginabili e sarebbe pronta a soffrire tutte le pene dei dannati, piuttosto che comparire davanti alla santità di Dio, macchiata di un solo peccato". *(Santa Margherita Alacoque)*

L'eterno riposo

Degnati, Signore… *(vedi pag. 468)*

Suffragio: Reciterò la Via Crucis in suffragio delle anime del purgatorio.

16 NOVEMBRE

"Davanti alla purezza di Dio, l'anima, segnata anche dal più lieve peccato, ripete con l'apostolo Pietro 'allontanati da me che sono un peccatore', pur sapendo che lontano dall'amato non c'è che dolore".

(Santa Margherita Alacoque)

L'eterno riposo

Degnati, Signore… *(vedi pag. 468)*

Suffragio: Oggi reciterò tre volte il Credo in ginocchio in memoria delle anime dei dubbiosi.

17 NOVEMBRE

"La conoscenza dell'amore che Dio ha per l'anima un desiderio tanto struggente di essere unita a Dio, che essa non riesce ad avere riposo".

(Santa Margherita Alacoque)

L'eterno riposo

Degnati, Signore… *(vedi pag. 468)*

Suffragio: Oggi terrò a freno la lingua in suffragio delle anime che in vita ebbero la debolezza della chiacchiera facile.

18 NOVEMBRE

"Siamo ben convinti che i morti ai quali vanno le nostre cure traggono beneficio soltanto dalle suppliche solenni fatte per loro nel sacrificio offerto dell'altare e in quello delle nostre preghiere e delle nostre elemosine".

(Sant'Agostino)

L'eterno riposo

Degnati, Signore… *(vedi pag. 468)*

Suffragio: Oggi cercherò di tenere a freno gli occhi e offrirò questo sacrificio per coloro che soffrono in purgatorio per aver peccato con essi.

19 NOVEMBRE

"Dio mostrandosi di continuo all'anima e scoprendole i tesori di cui l'arricchisce e l'amore ardente che le porta le manifesta nello stesso tempo quanto poco essa corrisponda al suo amore e la stimola così vivamente a riamarlo che allora l'anima non ha più interessi, né altri desideri, né altre premure che per il suo unico amore, il resto le sembra superfluo o inutile".

(Santa Margherita Alacoque)

L'eterno riposo

Degnati, Signore... *(vedi pag. 468)*

Suffragio: Prima di pranzo reciterò per cinque volte il padre nostro, l'Ave Maria e L'eterno riposo in suffragio delle anime che sedettero a tavola con noi..

20 NOVEMBRE

"Troppo felici sono i devoti di Maria, poiché non solo in questa terra sono da lei soccorsi, ma anche nel purgatorio sono dalla sua protezione assistiti e consolati". *(Sant'Alfonso M. de' Liguori)*

L'eterno riposo

Degnati, Signore... *(vedi pag. 468)*

Suffragio: Farò celebrare qualche messa in suffragio di qualche persona che soffre in purgatorio per causa mia.

21 NOVEMBRE

"Io sono la madre di tutte le anime che gemono in purgatorio, mentre tutte le pene che esse meritano per le colpe commesse in vita, in ogni ora, mentre stanno lì, per le mie preghiere sono in qualche modo mitigate.

(Maria a santa Brigida)

L'eterno riposo

Degnati, Signore… *(vedi pag. 468)*

Suffragio: Cercherò di recitare insieme alla mia famiglia una preghiera i defunti a noi più cari.

22 NOVEMBRE

"Non disdegna la pietosa madre alle volte anche di entrare in quella santa prigione per visitare e consolare quelle sue figlie afflitte".

(Sant'Alfonso M. de' Liguori

L'eterno riposo

Degnati, Signore… *(vedi pag. 468)*

Suffragio: Prima di addormentarmi reciterò il De profundis *(vedi pag. 126)* in suffragio di color che morirono senza il conforto dei sacramenti.

23 NOVEMBRE

"Il solo nome di Maria, nome di speranza e di salute, che spesso invocano in purgatorio le sue figlie predilette, è per esse un gran conforto. L'amorosa Madre, poi, sentendo la loro invocazione, aggiunge le sue preghiere a Dio, e quelle anime come da celeste rugiada, vengono rinfrescate nei loro grandi ardori".

(Sant'Alfonso M. de' Liguori)

L'eterno riposo

Degnati, Signore… *(vedi pag. 468)*

Suffragio: Oggi farò gesti di carità per le anime che in vita ebbero poco e furono abbandonate da tutti.

24 NOVEMBRE

"È ben nota la promessa che fece Maria al papa Giovanni XXII, al quale apparendo ordinò che facesse sapere a tutti coloro che portassero il sacro abitino del Carmine, che nel sabato dopo la loro morte sarebbero stati liberati dl purgatorio".

(Sant'Alfonso M. de' Liguori)

L'eterno riposo

Degnati, Signore… *(vedi pag. 468)*

Suffragio: Sopporterò con pazienza le contrarietà della giornata a beneficio delle anime del purgatorio.

25 NOVEMBRE

"Sono la madre di tutti coloro che si trovano in purgatorio. Li consolo nelle loro pene".

(La Madonna a santa Brigida di Svezia)

L'eterno riposo

Degnati, Signore… *(vedi pag. 468)*

Suffragio: Prima di addormentarmi reciterò in famiglia il rosario in suffragio di coloro che in vita furono devoti alla Madonna.

26 NOVEMBRE

"Il peccato è la copertura delle anime e, nel purgatorio si va consumando attraverso il fuoco; e quanto più si consuma tanto più corrisponde maggiormente al vero sole Dio. Perciò tanto cresce la contentezza, quanto viene meno il peccato e l'anima si scopre al raggio divino. Non manca, però, la pena, limitata al periodo nel quale occorre stare in pena".

(Santa Caterina da Genova)

L'eterno riposo

Degnati, Signore… *(vedi pag. 468)*

Suffragio: Oggi mi confesserò e farò la comunione a beneficio delle anime del purgatorio

27 NOVEMBRE

"Le anime del purgatorio hanno gioia e pena grandissime, l'una non impedisce l'altra; poiché l'amore di Dio che trabocca nell'anima le dà una gioia così grande che non si può esprimere, ma non toglie neanche un minimo di pena. Anzi è quell'amore che si trova ritardato la loro pena". *(Santa Caterina da Genova)*

L'eterno riposo

Degnati, Signore... *(vedi pag. 468)*

Suffragio: Oggi farò dei sacrifici a beneficio delle anime del purgatorio che mi hanno voluto bene.

28 NOVEMBRE

"Il paradiso è senza porta tale è la misericordia di Dio, per cui chi vi vuole entrare vi entra, ma l'essenza divina è così pura che anche l'anima che trova in sé la minima imperfezione si getterebbe immediatamente in mille inferni, piuttosto che trovarsi in presenza della divina maestà con quella macchia. Perciò, vedendo il purgatorio finalizzato a levare tali macchie, vi si getta dentro, e le sembra di trovare una gran misericordia, per potersi togliere quell'impedimento".

(Santa Caterina da Genova)

L'eterno riposo

Degnati, Signore... *(vedi pag. 468)*

Suffragio: Ripeterò con san Francesco: *"È tanto il bene che mi aspetto che ogni pena mi è diletto".*

29 NOVEMBRE

"Ogni uomo può considerarsi come persona singola e come parte della società. Perciò anche il giudizio su di lui deve essere duplice: uno subito dopo la morte per quello che operò come persona singola, l'altro alla fine del mondo, nel quale viene giudicato come membro della società umana". *(San Tommaso)*

L'eterno riposo

Degnati, Signore… *(vedi pag. 468)*

Suffragio: Farò mia questo invito *"Conviene soccorrere i morti non con le lacrime, ma con le elemosine".*

(San Giovanni Crisostomo)

30 NOVEMBRE

"Rimane il momento della morte vicina, il tempo in cui si tratta veramente della somme di tutte le cose, perché se l'anima, nell'uscire dal corpo, cade nelle mani del demonio, non rimane più altra via di salvezza, al contrario, se cade nelle mani di Dio, non ci sarà più da avere paura. Perciò si dovrà ripetere spesso, con vera e perfetta contrizione 'Nelle tue mani, o Signore, consegno il mio spirito: tu mi redimerai, o Signore, Dio di verità'.". *(San Roberto Bellarmino)*

L'eterno riposo

Degnati, Signore… *(vedi pag. 468)*

Suffragio: Reciterò un salmo penitenziale o una preghiera per tutti coloro che sono morti in incidenti stradali o di morte improvvisa.

Indice alfabetico

A

C

D

E

F

G

I

L

R

S

T

U

V

"Quello che vi dico nelle tenebre ditelo nella luce, e quello che ascoltate all'orecchio predicatelo sui tetti (Mt 10,27). Il tema riprende le parole di Gesù stesso e non potrebbe essere altrimenti perché noi predichiamo Cristo soltanto (...). Oggi proclamare la fede dai tetti significa proclamare la Parola di Gesù nel mondo dinamico delle comunicazioni sociali e attraverso di esso".

Giovanni Paolo II

In questi tempi in cui la nostra fedeltà all'unica Chiesa di Cristo, è messa a dura prova è essenziale accogliere nella nostra esperienza cristiana la sottomissione, l'obbedienza e la comunione con il Papa, vivificati dal vincolo di amore trinitario e incoraggiati e guidati da Maria. Il Papa ha rinnovato l'invito a proclamare la parola di Dio "sui tetti", cioè utilizzando i mezzi di comunicazione e le tecnologie che il mondo attuale ci offre e l'Editrice Shalom si sente chiamata in prima persona a dar corpo all'invito attraverso la pubblicazione e la diffusione di libri religiosi. Le pagine che seguono propongono testi ortodossi (cioè scritti in assoluta obbedienza alle leggi della Chiesa Cattolica) editi dall'Editrice SHALOM, casa editrice cattolica e mariana, che si prefigge di promuovere la preghiera tra il maggior numero possibile di lettori e di ristabilire il culto Eucaristico, al centro della vita umana sull'esempio dei primi cristiani: "assidui nell'ascoltare l'insegnamento degli apostoli e nell'unione fraterna, nella frazione del pane e nelle preghiere" (Atti 2,42). Infatti, solo tornando alla purezza e alla radicalità del Vangelo, come facevano le prime comunità cristiane, ogni credente, potrà riscoprire il coraggio dell'essere 'lievito del mondo' e membro del 'corpo di Cristo': la Chiesa. Per rendere attuabile questo progetto l'Editrice pur essendo una società commerciale ha rinunciato ad ogni fine di lucro e non riconosce a nessuno alcun tipo di diritto d'autore (né patrimoniale né morale) su testi, traduzioni, foto, disegni ed illustrazioni di ogni tipo. Questa iniziativa viene sviluppata allo scopo di contribuire al trionfo del Cuore Immacolato di Maria, nella certezza di poter servire al Regno di Dio, partecipando alla fede e all'obbedienza di Maria, Serva e Madre del Signore.

Le pagine che seguono sono un piccolissimo "assaggio" del catalogo generale 2004, che contiene tutta la produzione Shalom; libri, santini, immagini e oggettistica varia, oltre a libri e prodotti di altri editori cattolici. Esso può essere ordinato e ricevuto comodamente a casa propria telefonando, inviando un fax, un e-mail o visitando il nostro sito internet (vedi pag. 4).

Finito di stampare nel mese di febbraio 2004 dalla tipografia Tibergraf di Città di Castello

“Pregate, pregate, pregate”

Formato cm. 12 x 19
Pagine 480
Prezzo € 5,00

Collana:
La Madre di Dio

codice 8100

Un libro di Suor Maria Gabriella Turrin dell'Annunciazione.

Propone preghiere, coroncine, consacrazioni, suppliche e novene riunite in una ricchissima raccolta divisa per argomenti dei quali citiamo:

- Padre
- Figlio
- Spirito Santo
- Beata Vergine Maria
- Santa Famiglia
- Angeli
- Santi

Mons. Nicola Rotunno, Nunzio Apostolico e Vescovo, in una sua lettera ha così descritto il libro: “...La gente onesta si ritrova in un deserto arido di valori umani, smarriti senza forza, senza sapere quale strada percorrere. I credenti in Gesù, Figlio di Maria-Vergine-Madre, Figlio di Dio, sapranno trovare nel libro Pregate, Pregate, Pregate la voce di Dio che rinfranca, che indica il giusto cammino. Questo libro, nella scia del Concilio Ecumenico Vaticano Secondo, promuove il culto verso la Beata Vergine, ha in grande stima le pratiche e gli esercizi di pietà verso di Lei, raccomandati lungo i secoli dal Magistero della Chiesa, si astiene da falsa esagerazione, come pure dalla grettezza di mente.
La vera devozione non consiste né in uno sterile e passeggero sentimentalismo, né in una certa quale vana credulità, ma procede dalla fede vera e ci spinge alla imitazione di Maria, delle sue virtù”....

“Pregate il Rosario ogni giorno: pregate insieme”

Formato cm. 12 x 19

Pagine 256

Prezzo € 4,00

Collana: La Madre di Dio

codice 8102

Un libro di Padre Slavko Barbaric ofm che comprende:

- I Misteri della Gioia
- I Misteri del Dolore
- I Misteri della Gloria
- I Misteri della Luce

Espressi e commentati da ben otto meditazioni

- Consacrazioni alla Santissima Trinità, ai Cuori di Gesù e di Maria.
- Le preghiere di ogni giorno.
- Verità principali della fede cristiana.

“Desidero suggerire la recita del Rosario ai singoli, alle famiglie, alle comunità cristiane ed affidare ad essa, ancora una volta, la grande causa della pace.
Siamo davanti ad una situazione internazionale gravida di tensioni, a tratti incandescente. In alcuni punti del mondo dove lo scontro è più forte si tocca con mano che a poco valgono i tentativi della politica, pur sempre necessari, se gli animi rimangono chiusi e non si è capaci di un nuovo sguardo del cuore per riprendere con speranza i fili del dialogo. Ma chi può infondere tali sentimenti se non Dio solo?
È più che mai necessario che salga da tutto il mondo l’invocazione per la pace. Proprio in tale prospettiva, il Rosario si rivela preghiera particolarmente indicata. Esso costruisce la pace anche perché, mentre fa appello alla grazia di Dio, depone in chi lo recita quel germe di bene, dal quale si possono sperare frutti di giustizia e di solidarietà nella vita personale e comunitaria.
Quanta pace verrebbe assicurata nei rapporti familiari, se si riprendesse la recita del Santo Rosario in famiglia!”

Giovanni Paolo II

“Pregate sempre senza stancarvi mai” Liturgia delle Ore

Formato cm. 12 x 19
Pagine 1056
Prezzo € 12,00

Collana: La Madre di Dio

Un libro a cura di Padre Ferdinando Campana ofm

codice 8144

“È cosa lodevole (...) che la famiglia, santuario domestico della chiesa, oltre alle comuni preghiere celebri anche, secondo l’opportunità, qualche parte della liturgia delle ore, inserendosi così più intimamente nella chiesa ". Nulla deve essere lasciato intentato, perché questa chiara e pratica indicazione trovi nelle famiglie cristiane crescente e gioiosa applicazione (..) La celebrazione della liturgia delle ore è il culmine a cui può giungere la preghiera domestica”

Paolo VI

Con l’aiuto di colori, immagini e spiegazioni, finalmente un testo che rende facile pregare con la Liturgia delle Ore anche per chi non è “addetto ai lavori” o per chi non le ha mai recitate! La Liturgia delle Ore, infatti, non è una preghiera della Chiesa, ma è la Chiesa stessa che prega, per cui questo libro è immancabile nello “zaino” di ogni fedele. Spesso, infatti, lo si mette da parte perché considerato difficile o perché non lo si capisce...per questo motivo si è cercato di offrire uno strumento pratico e comprensibile per tutti!

Le più belle preghiere della Bibbia: i Salmi

Formato cm. 12 x 19

Pagine 580

Prezzo € 8,00

Collana: Il Padre

Un libro di Suor Maria Therese dell'Incarnazione e Madre Maria Fabrizia dell'Agnello Immolato.

Edizione completamente rinnovata!

Con l'aiuto dei colori e delle numerosissime foto il lettore potrà pregare e approfondire tutti i Salmi e i canti biblici commentati.

codice 8107

È stato detto che i salmi sono la preghiera della Chiesa ed è vero, perchè la Chiesa siamo noi credenti in Gesù Cristo, Figlio di Dio. I Salmi sono dunque la nostra preghiera.
Ogni credente sa che non è facile pregare bene.
San Paolo scrisse: "Noi non sappiamo pregare come si conviene, ma lo Spirito Santo intercede per noi con gemiti inesprimibili" (Rm 8, 26).
Vorremmo lodare il Signore e balbettiamo solo poche parole: "Lode e gloria a te, o Dio..." "Tu sei Santo, Signore...". Poi la nostra mente si smarrisce solo al pensiero della sua immensità.
Ebbene Gesù, Maria e tutti i figli d'Israele pregavano con i salmi che lo Spirito Santo ispirò a Davide e ad altri uomini santi che contemplano le realtà profonde dello spirito umano.

Sulla tua Parola

Letture della Messa per vivere la Parola di Dio

Formato cm. 10 x 14
Pagine 256
Prezzo € 3,00

Collana: Il Padre

Un libro a cura di M. Margherita Asta. Ogni libretto ti accompagna per due mesi e contiene:

- Le letture della Messa
- Spunti di riflessione e meditazione
- Propositi semplici per mettere in pratica la Parola

Questo libricino è un aiuto per seguire meglio e attentamente la Parola quando partecipi alla Santa Messa o l'ascolti per radio e TV. Oppure puoi usarlo per meditare con calma la Parola di Dio a casa per sapere cosa vuole ogni giorno il Signore da te. Per aiutarti a mettere in pratica la Parola ascoltala, ogni giorno troverai quattro modi per viverla e potrai scegliere quello che più senti vicino al tuo modo di sentire e sperimentare la fede.

Codice 8281	Gennaio - Febbraio	**€ 3,00**
Codice 8282	Marzo - Aprile	**€ 3,00**
Codice 8283	Maggio - Giugno	**€ 3,00**
Codice 8278	Luglio - Agosto	**€ 3,00**
Codice 8279	Settembre - Ottobre	**€ 3,00**
Codice 8280	Novembre - Dicembre	**€ 3,00**

Preghiere al Preziosissimo Sangue di Gesù Cristo

Formato cm. 12 x 19
Pagine 256
Prezzo € 5,00

Collana: Il Figlio

codice 8158

Un libro di un sacerdote della Chiesa Cattolica che contiene:

- Preghiere al Preziosissimo Sangue
- Consacrazioni al Preziosissimo Sangue
- Offerte al Preziosissimo Sangue
- Coroncine al Preziosissimo Sangue
- Litanie al Preziosissimo Sangue
- Giaculatorie al Preziosissimo Sangue
- Novene al Preziosissimo Sangue

"Questa umanità, non di rado ferita dall'odio e dalla violenza, ha più che mai bisogno di sperimentare l'efficacia del Sangue redentore di Cristo. Quel Sangue che, sparso non invano, porta in sé tutta la potenza dell'amore di Dio, è pegno di speranza, di riscatto, di riconciliazione. Ma per attingere da questa sorgente bisogna tornare alla Croce di Cristo, fissare, lo sguardo sul Figlio di Dio, sul suo cuore trafitto, su quel sangue versato".

Giovanni Paolo II

La devozione contenuta in questo libro si recita servendosi di un Rosario speciale: **"Rosario del Preziosissimo Sangue"** **cod. 4438**

Codice 8178 Coroncina e Novena al Preziosissimo Sangue di Gesù
Formato 10x14 pagine 32 € 1,50

Preghiere al Sacratissimo Cuore di Gesù

Formato cm. 12 x 19
Pagine 448
Prezzo € 7,00

Collana: Il Figlio

Un libro di un sacerdote della Chiesa Cattolica che contiene:

- Atti di consacrazione
- Atti di riparazione
- Coroncine, novene e rosari al Sacro Cuore di Gesù
- La pratica dei nove primi venerdì del mese
- Liturgia delle Ore e Santa Messa

codice 8186

"Io ti prometto, nell'eccesso della Misericordia del mio Cuore, che il mio Amore Onnipotente concederà a tutti quelli che si comunicheranno il Primo Venerdì del mese per nove mesi consecutivi, la grazia della penitenza finale. Essi non moriranno in mia disgrazia, né senza ricevere i Sacramenti e il mio Cuore sarà loro asilo sicuro in quell'ora estrema".

Gesù a santa Maria Margherita Alacoque

Gesù ci promette che basta fare bene i "Primi Nove Venerdì" per non morire in peccato mortale: questa è la **Grande Promessa**, è la certezza della gioia del paradiso che il Sacro Cuore dà ad ognuno di noi! Il Sacro Cuore ha promesso e non può tradirci, non può non ascoltare le nostre richieste per cui si hanno un gran numero di testimonianze sui miracoli che la devozione al Sacro Cuore produce: riavvicina coppie in crisi, riunisce famiglie divise, genera guarigioni.

Codice 8247	I nove primi venerdì del mese	€ 1,50
Codice 8248	I cinque primi sabati del mese	€ 1,50

Preghiere per ottenere la Liberazione la Guarigione e la Consolazione

Formato cm. 12 x 19
Pagine 448
Prezzo € 7,00

Collana: Il Figlio

codice 8169

Praticamente tre libri in uno:

1. **Preghiere per ottenere la liberazione**
   - Alla santissima Trinità
   - La liberazione materna di Maria
2. **Preghiere per ottenere la guarigione**
   - Guarigione fisica e spirituale
   - Guariti dall'amore di Gesù
3. **Preghiere per ottenere la consolazione**
   - Consolati dalla santissima Trinità
   - Amati dalla Beata Vergine Maria

Si tratta di un libro che invita a pregare, ma di per sé è tutto una preghiera; si tratta di un libro che prende vita dalla situazione contemporanea vissuta dall'uomo, e che rende più chiara la via da percorrere. **Preghiere di guarigione** perché in un mondo in cui l'interesse per il risanamento dell'uomo è aumentato a dismisura, a causa dell'ambiente inquinato e dallo stress della vita, la preghiera, come mezzo di risanamento, si innesta e si afferma provvidenzialmente nel contesto sociale. **Preghiere di liberazione** perché il mondo angelico, al vertice della sua positività o della sua negatività, vive e s'intreccia col mondo umano, e sono dunque a volte necessarie parole di liberazione da rivolgere umilmente al Padre, alla Vergine, agli angeli, ai santi. **Preghiere di consolazione** perché nessun uomo si senta solo, e sappia invece con certezza che Dio è presente con la sua misericordia, e che quanto più l'uomo è solo, tanto più Dio gli è vicino e lo fa sentire suo figlio.

Preghiere per l'Adorazione Eucaristica

Formato cm. 12 x 19

Pagine 448

Prezzo € 7,00

Collana: Il Figlio

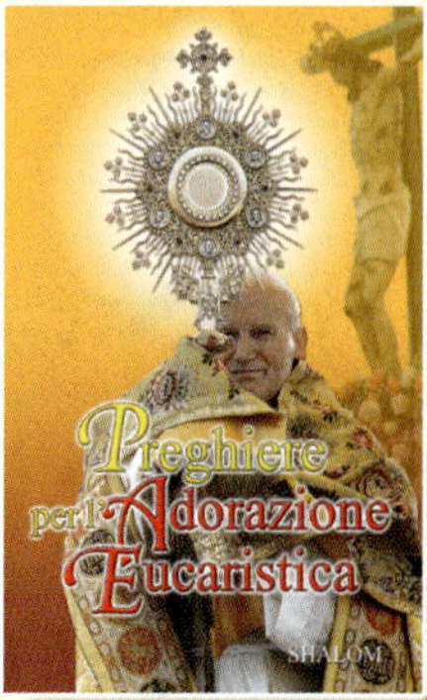

Un libro di un sacerdote della Chiesa Cattolica che contiene tra gli altri:

- I miracoli Eucaristici: luoghi e date
- Canti eucaristici
- Coroncina e Rosario eucaristico
- Visita al Santissimo Sacramento
- L'Adorazione Eucaristica
- L'Ora Santa - le quarantore
- Liturgia delle Ore, Santa Messa, Process. eucaristica

codice 8141

"Con decisione unanime, si è stabilito di fare un'ora di adorazione tutte le sere. Viene esposto il Santissimo Sacramento, e tutte le suore, comunitariamente, fanno un'ora di adorazione. Quest'ora trascorsa davanti a Gesù non toglie nulla al nostro servizio. Ci ha avvicinate le une alle altre, ha intensificato il nostro amore per i poveri, ha reso la presenza di Cristo più viva, più reale".
Madre Teresa di Calcutta

"Chi mangia la mia carne e beve il mio sangue dimora in me e io in lui" *(Gv 6,56).*

Prepariamoci al meglio per ricevere Gesù e cerchiamo di trattenerci con lui il più e meglio possibile!

Codice 8276 Preghiere prima e dopo la comunione € 1,50

L'imitazione di Cristo

Formato cm. 12 x 19

Pagine 448

Prezzo € 7,00

Collana: Il Figlio

Traduzione del testo originale in latino del prof. Giulio Olivo, note di Padre Silvano Bracci ofm

Il libro più letto e diffuso dopo la Bibbia.
Stampato in milioni di copie.
Tradotto in tutte le lingue.

codice 8123

"Nel nuovo millennio non si tratta di inventare un nuovo programma perché c'è già, è quello di sempre, raccolto nel vangelo e incentrato su Cristo. L'autore de 'L'Imitazione di Cristo' ebbe una grande intuizione: finalizzare tutta la vita cristiana nell'imitazione di Gesù". Mons. Bertone

"L'Imitazione di Cristo" è un piccolo gioiello di teologia ascetica e mistica del Tardo Medio Evo, non da leggere, ma da meditare e sorseggiare. Se si accetta così può cambiare radicalmente la vita di una persona. L'uomo di oggi, rispetto alle cose dello spirito è un disabile: cieco, sordo e muto. Non è incline al sacrificio e rifugge da esso, ma per risollevarsi dal peccato due sono le ali di cui ogni uomo ha bisogno: l'amore e il sacrificio; questo è il segreto della santità: colui che ha vinto definitivamente il peccato che è "via, verità e vita" ci prende per mano per vincere noi stessi e il peccato che è in noi.

Preghiere allo Spirito Santo

Formato cm. 12 x 19
Pagine 448
Prezzo € 7,00

Collana:
Lo Spirito Santo

Un libro di un sacerdote della Chiesa Cattolica che contiene:

- *Preghiere*
- *Consacrazioni*
- *Coroncine*
- *Rosario dello Spirito Santo*
- *Novene*

codice 8177

"Vuoi essere felice? Lasciati guidare dallo Spirito Santo che ti condurrà attraverso i pericoli di questa vita alla perfetta visione.
Tutti abbiamo bisogno dello Spirito Santo: ne hanno bisogno gli innocenti per non peccare; ne hanno bisogno i peccatori per convertirsi e i giusti per ottenere la perseveranza. Ne hanno bisogno i ciechi perché Egli è luce, i deboli perché è sostegno e gli afflitti perché è Consolatore. Ne hanno bisogno i tiepidi perché Egli è fuoco celeste, gli aridi perché è fonte viva e gli erranti perché è guida che fa schivare ogni male; ne hanno bisogno tutti coloro che aspirano agli eterni gaudi del cielo perché Egli è il santificatore delle anime. Ne ha bisogno e massimo bisogno la società moderna, caduta nel fango di tutti i vizi e di tutti gli errori...". Beata Elena Guerra

Purtroppo molto spesso preghiamo in modo sbagliato, chiediamo grazie materiali, anziché domandare il dono dello Spirito Santo. Teniamo, invece, presente che chi riceve lo Spirito Santo riceve tutto!

Trattato della vera devozione a Maria

Formato cm. 12 x 19

Pagine 320

Prezzo € 5,00

Collana:
La Madre di Dio

Un libro di San Luigi Maria Grignion de Montfort tradotto dal testo originale da Padre Battista Cortinovis SMM

Stampato in milioni di copie.

Tradotto in tutte le lingue.

Nessuno può seguire, amare e imitare la Madonna senza aver letto più volte questo libro.

codice 8113

"...Spesso vedo davanti ai miei occhi un piccolo libricino con la copertina celeste macchiata di soda.... Quand'ero operaio alla Solvay, lo portavo con me, insieme con un pezzo di pane, per il turno del pomeriggio e di notte. Durante il turno di mattina era più difficile poter leggere. Durante il turno pomeridiano spesso leggevo quel libretto; si intitolava "Trattato della vera devozione alla Santissima Vergine...". Lo leggevo, se così si può dire, da capo alla fine e di nuovo da capo. Da quel libricino ho imparato cosa vuol dire la devozione alla Madonna...." Mentre prima mi trattenevo nel timore che la devozione mariana facesse da schermo a Cristo invece di aprirgli la strada, alla luce del trattato di Grignion de Montfort compresi che accadeva in realtà ben altrimenti. Il nostro rapporto interiore con la Madre di Dio consegue organicamente dal nostro legame col mistero di Cristo."

Giovanni Paolo II

Guarigione e liberazione con il digiuno

Formato cm. 11 x 17

Pagine 256

Prezzo € 4,00

Collana: La Madre di Dio

Un libro di Suor Emmanuel Maillard e don Giuseppe Cionchi

codice 8246

Mentre nel mondo si parla sempre più di digiuni terapeutici o di diete varie con le quali prevenire condizioni di sovrappeso o diverse malattie, provocate proprio dal nutrirsi o bere oltre misura e, comunque, da un rapporto non corretto con il cibo, di digiuni cosmetici o estetici atti ad allontanare tutte quelle cose che compromettono in qualche modo la bellezza e l'armonia del fisico, oggi noi, con questo libretto, vogliamo invece parlarti del digiuno come metodo di cura dell'anima. Ti sembrerà esagerato e ti sorprenderà una "terapia" che chieda di digiunare due giorni a settimana a pane ed acqua, ovvero il mercoledì e il venerdì...
A volte penserai che sia impossibile, addirittura inutile, eppure, la Madre di Gesù avverte l'uomo di come solo il digiuno e la preghiera possano assicurargli una vita migliore, nella pace. Accetta dunque il nostro invito a meditare sul digiuno. Scegli l'esperienza del digiuno come atto d'amore nei confronti di Dio e sperimenterai da solo quanto digiunare faccia bene, sia al corpo che all'anima.

Preghiere ai dolori e alle lacrime della Madonna

Formato cm. 12 x 19

Pagine 192

Prezzo € 4,00

Collana:
La Madre di Dio

Un libro di un sacerdote della Chiesa Cattolica che comprende:

- Preghiere a Maria Addolorata
- Preghiere alla Vergine della Salette
- Suppliche ai dolori della Vergine
- Corona delle Lacrime della Madonna
- Via Matris
- Ora con la Desolata

codice 8182

I racconti evangelici non ricordano mai il pianto della Madonna, e non ci è dato di conoscere le sue lacrime di dolore nella notte di Betlemme, quando era giunto il momento di dare alla luce il Figlio di Dio, e neppure sul Golgota, così come non ci è dato conscere le sue lacrime di gioia. A ciò che le Sacre Scritture non accennano, supplisce l'intuizione della fede. Le preghiere contenute in questo libro sono un modo per avvicinarsi ancora di più alla Santissima Vergine, per chiederle aiuto, protezione, ma anche e soprattutto perdono per averla fatta piangere a causa dei nostri peccati, Lei, creatura così santa, così buona, così innocente.

Le devozioni contenute in questo libro si recitano servendosi di due Rosari speciali (vedere oggetti sacri pag. 94):
"Corona delle Lacrime" cod. 4430
"Corona dell'Addolorata" cod. 4431

Preghiamo cantando

Formato cm. 11 x 17
Pagine 700
Prezzo € 5,00

Collana:
La Madre di Dio

codice 8108

Un libro a cura di Silvia Mancini diviso in canti:

- Alla Madonna
- Allo Spirito Santo
- Di lode e adorazione
- Vocazionali e di guarigione
- Per la Santa Messa
- Salmi e Cantici
- Canzoni di Avvento, di Natale, di Quaresima, di Pasqua
- Di fraternità e francescani
- Inni GMG

Questa nuova raccolta di canti è destinata a venire incontro alle tante richieste e bisogni dei cristiani, specialmente giovani, ma non solo, che desiderano esprimere la loro fede, la loro gioia di vivere, la loro speranza e la loro fiducia in Dio. Tutti sappiamo quanto il canto crei comunione, festa, gioia, vita. Specialmente nelle grandi Giornate della gioventù e nei grandi santuari mariani, come Lourdes, Fatima, Loreto e Pompei, le lingue si fondono, si comprendono e si rincorrono attraverso i canti, dove il malato ed il sano, il barelliere e il suo compagno in carrozzella, il sacerdote e il laico, il giovane e l'adulto, il peccatore riconciliato e il fedele sorpreso dalla grazia, sono accomunati dall'unica certezza che il canto esprime e rafforza: l'amore di Dio riversato nei cuori. E ricordiamoci: il Regno eterno di Dio è una festa, una festa e un canto d'amore!

fr. Ferdinando Campana
francescano e liturgista

Preghiere a San Giuseppe

codice 8115

Formato cm. 12 x 19

Pagine 256

Prezzo € 4,00

Collana: La Santa Famiglia

Un libro di don Giuseppe Brioschi SdB e padre Tarcisio Stramare. Propone una raccolta di preghiere divise in comodi capitoli:

- Il Santo Rosario
- I sette dolori e gioie
- Novene
- Tridui
- Suppliche
- Il Sacro Manto
- Preghiere varie e Litanie
- Invocazioni
- Liturgia delle Ore

Nessun santo può avere tanti meriti per ottenere da Gesù grazie, come San Giuseppe. Nessuno potrà mai dire a Gesù: Io ti diedi da mangiare col mio sudore, ti procurai il vestito, io ti diedi da bere. Nessun santo potrà mai dire a Gesù come Giuseppe: Io ti ho educato, ancora bambino, ti portai con queste mie braccia, ti nascosi in Egitto e là ti liberai dalla morte spietata a cui Erode tentava di condannarti. Io in una parola fui il tuo custode, il tuo padre davidico. Come Gesù non può negare i favori che ha ricevuto da San Giuseppe, così non sa negargli niente di ciò che lui gli chiede. Se poi Giuseppe chiede qualche grazia a Dio per mezzo di Maria, che cosa potrà mai negare Maria di ciò che le chiede il suo sposo, e Gesù di ciò che gli chiede sua Madre? Ecco la misteriosa scala attraverso cui salgono a Dio le nostre preghiere e discendono esaudite, del resto non potrebbe essere altrimenti, viste le parole di santa Teresa d'Avila:"Qualunque grazia si domanda a San Giuseppe verrà certamente concessa. Chi non crede, ne faccia la prova, affinché si persuada".

Preghiere per la famiglia

Formato cm. 12 x 19
Pagine 512
Prezzo € 7,00

Collana:
La Santa Famiglia

Un libro di padre Tarcisio Stramare O.S.I. e don Giuseppe Brioschi SdB.
Propone tutte preghiere alla Sacra Famiglia divise in:

- Il Santo Rosario
- Atti di Consacrazione
- Coroncine e Novene
- Liturgia delle Ore

Contiene anche un'Appendice dal titolo "SOS Famiglia" che contiene nomi, indicazioni e numeri utili per aiutare le famiglie in difficoltà per: droga, alcoolismo, gioco d'azzardo, maghi e molti altri tipi di disagio fisico, spirituale e morale.

codice 8111

Un libro che ci permette di pregare in famiglia e di pregare per la famiglia. Molti problemi delle famiglie contemporanee dipendono dal fatto che diventa sempre più difficile comunicare. Non si riesce a stare insieme e i rari momenti in cui ci si ritrova sono assorbiti dalla televisione. Pregando la famiglia si ritrova: i singoli membri, gettando lo sguado su Gesù recuperano la capacità di guardarsi sempre nuovamente negli occhi, di comunicare, di perdonarsi scambievolmente e ricominciare ogni giorno da capo con il cuore rinnovato dalla gioia di Cristo.
La preghiera riavvicina coppie, riunisce famiglie, produce guarigioni fisiche e spirituali, permette di condividere gioie e dolori, dà forza, speranza e grazie di ogni genere... ma se la famiglia da sola non ce la fa? Se i problemi sono così grandi? Droga, violenza, alcoolismo, gioco d'azzardo? È la Chiesa che maternamente ci viene in aiuto con persone e associazioni specializzati che ti possono venire incontro porgendoti le proprie mani.

Preghiere con gli Angeli

Formato cm. 12 x 19
Pagine 480
Prezzo € 7,00

Collana:
Gli Angeli

Un libro di un sacerdote della Chiesa Cattolica che contiene ***preghiere, tridui, novene, coroncine, rosari e molte altre devozioni*** *con cui ci si può rivolgere:*

- Ai Cori Angelici
- Agli Arcangeli
- A San Michele Arcangelo
- All'Angelo Gabriele
- All'Angelo Raffaele
- All'Angelo Custode

codice 8127

Gli angeli hanno nella nostra vita una responsabilità che non possiamo immaginare: dall'infanzia, fino all'ora della morte, la vita umana è circondata dalla loro protezione e dalla loro intercessione. Ma chi sono gli angeli? In tutto il loro essere sono servitori e messaggeri di Dio, e per il fatto che "vedono sempre la faccia del Padre" (Mt 18,10), sono potenti esecutori della sua parola e dei suoi comandi. Sono creature puramente spirituali, e dunque dotate di intelligenza e volontà; ma sono altresì creature personali ed immortali, che superano in perfezione tutte le creature visibili. Essi accompagnano l'uomo fin dalla creazione e lungo tutta la sua storia, annunciando la salvezza. La stessa vita del Verbo divino, dall'Incarnazione all'Ascensione, è circondata dall'adorazione e dal servizio degli angeli. Questo libro di preghiere con gli angeli è un aiuto prezioso per avvicinarci a queste creature e per imparare ad amare, invocare e rispettare questi fedeli amici degli uomini, che condurranno tutti noi alla Vita.

Il meraviglioso segreto delle anime del Purgatorio

Formato cm. 11 x 17

Pagine 256

Prezzo € 4,00

Collana: Le anime del Purgatorio

La nuova edizione di questo libro comprende:

- Il Trattato del Purgatorio di Santa Caterina da Genova
- Il Purgatorio nella Sacra Scrittura e nell'insegnamento della Chiesa.
- I Santi hanno parlato del Purgatorio.
- Le indulgenze, un dono della Misericordia di Dio attraverso la Chiesa.

Scritto nel totale rispetto dell'ortodossia cattolica e in obbedienza alla Santa Chiesa.

codice 8110

Ogni traccia di attaccamento al male deve essere eliminata; ogni deformità dell'anima corretta. La purificazione deve essere completa, e questo è appunto ciò che è inteso dalla dottrina della Chiesa sul purgatorio.
Come nella vita terrena i credenti sono uniti tra loro nell'unico Corpo mistico, così dopo la morte coloro che vivono nello stato di purificazione sperimentano la stessa solidarietà ecclesiale che opera nella preghiera, nei suffragi e nella carità degli altri fratelli nella fede.

Giovanni Paolo II

Corona di Cento Requiem in suffragio dei defunti

Formato cm. 10 x 14

Pagine 32

Prezzo € 1,50

Collana:
Le anime del Purgatorio

La devozione contenuta in questo libro si recita servendosi di un Rosario speciale:
"Rosario Corona di Cento Requiem"
cod. 4434

codice 8181

Coroncina per le anime dei sacerdoti che soffrono in Purgatorio

Formato cm. 10 x 14

Pagine 32

Prezzo € 1,50

Collana:
Le anime del Purgatorio

Pratica efficacissima che porta sollievo immediato ai sacerdoti che sono in purgatorio, ottiene per chi prega grazie particolari, converte i peccatori e strappa dalla tiepidezza i cristiani pigri...

La devozione contenuta in questo libro si recita servendosi di un Rosario speciale: **"Rosario Coroncina Sacerdoti" cod. 4437**

codice 8195